예수,
어느 갈릴리 랍비 이야기

예수,
어느 갈릴리 랍비 이야기

2022년 3월 7일 처음 찍음

지은이 | 정용석
펴낸이 | 김영호
펴낸곳 | 도서출판 동연
등 록 | 제1-1383호(1992. 6. 12.)
주 소 | (우 03962) 서울시 마포구 월드컵로 163-3
전 화 | (02) 335-2630
팩 스 | (02) 335-2640
이메일 | h-4321@daum.net / yh4321@gmail.com

ISBN 978-89-6447-764-9 03230

예수

어느 갈릴리 랍비 이야기

정용석 지음

동연

예수 이야기를 쓰며

필자는 고등학교 1학년 때 친구의 인도로 교회에 처음 가게 되었고, 친구들과 어울리는 재미에 교회에 다니다가 세례를 받고 그리스도인이 되었다. 원래 문학을 전공해서 작가가 되고 싶었으나 이런저런 인생의 풍파를 겪으면서 신학대학에 가게 되었다. 그때는 어쩌다가 우연히 신학도가 되었다고 생각했으나 지금 일흔이 된 나이에 돌이켜 보면 그것이 하나님의 인도하심이었다고 고백하게 된다. 신학을 공부하면서 기독교 역사에 관심이 있어서 교회사를 전공하게 되었고 특히 초대 교부에 관심이 있었다. 그래서 필자의 학위논문은 모두 기독교 초대 교부인 테르툴리아누스, 아우구스티누스, 오리게네스에 관한 것이었다. 필자가 신학대학원을 졸업할 당시에는 한국에 신학 박사 과정이 없어서 미국으로 유학을 갔다. 학위를 마치고 돌아와서 대학교수가 되어서는 전공과목인 기독교 역사, 기독교 사상사, 기독교 영성사, 기독교 여성사를 가르쳤다.

필자는 신앙생활을 시작하면서부터 예수 그리스도에게 관심이 있었다. 그분은 어떻게 살았을까? 무엇을 가르쳤을까? 어떻게 우리의 구세주가 되실까? 내 마음속에 예수의 모습을 어떻게 그리느냐에 따라서 내 삶의 방향과 내용이 결정된다고 생각했다. 왜냐하면 예수는 나의 신앙의 대상인 주님일 뿐만 아니라, 내가 본받고 따라야 할 삶의 모델이기 때문이다. 유학 생활 때부터 한인교회에서 "예수의 생애와 가르침"이라는 제목으로 성경 공부를 인도했고, 대학교수 시절에도 학생들에게 예수를 가르쳤다. 1970년대부터 신학계에는 '역사적 예수 연구'의 바람이 새롭게 불었다. 이것은 예수에게서 신앙의 그리스도라는 굴레를 벗기고, 역사적 실존 인물인 예수를 역사적 탐구 방법으로 조명하여 그의 행동과 말을 '과거에 있었던 그대로' 재구성하려는 시도이다. 필자도 그리스도인으로서 또 역사신학자로서 '예수의 참된 모습'과 '예수 사건의 진상'을 규명해보려고 노력했다. 그러나 역사적 연구는 한계가 있음이 드러났고, 신학적 접근 방법과 해석의 필요성이 다시 부각되었다. 이 책은 역사적 연구 방법을 사용했지만, 더 나아가서 신학적 해석에 역점을 두었다. 그러므로 기본적으로 역사적 예수 연구 문헌은 아니다.

예수는 역사적 인물이면서 또한 종교적 인물이다. 그의 삶과 가르침은 하나님과의 관계, 하나님에 대한 믿음을 바탕으로 이루어졌다. 예수의 신앙적 행동과 말을 합리적 또는 과학적 방법으로 규명하고 판단하는 작업이 필요하지만, 그것이 예수를 알기 위한 절대적이고 최종적인 방법은 될 수 없다. 기독교 신앙은 역사적인 예수 사건에서 출발하지만, 기도, 은혜, 하나님의 섭리, 영적 체험, 그리스도와의 교통 등 합리적으로 설명할 수 없는 신비적 영역에서 이루어진다. 예수의 삶과 가르침을 기록한 복음서는 역사성, 문학성, 신학성을 모두 지니고 있다. 복음서는 예수의 사건에 관한 역사적 기록이고, 다른 유대교 문헌, 특히 구약성서를 바탕으로 예수를 조명했으며, 예수는 그리스도라는 신학적 관점으로 해석했다는 점을 염두에 두어야 한다.

예수를 바로 알기 위해서는 관련 자료와 문헌, 특히 복음서를 통해 이천 년 전으로 돌아가 예수를 만나고, 예수의 마음을 읽어야 한다. 예수는 하나님을 어떻게 믿었고, 자신의 소명과 사명과 운명이 무엇이라고 생각했는지, 자신이 누구라고 생각했는지 추리해야 한다. 또한 그 당시 예수를 만난 사람들은 그를 어떻게 보았고, 그가 행한 일을 어떻게 체험했고, 그가 한 말을 어떻게 이해했는지 알아야 할 필요가 있다. 예수와 같은 시대 사람이 되어 예수를 볼 때 그의 삶과 가르침을 바로 이해할 수 있다. 사도 바울은 그리스도인은 그리스도의 마음을 품어야 한다고 권면한다. "여러분 안에 이 마음을 품으십시오 그것은 곧 그리스도 예수의 마음이기도 합니다"(빌 2:5).

이 책은 교인이나 학생의 성경 공부를 돕기 위해 쓰였다. 그래서 관련된 성서 구절을 많이 넣었다. 성서는 표준새번역을 사용했다. 성서의 말씀을 찬찬히 찾아보고 그 내용과 의미를 곰곰이 생각하면 예수를 아는 데 도움이 될 것이다. 용어의 뜻을 명확히 하고 이해에 도움을 주기 위해서 신학 용어나 고대어 음역을 첨가했다. 읽기가 좀 어렵고 부담스럽다면 전제와 방법론을 다룬 제1장 "예수 알기"와 사상적 배경을 고찰한 제5장 "제2성전 유대교"를 읽지 않고 건너뛰거나 나중에 다시 돌아와서 읽어도 되겠다. 이 책이 예수를 알고, 그분을 그리스도로 믿는 데 조금이나마 도움을 주는 안내서가 되었으면 하는 바람이다.

이 책을 쓰면서 새삼 느끼는 것은 성서 말씀보다 더 좋은 말은 없다는 것이다. 수십 년 동안 성서를 읽고 가르쳤지만, 읽으면 읽을수록 새롭고 마음에 감동이 온다. "성경은 그리스도 예수를 믿는 믿음으로 말미암아 그대에게 구원에 이르는 지혜를 줄 수 있습니다. 모든 성경은 하나님의 영감으로 된 것으로서 교훈과 책망과 바르게 함과 의로 교육하기에 유익합니다"(딤후 3:15-16). 성서는 우리에게 교훈과 지혜를 주지만, 사실 성서를 읽을 때 하나님의 말씀은 우리에게 읽히는 대상이 아니라 우리를 대상으로 역사하는 주체가 된다. "하나님의 말씀은 살아 있고 힘이 있어서"(히 4:12) 우리의 마음을 움직이고, 세상과 인생을 새롭게 보게 하고, 삶을 변화시킨다. 하나님의 말씀을 통해서 예수 그리스도를 알고, 믿고, 만나기를 기원한다.

2022년 2월

정용석

| 차 례 |

제 1 장
예수 알기

1. 예수에 관한 관심

인류 역사상 사람들의 관심을 많이 받고 논의의 대상이 되었던 인물 중에 한 사람을 들라면 예수가 있다. 기독교인들은 예수를 그리스도요 주님이라고 고백하면서 신앙의 대상과 삶의 모델로 삼는다. 예수에 관해 기록된 성서 말씀에 감동을 받고 삶의 교훈과 용기와 희망을 얻는다. 이천 년 역사를 통해 예수와 관련된 음악, 미술, 문학 작품이 탄생했고 또한 예수의 삶과 가르침을 따라 학교, 병원, 자선기관, 선교단체가 생겼다. 그러나 다른 한편 회의적이거나 부정적인 입장을 가진 사람들은 예수에 관한 성서의 기록이 초대교회에서 지어낸 허구라고 하면서 심지어는 예수가 역사적 실존 인물이 아니라는 주장도 한다.

이런 질문을 받은 적이 있다. 예수가 독신이었던 것이 아니라 사실은 막달라 마리아와 결혼을 했었고 자식도 낳아서 그 후손이 있다고 하는데 맞는 말이냐는 것이다. 그런 황당한 말을 누가 하더냐고 물었더니 『다빈치 코드』라는 책에 그런 내용이 나온다는 것이다. 이 소설에 의하면 예수와 막달라 마리아는 둘 다 왕족 출신이고 결혼해서 부부가 된다. 예수가 십자가에 달려 죽을 때 마리아는 임신 중이었고 후에 프랑스

남부지방으로 가서 아이를 낳는다. 그 후 예수의 자손은 중세 프랑크 왕국의 메로빙거 왕조를 이뤘고, 소설에 등장하는 소피라는 여인이 그 자손이라는 것이다. 예수의 후손을 보호하기 위해서 시온수도회가 조직되었고 그 일원 중의 한 사람이 레오나르도 다빈치라고 한다. 다빈치는 그의 그림인 최후의 만찬에 막달라 마리아를 그려 넣음으로써 기독교가 예수의 결혼 사실을 숨기기 위해서 막달라 마리아를 창기로 비하하고 철저하게 배제해 왔다는 사실을 은근히 고발하고 있다는 것이다. 실제로 다빈치가 그린 최후의 만찬을 자세히 살펴보면 예수의 오른편에 비스듬히 앉아 있는 제자가 꼭 여자처럼 보이기도 한다. 작가 댄 브라운은 여러 가지 고대 문서의 글귀와 기호들을 교묘하게 엮고 자신의 상상력을 발휘해서 하나의 추리소설을 썼다. 그런데 문제는 은연중에 이 소설의 내용이 역사적 사실인 것 같은 분위기를 풍기고 있고, 또 이 소설을 읽은 많은 사람이 그 내용을 여과 없이 그대로 믿으려 한다는 것이다. 하지만 작가가 고대 문서의 여기저기에서 발췌한 내용은 역사적인 신빙성이 없는 것들이 많다. 예를 들면 막달라 마리아가 프랑스로 이주했다는 것은 중세 시대에 전설로 전해 내려오는 이야기이지 사실로 믿을 수는 없다. 그리고 작가는 유대교 문헌인 사해사본이나 영지주의 자료인 「나그함마디 문서」가 그리스도의 사역에 관한 기록이라는 억지스러운 말을 한다. 결론적으로 『다빈치 코드』라는 책은 풍부한 상상력과 추리소설의 기법을 사용한 허구이지 역사적 사실을 증명하고 새로운 의미를 찾는 학문적 가치를 지닌 서적은 아니라고 할 수 있다. 사람들이 항상 관심 있고 즐겨 이야기하는 소재 중의 하나가 아마 남녀의 사랑 이야기 또는 스캔들일 것이다. 그래서 이전부터 예수와 여자들 이야기, 특히 막달라 마리아와의 관계는 소설이나 영화의 소재로 많이 이용되던 것이다. 다빈치 코드도 이런 종류의 하나라고 할 수 있다.

<패션 오브 크라이스트>(그리스도의 수난)라는 영화가 관심을 끌었던 적이 있다. 유명한 영화배우이자 독실한 가톨릭 신자로 알려진 멜 깁슨이 감독과 제작과 각본을 맡은 영화다. 이 영화는 개봉되면서 많은 화제를 불러일으켰다. 예수가 고난받는 장면이 너무 잔인하고 끔찍해서 19세 이상 관람으로 등급이 매겨졌고, 영화를 보던 중에 충격을 받고 죽는 사람이 생기기도 했다. 그리고 예수에게 적대적인 유대인들을 너무 부각해서 유대인들의 항의 시위가 일어나기도 했다. 홀로코스트라는 비극을 겪은 유대인들은 이 영화로 인해 반유대주의 정서가 확산하는 것을 묵과할 수 없었을 것이다. 이 영화는 예수의 생애 중에서 체포되어 십자가에 달리기까지 마지막 12시간을 세밀하게 묘사하고 있다. 제작자는 예수님의 수난을 사실 그대로 묘사하려고 애썼고 예수 당시 사용했던 아람어를 대사에 넣었다. 고문과 십자가 처형의 끔찍한 장면들, 피투성이가 된 예수의 처절한 모습은 보는 사람에 따라 감동과 은혜를 줄 수도 있고, 반대로 충격과 공포를 줄 수도 있다. 어쨌든 재미로 볼 영화는 아니었다. 예수를 십자가에 처형한 책임은 누구에게 있을까? 사형집행권이 있는 로마 총독 빌라도에게 있을까? 아니면 예수를 죽음으로 몰고 간 유대인들에게 있을까? 어떤 사람이 이 영화를 보고 이렇게 말했다. "영화를 보는 내내 난 객석에서 영화를 보는 게 아니었다. 난 예수를 십자가에 매달라고 외치는 관중들 사이에 서 있었다. 예수에게 고통을 주고, 예수에게 못질을 한 건 이천 년 전의 유대인이 아니었다. 지금 바로 이 순간 하나님의 가르침을 조롱하며 죄를 짓고 사는 우리야말로 예수의 손에 못질하는 사람들임을 깨달았다."

예수에 대한 관심은 그와 관련된 유물을 발견했다는 수많은 주장에서도 나타난다. 예수가 달렸던 십자가 나무의 파편이라고 하는 보목이 세계 여러 곳에서 소중하게 보관되고 있다. 예수의 모습이 새겨진 천이 있다고 해서 떠들썩했던 적이 있다. '튜린의 성의'(The Holy Shroud of Turin)라고 불리는 것이다. 이 성의는 린넨 천으로 된 것인데 시신을 덮었던 수의였다고 추정되고, 그곳에 시신의 얼굴과 몸의 모습이 나타나 있는데 사람들이 이것을 예수의 모습이라고 믿게 되면서 유명해지게 되었다. 그런데 1988년에 과학자들이 이 수의가 만들어진 연대를 측정했는데 적어도 1260년대 이후에 만들어진 것이라는 판정을 내렸다. 그래서 한편으로는 이 수의가 가짜라는 주장과 다른 한편으로는 진짜 예수의 시신을 덮었던 수의라는 주장이 엇갈리고 있다.

예루살렘에는 예수가 십자가형을 당한 곳인 골고다(갈보리)에 세워졌다는 성묘교회(The Church of the Holy Sepulchre)가 있어서 순례객들의 발걸음이 이어지고 있다. 그런데 1980년 진짜 예수의 무덤이 발견되었다는 주장이 나왔다. 예루살렘 부근에 있는 탈피옷 묘(The Talpiot Tomb)라는 곳인데 그 안에는 비문이 새겨진 열 개의 유골함이 있고, 그중 하나에 '예슈아 바예호셉'(요셉의 아들 예수)이라는 글이 새겨져 있었다. 그러나 학자들은 예수라는 이름의 유골함 옆에 그의 아들인 것으로 추정되는 '유다'가 새겨진 유골함이 있고, 묘지의 모습과 규모로 볼 때 어느 유대인 부유층의 가족묘라고 추정한다.

예수의 유물을 찾았다는 주장뿐만 아니라, 예수를 만났다거나 예수가 행한 기적과 치유를 체험했다거나 예수로부터 특별한 계시나 사명을 받았다는 수없이 많은 이야기가 있고, 심지어는 자신이 예수의 현현이라거나 구세주라고 주장하는 사람도 있다. 어떻게 옛날 먼 곳에 살았던 예수를 후대의 사람이 만나고, 보고, 음성을 들었다고 할 수 있을까? 예수는 시공을 초월하는 초자연적 능력을 지닌 분일까? 아니면 사람들이 자아도취나 최면에 빠져서 그런 일을 겪었다고 주장하는 것일까? 예수는 어떤 분일까? 어떻게 살았고 어떤 일을 했을까? 어쩌다가 십자가에 달리는 극형을 받았으며 또 죽은 지 사흘 만에 다시 살아났다는 것인가? 이런 여러 가지 의혹과 궁금증을 어떻게 해소할 수 있을까? 우리는 예수와 그와 관련된 일들의 진상을 어떻게 알 수 있을까?

2. 역사의 예수와 신앙의 그리스도

기독교는 예수를 그리스도로 믿는 종교다. 예수는 '하나님이 구원하신다'는 뜻의 히브리어 여호수아, 아람어 예슈아에서 온 이름이고, 그리스도는 호칭으로서 히브리어 메시아를 그리스어로 번역한 크리스토스라는 말의 우리말 표기인데 '기름 부음을 받은 자'라는 뜻이다. 예수 그리스도라는 말은 예수가 그리스도, 즉 하나님이 우리를 구원하기 위해 보내신 구세주라는 의미를 지닌다. 예수는 임박한 하나님 나라의 도래를 선포하면서 병을 고치고 기적을 행했다. 그는 공생애 기간에 랍비(선생님) 또는 예언자라고 불렸고, 그를 믿고 따르는 사람들은 점차 그를 그리스도, 하나님의 아들, 주님이라고 부르게 되었다. 기독교는 유대교의 분파로 시작했다. 처음 기독교인들은 자신들이 예수를 그리스도, 즉 구세주로 믿는 유대교인들이라고 생각했다. 그러나 그들이 믿는 내용이 전통적인 유대교의 가르침과 다르다는 것이 드러나면서 구별되기 시작했다. 얼마 지나지 않아 그들은 처음에는 갈릴리인들 또는 나사렛당(행 24:5)이라고 불렸으며, 안디옥에서 처음으로 그리스도인이라는 이름을 얻게 되었다(행 11:26).

초대 기독교인들의 신앙을 잘 나타내는 그림이 있는데 물고기 모양의 상징이고 그 안에 그리스어 문자가 있기도 하다. 물고기 그림 안에 있는 문자는 익투스(ΙΧΘΥΣ, Ichthus)라고 읽는데 이 다섯 글자는 다섯 단어의 첫 글자를 하나씩 모은 것이고, 그리스어로 읽으면 '예수스 크리스토스 데우 휘오스 소테르'(Ἰησοῦς Χριστός Θεοῦ Υἱός Σωτήρ)이다. 이것을 우리말로 번역하면 '예수 그리스도 하나님의 아들 구세주'가 된다. 이 다섯 단어의 첫 자인 '이오타'(Ι), '키'(Χ), '세타'(Θ), '윕실론'(Υ), '시그마'(Σ)를 모으면 '익투스', 즉 그리스어로 물고기라는 단어가 된다. 그래서 초대 기독교인들은 물고기 모양으로 자신들의 신앙을 나타냈다.

또한 그리스어 '키'(Χ)와 '로'(Ρ)라는 글자를 합성한 부호(☧)가 있는데 '키'와 '로'는 '크리스토스'(Χριστός, Christos)라는 단어의 첫 두 글자다. 그래서 '키-로 문장'(Chi-Rho emblem)이라고 부르고 그리스도를 나타낸다. 교회에 걸린 휘장에서 이런 부호를 볼 수 있다. 이 부호는 콘스탄티누스 황제가 312년 로마제국의 패권을 걸고 막센티우스 황제와의 밀비우스 다리 전투를 앞두고 있을 때 하나님으로부터 계시를 받은 것이라고 알려져 있다. 콘스탄티누스 황제는 이 부호를 병사들의 투구와 방패에 그려 넣게 했고 결국 전투에서 승리했다고 한다. 그는 이듬해인 313년에 밀라노 칙령을 선포해서 기독교를 승인했고 약 300년에 걸친 기독교 탄압에 종지부를 찍었다.

기독교가 그리스–로마 문화권으로 퍼져나가면서 교회는 예수 그리스도가 구세주임을 이방인들에게 합리적으로 설명해야 하는 과제를 안게 되었다. 당시 플라톤주의에는 초월적 신과 세상 사이의 중개자로서 로고스가 있다는 사상이 있었고 또한 스토아주의에도 만물에 내재하는 원리로서 로고스가 있었다. 교부들은 요한복음 1장의 육신이 되신 말씀(Logos)이신 그리스도와 그리스 철학의 로고스를 연결했고 이러한 교리는 그리스 철학에 익숙한 이방인들에게 설득력이 있었다. 그러나 로고스 기독론은 유일신 신앙과 갈등을 갖게 되었다. 하나님은 오직 한 분인데 그리스도도 신이라면 그것은 유일신론이 아니라 이신론(二神論)이 아닌가 하는 문제였다. 또한 로고스와 예수 그리스도의 관계, 예수 그리스도 안의 인성과 신성의 관계에 대한 의문이 제기되었다.

백여 년에 걸쳐 진행된 기독론 논쟁을 해결하기 위해 여러 차례의 교회 회의가 열렸고 결국 451년 제4차 칼케돈공의회에서 그리스도가 완전한 신성과 완전한 인성을 지닌 분임을 공포했다. 칼케돈 신조의 주요 내용은 다음과 같다.

> 우리는 성자, 곧 우리의 주님이신 예수 그리스도께서 신성에 있어서도 완
> 전하시며 마찬가지로 인성에 있어서도 완전하신 참 하나님이요, 영혼과 육
> 체를 지닌 참 인간임을 고백한다. 그분은 신성에 있어서 성부와 동일본질
> 이시며 인성에 있어서는 죄 없으신 것 외에는 우리와 동일본질이시다. 그
> 분은 신성에 있어서는 만세 전에 성부에게서 나셨으나 인성에 있어서는 우
> 리의 구원을 위하여 동정녀 마리아, 곧 하나님의 어머니에게서 나셨다. 성
> 자요 주님이신 그리스도께서는 혼합되거나 분리되지 않는 두 본성을 가지
> 고 계시다. 두 본성의 구별은 결합으로 인하여 결코 없어지지 않으며 두 인
> 격으로 나뉘지 않고 오히려 각 본성의 특징은 한 인격이며 한 위격, 곧 성자
> 요 하나님의 독생자요 말씀이요 주님이신 예수 그리스도 안에서 보존되고
> 결합된다.

칼케돈공의회 이후 신-인(Theanthropos, God-Human)이신 예수 그리스도가 기독교 신앙의 중심에 자리 잡게 되었다. 그러나 기독교가 로마제국의 국교가 되면서 신도의 마음에 생생하게 그려지며 삶의 모델이 되었던 역사의 예수(Jesus of History)보다는 경배의 대상이 되는 신앙의 그리스도(Christ of Faith)를 중시하게 되었고, 예수 그리스도의 인성보다는 신성을 강조하는 교리가 형성되었다. 이와 같은 경향이 교회와 성직자의 권위주의와 함께 더욱 심화되면서 낮은 자리에서 사람들과 동고동락하며 병을 고쳐 주고 하나님 나라의 복음을 전하던 인간 예수의 모습은 흐려지고 저 높은 곳에서 사람들을 내려보며 복을 주기도 하고 벌을 내리기도 하는 지배자요 심판자로서의 그리스도상이 부각되었다.

3. 역사적 예수 연구

18세기 이후 본격적으로 펼쳐진 계몽사상은 이성을 진리 판단의 근거와 기준으로 삼으면서 이성의 시대를 열었다. 과학과 자연의 법칙을 중시하면서 계시와 신앙을 과학과 이성으로 대체했고, 진보 개념을 도입하여 이성과 교육으로 계몽된 인간상을 추구했다. 계몽주의자들은 전통과 교회의 권위를 거부하고 신앙을 도덕으로 대체했으며 인간의 자유와 평등과 권리를 주장했고 사회계약설, 민주주의 등 근대 사회의 기본 사상을 발전시켰다.

이성과 경험에 의한 합리적 사고를 중시하는 계몽주의자들은 기독교 신앙의 근원과 기준이 되는 성서에도 새로운 잣대를 들이댔다. 성서는 다른 고대 문헌과 마찬가지로 그 시대의 정신과 문화를 반영하면서 저자의 관점과 의도에 따라 편집되고 기록된 것이기 때문에 객관적 사실이나 절대적 진리로 받아들일 수 없고 역사비평의 방법으로 분석하고 해석해야 한다는 것이다. 이에 따라 자연의 법칙에 어긋나는 기적이나 치유, 부활 사건은 역사적 사실이 아니라 성서 저자가 지어낸 허구라고 단정했다. 구약성서에 기록된 이스라엘 역사는 사실이라고 받아들일 수 없고 고고학적 자료, 고대 문헌을 근거로 고대 근동의 역사와 비교해서 역사적 사실 여부를 판단해야 한다고 주장했다.

기독교 신앙의 근거와 기준을 성서의 계시와 전통적 교리에 두었던 교회는 심각한 도전을 받게 되었다. 역사적 실증주의(historical positivism)를 배경으로 하는 새로운 성서 비평에 대응해서 이를 지지하거나 거부하는 상반된 입장이 생겼는데, 성서에 등장하는 인물이나 사건의 역사성에 의문을 제기하고 회의적 시각을 갖는 축소주의(최소주의, minimalism)와 이와 반대로 성서에 기록된 이스라엘 백성의 이야기나 예수 전승에 있는 기적, 부활 등 초자연적 사건을 실제 일어난 일로 받아들이는 확대주의(최대주의, maximalism)로 나뉘게 되었다.

독일의 동양언어학자인 라이마루스(Hermann Reimarus)는 기독교 신앙을 계몽주의 시각으로 새롭게 이해해야 한다고 생각했다. 그는 역사의 예수는 신앙의 그리스도와 다르다고 생각했으며, 실제 예수는 전통적 교리에서 규정하는 신적 존재가 아니라 묵시적 혁명가라고 주장했다. 성서는 하나님의 계시가 아니고, 복음서는 역사적 기록이 아니라 저자의 신학적 진술이며, 예수의 기적이나 부활에 대한 기록은 지어낸 이야기에 불과하다는 것이다. 예수는 사실 유대 혁명가였으며 정치적 반역자로 십자가에 처형되었다. 그러나 그의 제자들은 예수의 시신을 훔쳐내어 감추고 다시 살아났다고 위증하면서 그의 가르침을 퍼뜨렸다.

라이마루스는 예수를 교회가 가르치는 신앙의 그리스도가 아닌 역사의 인물로 이해하려는 접근 방법을 시도함으로써 역사적 예수 연구의 선구자가 되었다. 라이마루스 이후 백여 년 동안 역사적 인물인 예수에 관한 연구가 활발하게 진행되었으며 계몽주의의 경향을 따라 대체로 예수를 도덕 교사로 이해했다. 계몽주의자들이 그린 예수는 사실 그들 자신의 모습 또는 그들이 추구하는 이상적 인간상을 반영한 것이었다.

20세기 초 슈바이처(Albert Schweitzer)는 이전의 '예수의 생애'에 대한 연구를 비판하면서 예수를 당시 유대교에 팽배하던 묵시사상의 배경에서 이해해야 한다고 주장했다. 예수는 임박한 하나님 나라의 도래와 세상의 종말(철저 종말론, consistent eschatology)을 선포했지만 하나님 나라는 오지 않았고, 그는 십자가에 처형당함으로써 실패하고 말았다. 비슷한 시기에 캘러(Martin Kähler)는 역사의 예수를 신앙의 그리스도와 분리하는 것은 불가능하지만 후자, 즉 신앙의 그리스도를 더욱 잘 이해하는 데 역점을 두어야 한다고 주장했다.

20세기 전반의 대표적인 성서 신학자인 불트만(Rudolf Bultmann)은 역사적 예수 연구에 대해서 회의적이었다. 그는 복음서가 예수에 대한 역사적 기록이라기보다는 초대교회의 설교(말씀/kerygma)이기 때문에 역사적 예수의 모습을 찾아내는 작업은 거의 불가능하며 불필요하다고 보았다. 또한 고대 사상과 문화가 반영된 비합리적인 성서의 내용을 현대인이 이해할 수 있도록 비신화화(demythologization)할 필요가 있다고 주장했다. 그에게 중요한 것은 이천 년 전 역사의 인물인 예수의 모습을 찾는 것이 아니라 선포되는 하나님의 말씀과의 실존적 만남이었다.

불트만의 제자였던 캐제만(Ernst Käsemann)은 복음서를 신학적으로 해석할 필요가 있다는 점에는 동의했다. 그러나 그의 스승과 달리 복음서는 예수에 대한 정보를 제공하는 역사적 기억을 포함하고 있다고 주장했다. 이후 학자들은 복음서에서 예수의 '실제 말씀과 행동'을 찾아내려고 여러 '진정성의 기준'(criteria of authenticity)을 제시하며 역사적 예수를 탐구했다. 미국의 진보적 성서학자들이 주축이 되어 결성한 '예수 세미나'(The Jesus Seminar)에서는 복음서에 기록된 예수 언행의 진정성, 즉 역사적 사실성에 관한 연구와 논의를 거쳐 구슬(red, pink, gray, black)로 투표를 했는데 약 18%의 언행만이 진정성을 인정받는 결과가 나왔다. 세미나 일원 중 보그(Marcus J. Borg)는 예수가 선포한 하나님 나라가 '비종말론적 하나님 나라'라고 주장했고, 맥(Burton L. Mack)과 크로산(John D. Crossan)은 예수를 묵시적 종말론자가 아니라 견유학파(the Cynics)와 맥을 같이 하는 현자요 지혜 교사로 보았다.

1980년대 이후 역사적 예수 연구는 새로운 양상을 나타낸다. 이전의 연구가 예수의 행동과 말씀의 역사적 사실성 여부에 초점을 맞춘 데 비해 새로운 연구는 예수의 유대성(Jesus' Jewishness)을 강조하면서 그가 속한 1세기 팔레스타인 상황과 유대교 신앙에 관심을 가졌다. 이것은 초대교회의 설교와 가르침으로부터 예수의 말씀과 행동을 분리하는 방법이 아니라, 예수 당시의 정치, 경제, 사회, 문화, 종교의 상황에서 예수를 이해하려는 것이다. 또한 예수에 관한 복음서의 기록은 그를 믿고 따르는 사람들의 기억을 바탕으로 작성된 것이며, 이 예수 전승이 초대교회로 이어졌기 때문에 예수 사건과 예수 사건의 기록 사이에는 불연속성보다 연속성이 강하게 나타난다고 보았다. 그러므로 세부적인 예수의 말씀과 행동에 대한 진정성 규명에 치중하기보다는 예수의 삶에 대한 전체적인 '큰 그림'(big picture)의 틀 안에서 예수를 찾으려고 했다.

역사적 예수 연구는 교리의 권위로 신앙의 내용을 규정하는 교조주의(dogmatism)와 교회 권위주의에서 벗어나 역사적 인물인 예수의 모습을 사실 그대로 재현하려는 노력이다. 이 연구의 목적은 구체적이고 생생한 예수상을 제시함으로써 신앙의 역사적 근거를 찾고 예수를 믿고 따르는 삶의 내용과 방향을 정하는 교훈을 얻으려는 것이다. 그러나 2백 년에 걸쳐 진행된 역사적 예수 연구는 여러 가지 문제점을 나타냈다.

첫째, 역사적 예수 연구는 일치된 예수상을 제시하지 못했다. 예수의 모습은 연구자의 관점과 해석 방법, 자료 선택에 따라 다양하게 나타났는데 도덕 교사, 종말론적 예언자, 은사의 성자, 지혜의 현자, 유대교 개혁자, 정치적 혁명가 등 서로 다른 모습으로 나타났고 이념이나 사상에 의해 왜곡된 예수상을 제시하기도 했다. 예를 들면 나치 독일을 지지하던 신학자 중에는 예수가 유대인이 아니라 아리안족이었으리라고 추정하면서 예수는 당시 유대교와 적대관계에 있었다고 주장했다. 이렇게 예수를 비유대화(dejudaization) 함으로써 반유대주의(anti-semitism)를 조장했고 결국에는 유대인 대학살인 홀로코스트(Holocaust)가 일어나는 데 일조했다. 탈선한 신학과 왜곡된 예수상이 인류 역사상 유래 없는 참상을 초래한 경우이다.

둘째, 역사적 예수 연구는 주로 상아탑의 신학자들 사이에서 기독교 교리와 전통을 배제한 채 논의되었다. 교회와 목회자들의 호응을 받지 못한 역사적 예수 연구와 논의는 교인들에게 잘 알려지지 않았고, 그 논의에서 도출된 예수상은 교회에서 선포하고 가르치는 예수의 모습과는 달랐고, 교인들에게 낯설게 여겨져 공감을 얻지 못했다.

셋째, 역사적 예수 연구는 예수 언행의 역사적 사실성 여부에 관심을 집중함으로써 마치 나무만 보고 숲을 보지 못하는 것처럼 큰 그림으로서의 예수의 모습을 제대로 보지 못했고, 또한 신앙적 측면을 소홀히 하는 과오를 범했다. 역사의 방법으로 신앙의 근거와 내용을 제공하려는 시도는 합리적 사고로 영적 세계를 이해하려는 것이고, 그런 접근으로는 주파수를 잘못 맞춘 라디오에서 분명한 소리를 들을 수 없는 것처럼 참된 예수의 모습을 제대로 파악할 수 없었다.

4. 실제 예수

실제 예수(the real Jesus)는 누구일까? 단지 2천 년 전 과거에 살았던 사람이었을까 아니면 지금도 살아서 역사하는 신적 존재일까? 그는 어떻게 그리스도라고 불리고 세상의 구원자가 되었을까? 어떻게 그를 만나고 현존을 체험할 수 있을까? 예수는 다섯 가지의 모습으로 그려질 수 있다.

첫째, 지상의 예수(the earthly Jesus)이다.

고대부터 현대에 이르기까지 '그리스도 신화론'(Christ myth theory)을 내세우며 예수가 역사적 실존 인물이 아니라 가상의 인물이라고 주장하는 사람들이 있지만, 여러 고대 문헌이나 고고학 자료는 그가 1세기 초 팔레스타인 땅에서 살았던 인물임을 분명히 나타내고 있다. 예수가 요한에게서 세례를 받았으며, 병을 고치고 기적을 행하면서 하나님 나라를 선포했고, 예루살렘에서 십자가형을 받았다는 것은 역사 속에서 일어난 실제적 사건이다. 이 지상의 예수가 실제 예수일까? 만일 당시에 예수를 촬영한 사진이나 영상이 있어서 우리에게 전해진다면 그것을 보고 그가 누구인지 정확하게 알 수 있지 않을까? 반드시 그렇지는 않다. 예수의 사진이나 영상이 있다고 해도 그것을 보는 사람의 관점과 생각에 따라 각자 다르게 보고 이해할 것이다.

예수를 만났던 당시의 사람들은 그를 세례 요한의 화신이라고도 하고, 예언자 중의 한 사람이라고도 하고, 그리스도요 하나님의 아들이라고 고백하기도 했다. 예수가 놀라운 일을 행했을 때 사람들은 그를 왕으로 모시려 하기도 했다. 그러나 예수는 자신을 따르는 사람들에게 자신이 누구인지 명확하게 밝히지 않았다. 브레데(William Wrede)는 이런 수수께끼를 '메시아의 비밀'(messianic secret)이라고 부르며 예수의 자의식을 파악하려고 했다. 지상의 예수는 분명한 역사적 실존 인물이지만 그를 따르던 사람들도 그가 누구인지 제대로 알지 못했고, 현대인들은 성서나 고대 문헌, 고고학적 자료를 통해 그가 누구인지 어렴풋한 윤곽만 그릴 수 있을 뿐이다.

둘째, 성서의 예수(the biblical Jesus)이다.

신약성서, 특히 복음서는 예수가 그리스도요 주님임을 믿고 이를 전파하기 위해서 기록된 책이다. 책마다 예수의 호칭, 예수의 생애, 예수를 통한 구원의 의미 등이 다르게 서술되기도 하지만 예수가 그리스도, 즉 구세주임을 선포하는 점에서는 일치한다. 신약성서의 기자들은 하나님이 어떻게 예수를 통해서 구원의 역사를 펼치셨는지 확신을 가지고 역설한다. 그리스도인은 성서를 통해서 그리스도 예수의 모습을 그리고, 그의 가르침을 배우고, 그와 만나는 체험을 한다. 성서의 예수는 지상의 예수를 근거와 출발점으로 삼는다. 지상의 예수의 삶이 역사의 사건이라면 성서의 예수는 이 사건에 대한 신앙적 증언이요 고백이다.

셋째, 교리의 예수(the doctrinal Jesus)이다.

초대 그리스도인들은 예수를 그리스도, 하나님의 아들, 하나님의 말씀(로고스), 주님으로 부르다가 1세기 말에 이르러 하나님이라고 고백하기에 이르렀다. 이에 그리스도의 위상과 역할에 대한 의문이 생겼다. 예를 들면 예수 그리스도가 하나님이라면 하나님이 두 분(二神論)인가? 그리스도와 하나님의 관계는? 하나님의 말씀이 인간이 되었다면 인간 예수의 영혼은 어떻게 되는가? 예수 그리스도는 인간인가 신인가? 이런 질문에 대한 다양한 답변이 나타났다. 예수는 단지 인간으로서 하나님의 선택을 받았을 뿐이다(양자론). 그리스도는 원래 영으로서 인간 예수의 몸에 들어갔다가 그가 십자가형을 받을 때 떠났다(가현설). 그리스도는 하나님이지만 제2의 하나님, 즉 열등한 신이다(아리우스주의). 로고스와 예수의 육신이 결합했으므로 예수에게 영혼은 없다(아폴리나리우스주의). 예수 그리스도에게 신성과 인성이 공존하지만 결합한 것이 아니라 단지 연결되어 있을 뿐이다(네스토리우스주의). 교회는 여러 논의 끝에 예수 그리스도는 완전한 신성과 인성을 지닌 참 하나님이요 참 인간임을 선포하고(칼케돈 신조), 이와 다른 가르침을 이단으로 정죄했다. 이후 교회는 점차 예수 그리스도의 인성보다는 신성을 강조하게 되었으며 인성을 부각하는 가르침을 경계했다.

넷째, 역사적 예수(the historical Jesus)이다.

역사적 예수는 역사 연구의 방법으로 찾아내는 예수의 모습이다.

역사적 예수 연구는 그리스도의 인성, 즉 신성에 가려진 인간 예수의 모습을 회복하려는 시도이며, 교회 권위주의와 교리 절대주의에 대한 도전이기도 하다. 이 연구의 사상적 배경에는 독일의 역사가 랑케 (Leopold von Ranke)의 역사주의(historicism 또는 역사 실증주의 historical positivism)가 있다. 랑케에 의하면 역사가의 목적은 과거의 사건을 "그것이 실제로 일어났던 그대로"(wie es eigentlich gewesen, as it actually happened) 표현하는 것이다. 역사가는 증거와 합리적 추리로 과거의 사건을 객관적으로 재구성할 수 있다는 것이다. 그러나 연구자의 주관적 인 관점과 방법에 따라 너무나 많은 예수상을 도출함으로써 객관성을 인정받지 못하게 되었다. 그들이 '주관적 가설적 재구성'(subjective hypothetical reconstruction)을 통해 제시한 예수상은 실제 예수의 모습 이 아니라, 마치 깊은 우물에 비친 자신들의 모습을 그린 자화상이라는 평가를 받게 되었다. 역사적 예수 연구는 교회와 교인들에게 큰 영향을 끼치지 못했으며 역사적 지식을 신앙의 기준으로 삼으려 한다는 비판을 받기도 했다. 그러나 다양한 자료 사용과 새로운 해석 방법의 적용으로 2천 년 전 팔레스타인 상황과 예수의 모습을 더욱 세밀하고 선명하게 밝힌 점은 높이 평가할 만하다.

다섯째, 살아계신 예수(the living Jesus)이다.

예수는 이천 년 전에 살았다가 역사의 뒤안길로 사라진 과거의 인물에 그치는 것이 아니라 시공을 초월해서 언제, 어디서나 우리에게 임해서 만나고, 음성을 들려주고, 감화시키고, 변화시키는 분이다. 예수 는 하나님의 말씀이며 부활하신 주님이고 생명을 주는 영이다. 그분은 바울이 다메섹 도상에서 만난 분이며, 엠마오로 가는 글로바와 그의 일행에게 나타나 성경을 풀어주며 마음을 뜨겁게 하신 분이고, 기도 중에, 말씀을 읽고 들으면서 또는 삶의 현장에서 우리를 만나는 바로 그분이다. 살아계신 예수는 우리와 함께하며 지혜를 주고, 생명을 살리고, 기적을 행하고, 우리를 구원하고 또한 심판하는 권능의 주님이다. 그리스도인은 예수 그리스도를 믿고 따르며 그분을 닮아가고 궁극적으로는 하나가 된다. 살아계신 예수는 신비로운 존재로서 그분과의 만남, 즉 신앙의 체험은 인간의 말이나 생각으로는 파악하거나 설명할 수 없고 오직 믿음을 통해서 이룰 수 있다. 그래서 "믿음은 바라는 것들의 확신이요, 보이지 않는 것들의 증거이다"(히 11:1).

실제 예수를 알고 만나는 길은 여러 가지로 이루어진다. 역사적 탐구를 통해 합리적이고 실증적으로 규명하는 길도 있지만, 그분에 대한 증언과 고백인 성서를 통해 이해하고 감화를 받는 길도 있고, 기도와 신앙생활을 통해 만나고 체험하는 길도 있다. 이 다양한 길의 종착점은 하나, 즉 예수를 그리스도라고 믿는 것이다. 그것은 합리적 추론을 넘어서는 체험적 증언이요 신앙적 고백이다. 기독교 신앙은 이성과 지식의 영역을 넘어서서 신비롭고 영적인 세계와 교감하고 하나님과 소통하며 교제하는 삶의 길이며, 그 통로 중간에는 중재자 예수 그리스도가 있다. 인간은 하나님을 본 일도 없고 또 볼 수도 없다(딤전 6:16). 그렇지만 우리는 보이지 않는 하나님의 보이는 형상(골 1:15)이신 예수 그리스도를 통해 하나님을 볼 수 있고 알 수 있다. 예수 그리스도는 하나님이 우리와 함께하시는 분(임마누엘, 마 1:23)이다.

5. 예수를 알기 위한 전제

그리스도인은 예수의 모습을 마음속에 그리며 그분의 삶과 가르침을 따라 산다. 예수는 그리스도인의 신앙의 대상이며 동시에 삶의 본보기가 된다. 시대에 따라 또 지역에 따라 예수가 다양한 모습으로 그려지기도 하고, 그를 통한 구원의 내용이 다르게 설명되기도 하지만, 예수가 그리스도라는 점에서는 모두가 일치한다. 우리는 어떻게 예수를 알 수 있을까? 어떻게 해야 그를 바르게 믿고 그 모습을 본받을 수 있을까? 이를 위해서 다음과 같은 몇 가지 방법론적 전제를 제시하고자 한다.

첫째, 예수는 유대인이었다.

예수는 1세기 팔레스타인 유대인이었으며 이 말은 여러 가지 의미를 지닌다. 우선 예수는 2천 년 전 살았던 고대인이었다. 우주와 자연, 신과 인간, 귀신과 질병, 치유와 기적 등에 대한 고대인의 인식은 현대인의 과학적 사고나 자연의 법칙과는 다른 점이 있다. 신화가 역사와 구분되지 않아서 신화가 역사가 되고, 역사가 신화가 되었다. 그래서 성서를 비롯한 고대 문헌에 나타난 신화적인 이야기를 현대인에게 합리적으로 설명하기 위해서 불트만의 비신화화론이 필요하다는 주장이 나왔다. 예수의 탄생, 치유, 기적, 부활 이야기도 합리적 또는 실존적으로 이해하고 해석해야 한다는 것이다. 그러나 그렇게 할 경우 계몽주의자들의 예수 연구에서 보듯이 예수는 현대화되고 만다. 예수와 당시의 사람들이 느끼고 생각하고 경험했던 일들을 공감하거나 공유할 수가 없다. 고대인들의 생각과 그들에게 일어난 일들을 바로 이해하려면 그 시대로 돌아가 그들과 같은 마음으로 보아야 한다. 그러므로 비신화화로 인해 현대화되었던 예수와 예수 사건에 관한 이야기를 '재신화화'(remythologization)해야 할 필요가 있다. 현대적 사고의 틀에서 고대인들의 생각과 행동을 이해하려고 할 때 자칫 잘못하면 아전인수적이고 시대착오적인 해석의 우를 범할 수 있다.

예수는 팔레스타인 사람, 더 구체적으로 말하자면 나사렛 출신의 갈릴리 사람이었다. 우리는 예수의 모습을 그릴 때 그를 서양 사람으로 생각하기 쉽다. 키가 크고 금발에 파란 눈을 가진 서양 사람? 이렇게 생각하게 된 것은 아마 우리가 보았던 서양의 그림이나 영화의 모습이 연상되어서일 것이다. 그러나 예수는 유럽의 서양인이거나 독일 나치 정권에서 그렸던 아리안 사람이 아니었다. 그는 서남아시아 사람—중동, 근동 등의 지명은 유럽 중심의 명칭이다—이었다. 또한 고고한 도사 같은 사람이 아니라 거친 목수 일을 하며 갈릴리 농촌과 어촌을 다니던 시골 사람이었다. 그의 사고 형성의 배경은 그리스 철학에 근거를 둔 합리적이고 사변적인 헬라 사상(Hellenism)이 아니라 성서를 바탕으로 하는 직관적이고 행동적인 히브리 사상(Hebraism)이었다.

예수의 생각과 행동은 당시의 정치, 경제, 사회, 문화, 종교적 상황을 배경으로 형성되었다. 그러므로 예수가 처한 세상을 알 때 예수를 더욱 자세하고 정확하게 이해할 수 있다. 1세기 팔레스타인의 상황, 즉 로마제국의 지배와 헤롯 왕가의 통치, 정치적 세력 간의 긴장과 알력, 식민지 백성의 직업, 생활, 세금, 빚 등 경제적 사정, 사회적 분파와 구성원, 그들의 위상과 역할, 헬라 문화의 영향, 교육과 언어 그리고 가장 중요한 유대교 신앙, 경전, 성전과 회당, 예배와 절기, 묵시사상과 종말론 등을 고찰함으로써 예수의 행동과 말씀, 사명감, 자기 이해(self-understanding)를 아는 토대로 삼을 수 있다. "아는 만큼 보인다"는 말이 있다. 당시 사람들의 의식주, 일상생활, 신앙생활 등 '삶의 정황'에 대해서 알수록 예수의 모습을 더욱 선명하게 보고 그의 마음을 이해할 수 있을 것이다.

무엇보다도 예수는 유대교인이었다. 예수는 기독교의 창시자라고 불리지만 그 자신은 기독교인이 아니었다. 예수의 제자들과 바울 같은 사도들, 복음서 기자들은 예수를 그리스도로 믿게 된 유대교인들이었다. 예수는 독실한 유대교 신자로서 유대교의 율법과 의식을 준수했으며, 안식일에 드리는 회당 예배에 참석하고, 성전세를 냈으며, 절기마다 예루살렘 성전에 가서 참배했다. 예수는 회당에서 성서를 읽고 가르쳤으며, '유대인 랍비'로서 율법을 해석하고 비유를 통해 하나님 나라의 도래와 하나님 나라 백성의 삶에 대해 가르쳤다. 때로 율법 해석의 방법이 다른 바리새인이나 사두개인과 논쟁을 벌이기도 했다. 그의 목적은 율법을 폐지하려는 것이 아니라 율법 본래의 뜻을 밝혀서 완성하려는 것이었다(마 5:17).

예수를 알기 위해서는 예수가 살았던 세계를 먼저 알아야 한다. 1세기 팔레스타인 상황에 대한 정보를 가장 많이 알려주는 자료는 복음서를 비롯한 신약성서 외에 요세푸스(Flavius Josephus)의 『유대 전쟁』(Jewish War)과 『유대 고대사』(Jewish Antiquities)가 있다. 그밖에 당시 유대교(후기 제2성전 유대교) 문헌과 쿰란 문서(Qumran library)를 참조할 수 있다. 예수 당시에 구약성서의 정경은 어느 정도 갖춰진 상태였다. 그리고 '기록된 율법'(written torah)인 구약성서와 병행해서 '구전 율법'(oral torah)이 생겼으며 구전 율법을 모아 200년경에 편찬된 미쉬나(Mishnah)가 있다. 미쉬나에 실린 현자들(sages)의 가르침과 유대교 문헌의 묵시사상을 예수의 가르침과 비교하면 예수 말씀의 신앙적,

사상적 배경을 밝히는 실마리를 얻을 수 있다.

둘째, 예수에 관한 가장 신빙성 있는 자료는 복음서이다.

구약성서가 하나님과 이스라엘 백성의 이야기라면, 신약성서는 예수 그리스도와 그리스도인들의 이야기이다. 신약성서의 기자들은 성서(구약성서)의 약속이 그리스도를 통해서 성취되었다는 믿음의 확신이 있었다. 그들은 예수 그리스도를 통해 이루어진 구원의 사건을 구약성서를 바탕으로 해석했고, 그의 삶을 이스라엘 백성의 역사에 비추어 조명했다. 그러므로 구약성서는 신약성서의 근거와 모델이 되며 둘 사이에는 긴밀한 연속성이 있다.

신약성서 중에서 복음서는 예수 그리스도의 생애와 가르침에 관한 기록이다. 예수의 십자가와 부활 사건이 있은 후 예수의 생애와 가르침을 보고 들은 사람들의 증언과 이를 전해 들은 사람들에 의해 이야기가 퍼져나갔고, 후에 이를 모아 엮어낸 것이 복음서이다. 복음서는 이런 사실을 밝히고 있다.

우리 가운데서 일어난 일들에 대하여 차례대로 이야기를 엮어내려고 손을 댄 사람이 많이 있습니다. 그들은 이것을 처음부터 말씀의 목격자요 전파자가 된 이들이 우리에게 전하여 준 대로 엮어냈습니다(눅 1:1-2).

이 모든 일을 증언하고 또 이 사실을 기록한 사람이 바로 이 제자이다. 우리는 그의 증언이 참되다는 것을 알고 있다. 예수께서 하신 일은 이 밖에도 많이 있어서, 그것을 낱낱이 기록한다면, 이 세상이라도 그 기록한 책들을 다 담아 두기에 부족할 것이라고 생각한다(요 21:24-25).

그 당시는 구전 문화의 시대였기 때문에 예수 자신도 글을 남기지 않았으며, 그에 관한 이야기(예수 전승)도 말로 전해졌다. 50년대에 이르러 예수의 말씀을 모은 '어록집'—자료를 뜻하는 독일어 Quelle의 첫 자를 따서 Q자료라 한다—이 만들어졌다. 70년대에는 예수의 수난 이야기를 중심으로 한 마가복음, 80년대에는 율법의 완성자로서의 예수를 조명하는 마태복음 그리고 세상의 구세주인 예수를 알리려는 누가복음이 기록되었다. 마태복음과 누가복음은 마가복음과 Q자료를 바탕으로 하면서 그 외에 각자의 자료를 첨가하여 편집되어서 내용이 겹치는 부분(병행구/parallels)이 있다. 세 권 모두 예수의 생애를 연대기적으로 기록했고 중복되는 내용이 많이 있어서 공관복음(synoptic gospels)이라고 불린다. 이와는 다르게 Q와 마가복음을 자료로 마태복음이 기록되었고, 마태복음을 자료로 누가복음이 기록되었다고 보는 견해도 있다. 공관복음과 달리 요한복음은 90년대에 자신의 독자적인 자료를 바탕으로 기록되었고, 신학적 진술이 많이 나타나며, 예수를 말씀(로고스)이 화육(化肉·成肉身, Incarnation)하신 분으로 서술한다. 이전에는 요한복음 내용의 역사성에 대해 회의적이었지만 최근 역사성을 인정하는 긍정적인 견해가 늘어나고 있다.

복음서는 예수 사건에 대한 경험적 증언이며 신앙적 고백이다. 복음서는 신학적으로 해석된 역사서이며 또한 역사적 사건에 근거한 신학서로서 동시에 역사성과 신학성을 지닌다. 복음서 기자들의 의도는 예수 사건을 사실 그대로 연대순으로 보도하려는 것이 아니라 예수가 그리스도임을 알리고 이를 믿게 하려는 것이었다.

예수께서는 제자들 앞에서 이 책에 기록하지 않은 다른 표징도 많이 행하셨
다. 그런데 여기에 이것이나마 기록한 목적은, 여러분으로 하여금 예수가
그리스도요 하나님의 아들이심을 믿게 하고, 또 그렇게 믿어서 그의 이름
으로 생명을 얻게 하려는 것이다(요 20:30-31).

사복음서는 초대교회 교인들에 의해 널리 읽히면서 신앙을 북돋우
고 희망과 용기를 주었고, 그리스도를 믿고 따르는 기독교인으로서의
정체성 확립을 위한 초석을 놓았다. 특히 요한복음은 초대교회의 기독론
형성에 커다란 기여를 했다. 2세기 이후 사복음서 외에 베드로복음,
도마복음 등 비정경복음(외경복음)이 나타났다. 이 복음서들은 주로
예수의 단편적 말씀을 수집하여 기록한 것으로서 영지주의의 영향을
받은 흔적이 있으며, 초대교회가 사도들로부터 전해 받은 가르침(사도
전승)이나 초대교인들이 간직하고 있는 예수상과는 다른 이질적인
것이어서 정경(正經, canon)에 포함되지 않았다.

신약성서의 절반을 차지하는 바울서신은 예수를 알기 위한 자료가
되지 않을까? 바울은 예수와 나이가 비슷한 동시대인이었으며, 그가
회심하게 된 결정적인 계기가 그리스도와 만난 사건(행 9:1-19)이었고,
사도로 일하면서 예수의 형제 야고보와 예수의 제자 베드로를 비롯한
많은 사람을 만나는 기회가 있었기 때문에 예수의 생애와 가르침에
대해서 많이 들어서 알고 있었을 것이다. 그러나 바울은 이방인의
사도로서 그리스-로마 문화 속에서 복음을 전파하는 사명을 지니고
있었기 때문에 지상의 예수보다는 부활하신 주님으로서의 그리스도를
그리면서 율법의 굴레에서 벗어난 복음을 강조했다. 그밖에 신약성서의
서신들은 저자의 관점과 의도에 따라 예수 그리스도의 위상과 역할을

신학적으로 해석하여 진술했다.

예수에 대한 복음서의 전기적 기록에는 수많은 인명과 지명, 사건에 대한 상세한 서술이 나타나는데, 이는 어느 고대 문헌보다도 정확도나 세밀함에 있어서 뛰어나며 그 진술의 신빙성을 지니고 있다. 또한 예수의 생애에 대해 가장 먼저 기록한 책으로서 예수 사건의 증인들과 그 증언의 전수자 중에 아직도 살아 있는 사람들이 있을 때 기록되었다. 무엇보다도 복음서 기자들은 예수 그리스도에 대한 확고하고 뜨거운 믿음으로 그의 생애와 가르침을 전해줌으로써 그리스도인들이 생생한 그리스도의 모습을 그리며 신앙의 길을 걸을 수 있는 출발점을 제공해주었다. 어느 신학자의 말대로 "먼 훗날 예수에 관한 모든 책은 잊힐 것이나 복음서는 여전히 읽히며 감동을 주고 신앙을 북돋을 것이다."

셋째, 예수는 큰 그림 안에서 이해되어야 한다.

사복음서는 예수의 생애와 가르침에 대해 비슷하게 기록한 것 같지만, 자세히 살펴보면 저자의 신학적 관점과 자료의 사용, 서술 방법에 따라 차이가 있다. 예를 들면 마가복음에는 예수의 말씀이 별로 없으며, 마태복음과 누가복음은 예수의 계보를 서로 다르게 서술하고 있고, 요한복음에는 신학적 진술이 많으면서 하나님 나라보다 생명 또는 영생이라는 말이 쓰이며, 예수의 공생애 기간이 3년으로 나타난다. 공관복음에는 예수의 공생애 기간이 1년 정도이지만, 교회는 기독론 형성에 큰 영향을 끼친 요한복음을 따라 3년으로 여겨왔다.

이렇게 예수에 대한 기록이 일치하지 않고 서로 다르게 나타난다면 복음서의 내용은 신빙성이 없는 것이 아닌가? 복음서 기자들이 각자 지어낸 이야기이기 때문에 내용이 일치하지 않고 다른 것이 아닌가?

그렇지는 않다. 한 사건에 대한 기록이 여러 개 있다는 것은 오히려 그 사건이 실제로 있었다는 개연성이 크다고 할 수 있고, 단지 기자의 자료와 해석에 따라 다른 점들이 나타나는 것이다. 복음서 기자들은 예수 사건을 시간의 순서에 따라 일어났던 그대로 기록한 것이 아니라 자료를 선택하고 해석하여 진술했다.

신약성서 학자들은 일어났던 그대로의 예수의 행동과 말씀을 밝혀 내기 위해서 여러 역사적 비평 방법을 적용했고 많은 '진정성의 기준'을 세워서 규명하려고 했지만 '예수의 진정한 행동'과 '예수의 진정한 말씀'을 정확하게 찾아낼 수 없었다. 왜냐하면 복음서 기자들은 예수 사건을 객관적으로 사실 그대로 보도한다기보다는 예수가 그리스도요 하나님의 아들임을 알리고자 했기 때문이다. 신학적 진술을 역사주의적 잣대로 판단하려는 시도는 잘못된 것이라고 할 수 있다. 그렇다고 역사비평의 방법이 쓸모없는 것은 아니다. 예수 전승이 어떻게 형성되고 전해졌으며, 복음서 기자가 이 자료를 바탕으로 어떻게 해석하고 기술했 는지를 알기 위해서는 역사비평의 방법이 유용하게 사용될 수 있다. 그러나 역사적 고찰과 함께 신학적 해석이 병행되어야 복음서의 내용을 바르게 이해할 수 있다.

예수의 행동과 말씀을 그대로 재구성하는 일은 자료의 희박성, 2천 년이라는 시대 간격과 문화적 차이로 인해 거의 불가능하며, 중요한 것은 예수 사건이라는 큰 그림 안에서 핵심적 내용을 찾는 것이다. 예를 들면 예수의 치유와 기적 이야기에 대한 기록이 복음서마다 상이하 고 부정확한 내용이 있어서 상세하고 정확하게 재구성하기는 어렵지만 그런 사건이 있었고 사람들이 놀라고 감동했다는 것은 부인할 수 없는 사실이다. 예수의 비유는 실제로 일어난 일이라기보다는 깨달음과 교훈을 주기 위해 지어냈거나 또는 전해 내려오는 이야기를 들려준 것이다. 그러나 그 이야기를 들음으로써 마음이 움직이고 교훈과 용기와 희망을 얻게 된다. 복음서의 예수 이야기는 역사적 사실성 여부에 초점을 맞추어 보기보다는 종교적 진리로 이해하고 받아들여야 한다. 예수의 생애와 가르침에서 핵심을 찾고 그것을 잘 구성한다면 예수 모습의 윤곽을 밝힐 수 있고, 그의 생각과 행동, 말씀을 바르게 이해하고 그 안에서 구원의 진리를 찾을 수 있다.

예수의 생애와 가르침 중에서 핵심적인 내용은 다음과 같다. 예수는 헤롯왕 통치 중에 팔레스타인의 유대인 가정에서 태어났다. 예수는 세례 요한으로부터 세례를 받았다. 예수는 치유과 기적을 행했다. 예수는 임박한 하나님 나라의 도래를 선포했다. 예수는 예루살렘 성전에서 소요를 일으켰다. 예수는 체포되어 재판을 받고 십자가형을 받아 죽었다. 예수의 제자들은 그가 다시 살아났다고 믿었으며 부활 소식을 전파했다.

이 큰 그림의 틀 안에 있는 세부적인 내용, 즉 예수의 탄생은 어떻게 이루어졌고 어떤 의미가 있는지, 예수와 세례 요한은 어떤 관계인지, 왜 예수는 세례 활동을 그만두고 치유 활동을 하게 되었는지, 그 당시에는 어떤 질병이 있었으며 병자들은 어떤 처지에 있었고 어떻게 치유를 받았는지, 예수가 어떤 기적을 일으켰으며 그것을 어떻게 이해할 것인지, 예수가 선포한 하나님 나라는 어떤 나라인지, 장차 올 나라인지 아니면 이미 온 나라인지, 하나님 나라의 백성이 되려면 어떻게 해야 하는지, 예수는 율법을 어떻게 이해하고 해석했는지, 예수가 갈릴리를 떠나 예루살렘으로 간 이유는 무엇인지, 예수는 왜 예루살렘 성전에서 소동을 일으켰는지, 예수의 재판은 어떻게 진행되었는지, 예수가 받은 십자가형은 어떤 것인지, 예수의 죽음에 대한 책임은 유대인에게 있는지 아니면 로마 총독 빌라도에게 있는지, 예수의 부활은 역사적 사건인지 아니면 신앙의 사건인지, 예수의 제자들은 어떻게 그들의 스승이 다시 살아났다고 믿게 되었는지 등 예수 사건의 원인, 과정, 결과를 밝히고 그 의미를 찾아야 한다. 이와 같은 탐구를 통해 예수 자신의 신앙은 어떻게 형성되었는지, 예수는 자신과 하나님이 어떤 관계라고 생각했는지, 예수는 자신이 누구이며 자신의 사명이 무엇이라고 생각했는지 등 예수의 내면세계에 접근할 수 있을 것이다.

넷째, 역사의 예수와 신앙의 그리스도는 분리되지 않는다.

역사적 실존 인물인 예수와 교회에서 주님이라고 고백하는 그리스도가 다른 존재라는 주장이 있다. 다시 말해서 1세기에 팔레스타인에서 하나님 나라의 도래를 선포하며 병을 고치고 기적을 행하던 예수와 초대교회의 설교(kerygma)에 나타나는 부활하신 그리스도가 다르다는 것이며, 복음서에는 이 두 내용이 섞여 있다는 것이다. 그래서 역사적 예수 연구학자들은 복음서에서 신앙의 그리스도에 관한 내용을 비역사적인 것으로 간주하여 분리하려 했다. 일찍이 불트만 같은 학자는 복음서의 내용을 초대교회의 설교로 이루어졌다고 생각하고 역사의 예수를 찾는 작업에 대해서 회의적이었다.

물론 복음서는 예수 사건(30년경)이 있은 지 반세기가 지난 후(70~100년경)에 기록되었고, 로마제국의 지배, 유대 전쟁과 예루살렘 함락, 바리새인들을 중심으로 형성된 랍비 유대교(Rabbinic Judaism)와의 경쟁 등 열악한 상황에서 그리스도의 복음을 전파하고 신앙심을 북돋워야 했기 때문에 이런 요소가 반영될 수밖에 없었다. 자연히 예수에 관한 이야기는 초대교회의 설교가 되면서 다듬어지는 과정을 거치게 되었고 그 과정에서 성서 기자의 관점과 의도, 그가 처한 상황에 따라 다양한 해석이 이루어졌다.

　예수의 말씀과 사역의 중심이 하나님 나라라면 초대교회 설교의 중심은 예수의 부활이었다. 랍비, 예언자로 불리던 예수는 점차 그리스도, 하나님의 아들, 주님, 하나님의 말씀이라고 불리게 되었으며, 1세기 말에 이르러서는 하나님이라고 불리게 되었다. 그 후 약 130년 동안(325년 제1차 니케아 공의회~451년 제4차 칼케돈 공의회) 그리스도의 역할과 위상에 대한 논쟁을 거친 후 예수 그리스도는 참 하나님이요 참 인간이신 신-인으로 선포되었으며, 삼위일체론이 확립되면서 성부, 성령과 함께 성자 하나님(God the Son)의 위격을 지니게 되었다. 중세기에는 예수의 신성이 강조되면서 지배자와 심판자로서의 모습이 부각 되었으며, 반대로 계몽주의 시대 이후에는 예수에게서 신적 요소를 벗겨내고 인간으로서의 모습, 즉 도덕 교사, 종말론적 예언자로 이해하였다.

　예수 그리스도는 역사적 흐름 속에서 그 시대의 사상, 예를 들면 히브리 사상, 그리스로마 문화, 스콜라주의, 계몽주의 등의 영향 속에서 새롭게 조명되고 해석되면서 위상과 역할, 호칭에서 변화의 과정을 겪었다. 그러나 일관되고 변함없는 점은 예수가 그리스도 곧 구세주라는 믿음이다. 이 믿음은 복음서를 비롯한 신약성서에 확고하게 자리 잡고 있는 핵심적 내용이며, 2천 년 기독교 역사를 통해 이어온 변함없는 신앙의 전통이다. 역사의 예수는 곧 신앙의 그리스도이다. 누구나 예수를 그리스도로 믿고 고백한다면 그리스도인이며, 반대로 예수를 그리스도로 믿지 않는다면 그리스도인이라고 할 수 없다. 예수의 제자인 베드로의 설교 말씀대로 "주님의 이름을 부르는 사람은 구원을 얻을 것이다"(행 2:21).

다섯째, 예수 그리스도는 믿음을 통해 만날 수 있다.

예수는 2천 년 전 팔레스타인에서 살았던 역사적 실존 인물일 뿐만 아니라 언제 어디서나 만날 수 있는 분이다. 그 만남은 역사적 지식이나 과학적 탐구를 통해 이루어지는 것이 아니라, 하나님의 은혜 안에서 성령의 인도로 이루어지는 신비롭고 영적인 사건이다. 예수를 믿는 것은 인간의 의지나 능력으로 되는 것이 아니라, 하나님의 영이요 그리스도의 영인 성령의 인도로 이루어진다. "성령을 힘입지 않고서는 아무도 '예수는 주님이시다' 하고 말할 수 없습니다"(고전 12:3).

구약성서에 보면 하나님을 만난 사람들이 있는데 그중에 모세가 있다. 모세는 하나님을 만나기 위해 시내산에 올랐다. 산에 오르니 구름이 산을 덮었고, 하나님께서 모세를 부르시고 말씀하셨고. 모세는 밝은 곳에서부터 구름을 거쳐 어둠 속으로 들어선다. 그리고 어둠 속에서 하나님을 만난다. 모세가 어둠 속 아무것도 못 보는 상태에서 자신의 모든 것을 내려놓고 하나님을 갈구할 때 하나님은 모세를 만나주셨다. "하나님을 아는 것은 하나님에게 알려지는 것이다"(To know God is to be known by God). 사실 우리가 하나님을 아는 것이 아니라 하나님이 우리를 알아주시는 것이다. 내가 하나님을 아는 것이라기보다는 하나님이 나를 알아주시는 것이고, 내가 하나님을 사랑한다기보다는 하나님이 나를 사랑하시는 것이다.

예수를 믿는다는 것은 예수의 역사(役事)와 사랑을 체험하는 것이다. 예수의 사랑 안에 사는 사람은 예수를 보며 사는 사람이며 예수와 함께 사는 사람이다. 고대 격언에 이런 말이 있다. "아는 것은 사랑하는 것이며, 사랑하는 것은 하나가 되는 것이다"(To know is to love; to love is to unite). 예수를 진정으로 알기 위해서는 그분을 사랑해야 하며, 궁극적으로는 그분과 하나가 되어야 한다. 그래서 사도 바울은 이렇게 권면한다: "여러분 안에 이 마음을 품으십시오. 그것은 곧 예수 그리스도의 마음이기도 합니다"(빌 2:5). 그리스도의 마음을 품을 때 그분은 내 안에 계신다: "이제 살고 있는 것은 내가 아닙니다. 그리스도께서 내 안에서 살고 계십니다"(갈 2:20).

6. 예수 알기 방법

예수는 자신의 가르침을 글로 남기지 않았고, 당시에 예수의 초상화나 그의 행적을 묘사한 어떤 그림도 남아 있는 것이 없다. 예수를 아는 방법은 주로 그에 관한 기록이 있는 고대 문헌을 읽는 것이며, 그중 복음서가 가장 먼저 기록되었고 상세하게 서술하고 있다는 점에서 신빙성이 제일 높다고 할 수 있다. 복음서 기자들이 그리스도를 통한 구원의 성취라는 관점에서 예수를 조명했기 때문에 신문 기사처럼 사건 내용을 보도하지는 않았지만 실제로 일어났던 예수 사건에 대해서 기록했다는 것은 분명한 사실이다. 그 외에 예수에 관한 기록은 아니지만, 예수 자신이 읽고 들으면서 영향을 받은 문헌들이 있는데 그 중심에 구약성서가 있고 또한 유대교 문헌이 있다. 그리고 문헌 외에 구약성서의 해설인 구전 율법이 있으며, 예수 당시의 삶의 정황과 생활상을 살필 수 있는 유적과 유물이 있다. 이런 자료를 분석하고 해석함으로써 예수에게 더욱 가까이 다가갈 수 있다. 예수를 알기 위해서는 다음과 같은 고찰의 방법이 필요하다.

첫째, 역사비평(historical criticism)의 방법이다.

복음서는 예수를 중심으로 일어난 사건을 기록한 책으로 역사성을 지니고 있다. 역사는 사건이며 또한 사건에 대한 해석이다. 역사가의 주 임무는 과거의 사건을 재구성하여 기술하는 것이다. 이를 위해서는 자료의 선택과 수집, 분석과 배열 그리고 기술(記述) 작업을 하는데, 이 과정에서 역사가의 관점과 의도가 작용한다. 그러므로 역사 기술은 해석의 작업이다. 과거의 사건에 대한 모든 진술은 필연적으로 역사가의 주관을 반영하며, 결국에는 역사적 개연성(historical plausibility)을 지닌 가정(hypothesis)일 수밖에 없다. 이 가정이 확고한 증거와 논리를 지니고 있다면 그것은 객관성을 지니고 역사적 사실로 인정을 받는다.

더 나아가서 역사가는 과거의 사실을 수집하여 분석하고 서술하는 작업에 그치지 않고, 희박한 자료와 부족한 증거를 토대로 '역사적 상상'(historical imagination)을 동원한다. 역사적 상상을 통해 단절된 사건들을 연결하고 인과관계를 설정해서 이야기를 만들어낸다. "증거의 부재는 부재의 증거가 아니다"(Absence of evidence is not evidence of absence)라는 경구(警句, aphorism)가 있다. 어느 사건에 대한 증거가 없다고 해서 그 사건이 일어나지 않았다고 단정할 수는 없다는 말이다. 역사적 상상은 소설이나 동화를 지어내는 '허구적 상상'(fictional imagination)과는 달리 자료와 증거에 대한 정확한 분석과 고찰을 바탕으로 사건을 재구성하는 합리적 추정이요 창조적 해석이다.

복음서 기자는 예수 사건을 하나님이 펼치시는 구원의 사건으로 해석한다. 복음서의 본문에는 기자의 의도, 언어와 문장, 교육과 신앙, 기자가 속한 공동체의 성격, 사회 문화적 상황이 반영되어 있다. 역사비평(본문비평, 양식비평, 편집비평, 사회-문화비평)은 본문의 자료, 전승 과정,

편집 방법, 사회적 역학관계, 문화적 영향과 함께 기자의 의도를 규명함으로써 예수와 예수 사건의 역사적 실체를 파악하려는 것이다. 역사비평의 과제는 역사적 인물 예수가 처했던 '삶의 정황'(Sitz im Leben, Situation of Life)은 무엇이며, 그는 어떻게 살았는지를 밝혀서 궁극적으로 예수가 누구이며 예수 사건의 실상이 무엇인지를 알아내는 것이다.

둘째, 문학비평(literary criticism)의 방법이다.

복음서는 역사성과 함께 문학성을 지닌다. 복음서는 등장인물과 줄거리를 갖추고 시작부터 중간 과정을 거쳐 결말에 이르는 이야기라고 할 수 있다. 신약성서가 구약성서를 바탕으로 쓰였듯이 복음서는 구약성서에 나오는 인물과 사건을 연상하며 '약속과 성취' 또는 '예언과 실현'이라는 구도 속에서 예수 그리스도의 이야기를 서술한다. 성서의 이야기를 재기술(rewriting)하고 재해석(reinterpretation)하는 방법은 구약성서에서도 많이 쓰이고 있으며, 예수 당시의 유대교 문헌(에녹일서, 희년서, 열두 족장의 언약)에서도 볼 수 있다. 예를 들면 신명기 역사(여호수아, 사사기, 사무엘상·하, 열왕기상·하)는 야훼 신앙을 강조하면서 가나안 정착으로부터 바빌로니아 포로기에 이르는 이스라엘 백성의 역사를 '죄와 유배와 귀환'이라는 맥락에서 기술했으며, 다른 한편으로 역대기 역사(역대상·하, 에스라, 느헤미야)는 예루살렘 성전과 왕정에 초점을 맞추어 아담부터 시작해서 페르시아 고레스 왕의 명령으로 유대 땅에 돌아와 새로운 공동체를 이루고 성전을 세우기까지의 역사를 서술하고 있다.

유대인들은 책의 사람들이라고 불릴 만큼 어려서부터 성서 말씀을 읽고 외우면서 성장하고, 일생을 사는 동안 성서의 말씀에 비추어 자신의 잘못을 반성하고, 용기와 교훈을 얻고, 삶의 길을 찾았다. 유다 왕국이 멸망하고 바빌로니아에 포로로 잡혀갔을 때 그들이 한 가장 중요한 일은 성서를 기술하는 것이었다. 성서를 통해 자신들이 무엇을 잘못했는지, 그 결과 어떤 벌을 받았는지, 하나님의 용서와 구원을 받으려면 어떻게 해야 하는지를 끊임없이 묻고 그 답을 구했다.

독실한 신앙인인 예수는 성서를 읽고 배우며 기도를 통해 하나님의 뜻을 물었다. 그는 자신이 하나님과 친밀한 관계에 있으며, 하나님의 구원 역사를 완성하는 특별한 사명이 있다고 믿었다. 예수는 자신의 소명과 사명과 운명을 구약성서의 인물과 사건에서 찾았다. 예를 들면 시편의 하나님의 아들, 스가랴의 어린 나귀를 타고 오는 구원의 왕, 이사야의 고난받는 종, 예레미야의 예루살렘 성전 비판, 다니엘의 인자 등을 자신의 예시(prefigure) 또는 원형(prototype)으로 보았다. 그래서 누가복음은 "예수께서는 모세와 모든 예언자에서부터 시작하여 성경 전체에서 자기에 관하여 써놓은 일을 그들에게 설명하여 주셨다"(눅 24:27)고 말한다. 요한복음에서도 예수는 이렇게 말한다. "너희가 성경을 연구하는 것은 영원한 생명이 그 안에 있다고 생각하기 때문이다. 성경은 나에 대하여 증언하고 있다. … 너희가 모세를 믿었더라면 나를 믿었을 것이다. 모세가 나를 두고 썼기 때문이다"(요 5:39, 46).

예수는 율법과 예언자와 시편의 구절을 인용하거나 내용을 시사하면서 자신이 율법을 완성하고 예언을 성취할 것임을 천명했다. 이런 '연상적 읽기'(figural reading) 방법은 복음서 기자들에게도 이어져서 구약성서의 인물이나 사건을 예수의 생애와 가르침에 적용해서 예수가 하나님이 보내신 그리스도임을 선포했다. 기독교 역사를 통해 이런 성서 해석(유형적 해석, 연상적 해석, 우의적 해석, 영적 해석)의 전통이 이어져 왔으며, 이것은 예수가 시작한 성서의 '회상적 읽기'(retrospective reading) 또는

'뒤로 읽기'(reading backwards)의 방법을 이어받은 것이라고 할 수 있다.

셋째, 신학적 해석(theological interpretation)의 방법이다.

복음서는 역사성, 문학성과 함께 신학성을 지닌다. 복음서 기자는 예수가 그리스도 곧 하나님이 보내신 구세주라는 관점에서 예수를 통해 일어난 일을 기록했다. 그 일은 하나님의 계획으로 이루어진 구원의 사건이다. 그래서 복음서가 전하는 소식은 복음(euangelion), 즉 '기쁜 소식'(good news)이다. 복음서에는 경험적 증언과 신앙적 고백이 담겨있다. 그리고 이 증언과 고백은 신학적으로 해석된 것이다. 증인은 사건의 목격자이면서 동시에 사건에 대한 해석자이다. 복음서 기자는 예수 사건의 증언에 대한 해석자이다. 예수 사건에 대한 복음서 의 기록은 신학적 해석의 과정을 거친 것이다. 역사비평이 사실 규명에 초점을 맞추고, 문학비평이 기술(記述) 방법에 관심을 둔다면, 신학적 해석은 의미를 추구하는 것이다. 복음서 기자들이 예수 그리스도를 통한 구원의 의미를 추구했다면, 예수 자신은 어떤 신앙적 의미와 가치를 추구했을까?

예수가 절실하게 바랐던 것은 '하나님과 이스라엘 백성이 다시 가까워지는 것'이었다. 이스라엘 백성은 하나님과 계약을 맺은 선택된 백성으로서 하나님의 축복을 받는 가까운 사이였다. 그러나 불순종과 죄로 인해 하나님으로부터 외면을 당하고 결국에는 나라가 멸망하는 벌을 받았다. 하나님은 고난받는 이스라엘 백성을 버리지 않고 다시 약속의 땅으로 돌아갈 수 있게 해주셨다. 그러나 하나님이 보시기에 이스라엘 백성은 또다시 바른길을 걷고 있지 않았고, 특히 예루살렘 성전을 중심으로 세력을 떨치던 종교 지도자들의 탈선은 도를 넘었고 백성의 신음은 커져만 갔다. 예수는 하나님이 직접 통치하실 때가 임박했음을 믿었고, 자신이 하나님의 복음을 전하기 위해서 택함을 받고 보내졌다는 확신이 있었다. 이스라엘 백성을 인도하던 하나님의 영은 예수를 인도하며 하나님의 뜻을 헤아릴 수 있는 지혜와 놀라운 일을 행할 수 있는 능력을 주었다. 예수가 선포한 메시지의 핵심은 "때가 찼다. 하나님 나라가 가까이 왔다. 회개하여라. 복음을 믿어라"(막 1:15)였다. 회개하고 복음을 믿으면 하나님 나라의 백성이 될 수 있고 하나님과 다시 가까워질 수 있다.

예수의 삶은 이스라엘 역사, 더 나아가서 인류 역사의 요약(summary)이요 반복(repetition)이요 회복(restoration)이라고 할 수 있다. 예수는 '제2의 아담'으로서 불순종을 순종으로, 절망을 희망으로, 죽음을 생명으로 바꾸었다. "아담 안에서 모든 사람이 죽는 것과 같이, 그리스도 안에서 모든 사람이 살아나게 될 것입니다"(고전 15:22). 예수는 하나님이 세우고 보내신 선한 지도자의 모습을 모두 지니고 있다. 섬기며 다스리는 왕, 하나님의 말씀을 전하는 예언자, 자신의 몸까지 바쳐 죄 사함을 이루는 제사장, 지혜와 명철이 넘치는 현자, 병을 고치고 기적을 행하는 은사의 성자, 이 모든 직분을 담당한 구세주이시다.

넷째, 정경적-교회적 읽기(canonical-ecclesiastical reading)의 방법이다.

예수 알기는 정경과 교회의 범주 안에서 이루어져야 한다. 이 말은 성서 절대주의나 교회 권위주의에 예속되어 통제를 받아야 한다는 말이 아니다. 교회는 그리스도의 복음에 토대를 둔 신앙의 전승을 이어받았고, 성서의 해석과 강론을 통해 교리를 형성하고 확립해왔다. 교회의 가르침은 성서의 내용을 변형시키거나 왜곡한 것이 아니라 시대와 상황에 맞게 적용하고 발전시킨 것이다. 복음과 교리는 나무속과 나무껍질처럼 서로 이질적인 것이 아니라, 씨앗과 나무처럼 동질성을 지니고 있다. 교리는 정통과 이단을 가늠하는 기준이 되기도 하지만, 무엇보다도 그리스도인의 정체성을 지키고 유지하는 것이다. 교회는 성서가 제시하는 예수 그리스도를 선포할 사명을 지니고 있다. 교회가 전하는 예수상과 복음은 목회 현장의 상황에 따라 재해석되고 재표현될 수 있으나 여전히 성서의 기준과 교회의 범주 안에서 이루어져야 한다.

초대 기독교에서 이단으로 정죄 되었던 에비온주의(Ebionism)는 유대교의 전통과 율법을 고수하면서 그리스도 신앙을 유대교의 틀 안에서 견지하려고 했다. 에비온주의자들은 바울서신을 인정하지 않았고, 복음서 중에서도 율법에 대해 긍정적이고 구약성서의 인용이 많은 마태복음만을 인정했다. 그들이 본 예수는 단지 유대교의 한 예언자였다. 초대교회에 큰 위협이었던 영지주의(靈智主義, Gnosticism)는 그리스도가 영적 존재로서 인간 예수가 세례를 받을 때 그의 몸에 들어왔다가 십자가에 못 박히기 전에 그의 몸을 떠났기 때문에 십자가 위에서 죽은 사람은 인간 예수이지 그리스도가 아니며, 그리스도의 인간성은 단지 허상에 불과하다는 가현설(假現說, docetism)을 가르쳤다. 영지주의자들이 생각한 예수는 그리스도라는 영에게 잠시 육체를 빌려준 단순한 인간이었다. 마르키온주의(Marcionism)는 구약성서의 신은 이스라엘의 민족 신으로서 질투와 분노의 신이요 열등한 조물주(demiurgos)에 불과하고, 신약성서의 하나님은 그리스도를 보내신 사랑의 신이라고 주장하면서 구약성서를 인정하지 않았고, 신약성서 중에서도 바울서신과 사랑을 강조한 누가복음 일부만을 경전으로 받아들였다. 마르키온주의자들이 본 예수는 구약성서와 관계없이 오직 사랑을 전한 하나님의 사도였다.

정경 밖에서 예수의 모습을 찾을 때 가현적이거나 비역사적인 예수상이 그려지고 또한 구약성서를 배제한 채 그려진 예수는 유대성(Jew-ishness)을 잃은 기독교인 예수(the Christian Jesus)로 변모하게 된다. 예수의 성서는 구약성서였으며, 신약성서는 구약성서를 토대로 삼아 예수를 그리스도로 조명하고 해석한 책이다. 그러므로 신·구약성서는 분리할 수 없으며 역사적, 문학적, 신학적 연속성을 지니고 있다. 교회의 가르침은 성서를 근원과 기준으로 삼아 확립되고 전승되었기 때문에 성서와 교리는 동질성과 연속성을 지니고 있다. 성서와 교회의 가르침은 기독교 신앙 공동체가 정체성을 갖게 하며, 기독교인이 믿고 따라야 할 바람직한 예수상을 제시한다.

실제 예수는 어떤 분일까? '지상의 예수'는 역사적 실존 인물이지만 진상을 파악하기 힘든 수수께끼 같은 예수이다. '성서의 예수'는 지상의 예수가 신앙으로 해석된 예수로서 2천 년 동안 이어온 기독교 신앙의 출발점과 토대가 된다. '교리의 예수'는 그리스도 신앙의 정체성 확립을 위해 필요하지만, 틀에 갇힌 교조주의적 예수, 비역사적, 가현적 예수가 부각될 우려가 있다. 기독교 신앙은 역사적 사건에 근거한다. 역사를 도외시한다면 외골수의 신앙주의(fedeism)에 빠질 우려가 있다. 반면에 '역사적 예수'는 역사가의 연구에 따라 다양한 각도에서 조명된 여러 형태의 가설적 예수이다. '살아계신 예수'는 과거에 존재했다가 사라지고 기억과 전승을 통해서만 알 수 있는 예수가 아니라 우리와 직접 만나고 역사하는 주님이다. 그러나 개인의 신비적, 영적 체험에 좌우되는 경험적이고 주관적인 예수가 되기 쉽다. 어느 한 형태의 예수가 완전한 실제 예수가 될 수는 없다. 그것은 예수 전체의 부분적인 면을 드러낸 것이라고 할 수 있다.

　'장님 코끼리 만지기'라는 이야기가 있다. 맹인들이 코끼리가 어떻게 생긴 동물인지 알아보려고 코끼리에게 다가갔다. 그들은 볼 수 없기 때문에 손으로 만져서 그 모습을 짐작할 수밖에 없었다. 한 사람이 코를 만지며 말했다. "코끼리가 긴 뱀처럼 생겼구나." 다른 사람은 귀를 만지며 "큰 부채 같은데"라고 말했다. 그러자 또 한 사람이 다리를 만지며 말했다. "아니야, 굵은 나무 기둥 같아." 어느 사람은 배를 어루만지며 "넓은 벽 같은데"라고 말했다. 꼬리를 만지던 사람은 "밧줄처럼 생겼다"고 했다. 마지막으로 상아를 만지던 사람은 "창같이 뾰족하다"고 말했다.

　맹인들이 묘사한 코끼리는 전체가 아닌 부분적인 모습에 그치기 때문에 코끼리의 모습을 정확하게 알았다고는 할 수 없다. 그렇다면 맹인이 아닌 눈이 밝은 사람이 코끼리를 보았다면 어떻게 묘사할까? 보는 사람의 위치, 관심, 생각에 따라 각기 다르게 인지하고 그것을 표현할 것이다. 예수의 모습을 아는 일도 마찬가지다. 완전한 실제의 예수를 그리기는 불가능하다. 사람에 따라서 아는 만큼 보이기도 하고, 보고 싶은 것만 보기도 한다. 누구라도 자신이 그리는 예수가 완전한 실제 모습이라고 단정할 수는 없다. 그것은 단지 개인적 또는 집단적 추정일 뿐이다. 그렇다고 포기할 수는 없다. 왜냐하면 우리가 품는 예수의 모습은 그를 믿는 사람의 삶과 운명에 지대한 영향을 끼치기 때문이다. 지금 우리가 비록 예수의 모습을 분명하게 알 수는 없지만, 희미하게나마 보이는 그 모습을 꾸준히 좇아가다 보면 예수에게 가까워지고, 그의 모습이 점점 뚜렷하게 보일 것이다. 그리고 예수를 본받는 삶을 살아가면서 내 모습은 점점 예수의 모습을 닮아갈 것이다.

제 2 장
이스라엘 백성 이야기

　예수와 당시의 유대인들은 자신들의 선조, 즉 이스라엘 백성이 지내온 과거의 일을 어떻게 알고, 어떻게 이해했을까? 그들이 믿는 하나님은 어떤 분이며, 이스라엘 백성과는 어떤 관계를 맺고 있을까? 그들은 조상의 이야기를 부모나 선생님의 가르침을 통해 배우기도 했고, 회당에서 들려주는 말씀으로 듣기도 했고, 무엇보다도 어려서부터 읽고 외우는 성서 말씀으로부터 익혔다. 이스라엘 백성은 과거를 기억하는 백성이다. 모세가 간곡하게 타이른다. "아득한 옛날을 회상하여 보아라. 조상 대대로 내려온 세대를 생각하여 보아라. … 어른들에게 물어보아라. 그들이 너희에게 말해 줄 것이다"(신 32:7). 옛날에 조상들에게 일어났던 일들을 계속 기억하고 마음속에 새겨 넣으라는 것이다. 모세는 줄곧 "하나님을 기억하라"고 강조한다. 다시 말하면 하나님과 맺은 언약을 기억하고, 하나님께서 너희에게 행하신 일들을 기억하라는 것이다. 이집트의 종살이로부터 이끌어 내신 일, 광야에서 구름 기둥과 불기둥으로 인도하신 일, 배고플 때 만나와 메추라기를 내려주신 일, 이 모든 일을 잊지 말고 기억하라는 것이다. 지금 이 자리에 있게 된 것이 저절로 된 일이 아니요 스스로의 힘으로 이룬 일이 아니라 하나님의 은혜와 인도로 된 일임을 명심하고 자만하지 말라는 것이다.

그럴 때 하나님은 계속해서 복을 내려주시고 앞길을 인도하실 것이다. 이스라엘 백성은 믿음으로 지나간 일들을 듣고 보고 기억한다.

이스라엘 백성의 선조는 자신들이 겪은 일을 후손에게 들려주었고, 후손은 그 이야기를 대를 이어 전했고, 그것을 모아 기록했으며, 그 이야기를 하나님의 말씀으로 받아들였다. 성서는 이야기가 그 바탕을 이룬다. 구약성서는 이스라엘 백성이 겪은 일들을 신앙의 관점에서 해석하여 기록한 책이다. 유대인들은 성서를 통해 선조들이 겪은 이야기를 들으면서 자신들의 신앙과 삶의 교훈과 지침으로 삼았다. 이스라엘 백성 이야기는 이스라엘 백성을 통해 섭리의 손길을 펼치는 하나님에 관한 이야기이며, 하나님과 이스라엘 백성의 관계에 관한 이야기이다.

1. 아브라함의 자손

이스라엘 백성 이야기는 하나님이 이스라엘 백성의 조상인 아브람을 택함으로써 시작한다. 하나님은 바빌로니아의 우르를 떠나서 하란에 살고 있던 아브람에게 그곳을 떠나 다른 곳으로 가라고 명하신다.

> 너는 네가 살고 있는 땅과 네가 난 곳과 너의 아버지의 집을 떠나서 내가 보여 주는 땅으로 가거라. 내가 너로 큰 민족이 되게 하고 너에게 복을 주어서 네가 크게 이름을 떨치게 하겠다. 너는 복의 근원이 될 것이다(창 12:1-2).

하나님은 아브람에게 세 가지의 약속, 즉 땅을 주고, 큰 민족이 되게 하고, 복의 근원이 되게 할 것이라는 축복의 약속을 하신다. 하나님은 아브람과 그의 자손에게 주님이요 구원자요 보호자가 되리라고 천명하면서 이스라엘 백성이 하나님의 선택된 백성으로서 신실한 삶을 살 것을 명하신다. 하나님은 '존귀한 아버지'라는 뜻을 지닌 아브람의 이름을 '많은 사람의 아버지'라는 뜻의 아브라함으로 바꿔주면서(창 17:5) 다시 한번 약속을 확인하신다.

> 내가 너를 크게 번성하게 하겠다. 너에게서 여러 민족이 나오고, 너에게서 왕들도 나올 것이다. 내가 너와 세우는 언약은 나와 너 사이에 맺는 것일 뿐 아니라, 너의 뒤에 오는 너의 자손과도 대대로 세우는 영원한 언약이다. 이 언약을 따라서 나는 너의 하나님이 될 뿐만 아니라, 뒤에 오는 너의 자손의 하나님도 될 것이다. … 너는 나와 세운 언약을 잘 지켜야 하고, 네 뒤에 오는 너의 자손도 대대로 이 언약을 잘 지켜야 한다(창 17:6-7, 9. 참고, 18:18-19).

하나님은 언약의 표징으로 아브라함과 그 자손이 할례받을 것을 명하신다(창 17:11-12). 하나님이 이스라엘의 하나님이 되고, 이스라엘이 하나님의 백성이 된 것은 인간이 요청하거나 노력해서 된 것이 아니라 전적으로 하나님의 계획과 주도로 이루어진 것이다. 하나님은 언약을 통해 인간의 역사에 개입하셨으며, 이스라엘 백성을 통해 온 세상을 구원하는 섭리의 손길을 펼치신다.

아브라함은 후대에 '믿음의 조상'이라고 불릴 정도로 하나님의 뜻에 순종하는 신실함을 보여 주었다. 하나님은 그의 아들 이삭에게도 복을 주셨고(창 25:11), 이삭은 아들 야곱을 축복함으로써 하나님의 복을 전해주었다(창 27:27-29). 야곱은 베델(하나님의 집)에서 꿈을 꾸는 중에 하나님으로부터 그 땅을 자신과 자손들에게 주겠다는 말씀을 듣는다(창

28:13; 35:10-12). 야곱은 브니엘(하나님의 얼굴)에서 하나님의 사자와
겨룬 후 이스라엘이라는 이름을 받는데, '하나님과 겨루다'라는 뜻이다
(창 32:22-32). 떠돌이 유목민으로 히브리인이라고 불리던 아브라함의
후손은 야곱과 함께 이스라엘이라고 불리게 되었으며, 야곱의 열두
아들과 후손은 이스라엘의 열두 지파가 되었다(창 49:1-28). 야곱은
자기의 아들 유다에게서 권능을 지닌 통치자가 나올 것이라고 유언한다
(창 49:8-10). 유다의 후손 중 한 사람이 다윗 왕이다. 그는 가장 위대한
왕이 될 것이며, 하나님이 아브라함에게 하신 언약을 이룰 것이다.

2. 이집트 탈출과 가나안 정복

이스라엘 백성이 가나안에서 이집트로 옮겨가 살면서 종의 신분이
되어 고통을 받자 하나님은 아브라함과 맺은 언약을 기억하시고 모세
를 시켜 이집트를 탈출하게 하신다. 이집트 탈출(출애굽)이야말로 하나
님이 행하신 구원 사역의 절정으로서 하나님이 어떤 분이며 그의
백성과 어떤 관계에 있는지를 극명하게 보여 주는 사건이다. 하나님은
이스라엘 백성을 보호하고 인도하겠다는 언약을 지키셨다. 하나님은
시내산에서 모세를 통해 십계명과 율법을 주고 온몸과 마음을 다해
지킬 것을 명하신다(출 19-24장). 모세가 받은 십계명을 요약하면 다음
과 같다:

제일 계명, 너희는 내 앞에서 다른 신들을 섬기지 못한다.
제이 계명, 너희는 우상을 만들어 그것에게 절하거나 섬기지 못한다.
제삼 계명, 너희는 주 너희 하나님의 이름을 함부로 부르지 못한다.

제사 계명, 안식일을 기억하여 그날을 거룩하게 지켜라.

제오 계명, 너희 부모를 공경하여라.

제육 계명, 살인하지 못한다.

제칠 계명, 간음하지 못한다.

제팔 계명, 도둑질하지 못한다.

제구 계명, 너희 이웃에게 불리한 거짓 증언을 하지 못한다.

제십 계명, 너희 이웃의 집이나 소유나 어떤 것도 탐내지 못한다.

(출 20:1-17; 신 5:1-21).

첫째부터 넷째까지의 계명은 이스라엘 백성이 하나님께 지켜야 할 계명이고, 다섯째부터 열째까지의 계명은 이스라엘 백성이 서로 간에 지켜야 할 계명이다. 하나님이 주신 계명은 하나님을 사랑하고 이웃을 사랑하며 신실한 삶을 살라는 지침이었다. 모세가 백성에게 간절히 당부한다:

이스라엘은 들으십시오. 주님은 우리의 하나님이시오, 주님은 오직 한 분 뿐이십니다. 당신들은 마음을 다하고 뜻을 다하고 힘을 다하여 주 당신들의 하나님을 사랑하십시오. 내가 오늘 당신들에게 명하는 이 말씀을 마음에 새기고 자녀에게 부지런히 가르치며, 집에 앉아 있을 때나 길을 갈 때나 누워 있을 때나 일어나 있을 때나 언제든지 가르치십시오. 또 당신들은 그것을 손에 매어 표로 삼고 이마에 붙여 기호로 삼으십시오. 집 문설주와 대문에도 써서 붙이십시오(신 6:4-9).

모세가 하나님의 이름을 묻자 하나님은 "나는 곧 나다"(I am who

I am, 출 3:14)—히브리어로 야훼(Yahweh)이며 구약성서에 약 6,800회 나온다—라고 대답하신다. 이 말은 "나는 나일 것이다"(I will be who I am), 즉 "지금의 나는 앞으로도 나일 것이다"라고 이해할 수 있다. "너희 조상 아브라함과 이삭과 야곱의 하나님인 나는 앞으로도 변함없이 너희 후손의 하나님이 될 것이다."

하나님은 모세에게 회막(장막, tabernacle)을 지으라고 하신다. 회막은 하나님이 거하시는 성소이다.

> 내가 거기에서 너희를 만날 것이고, 거기에서 너에게 말하겠다. 내가 거기에서 이스라엘 자손을 만날 것이다. 거기에서 나의 영광을 나타내어 그곳이 거룩한 곳이 되게 하겠다. 내가 회막과 제단을 거룩하게 하고, 아론과 그의 아들들을 거룩하게 하여, 나를 섬기는 제사장으로 삼겠다. 내가 이스라엘 자손 가운데 머물면서 그들의 하나님이 되겠다. 그리고 그들은 바로 내가 그들 가운데 머물려고 그들을 이집트 땅에서 이끌어 낸 그들의 주 하나님임을 알게 될 것이다. 나는 그들의 주 하나님이다(출 29:42-46).

이스라엘 백성이 해야 할 첫째 일은 하나님을 경배하고 하나님께 영광을 돌리는 제사이다. 제사드리는 것은 하나님과 맺은 언약을 기억하고 지키는 것이다. 이스라엘 백성이 하나님과 맺은 언약을 지킬 때 하나님은 이스라엘 백성 가운데 거하며 그들을 지키고 보호하실 것이다. 지금까지 하나님은 때때로 이스라엘 백성에게 나타나셨으나 이제 이동 성소인 장막에 거하시며 그의 백성과 함께할 것이다. 이스라엘 백성은 자리를 옮길 때마다 회막을 옮겼고 하나님 또한 거처를 옮기며 그들과 함께 다니셨다. 언약의 백성인 이스라엘은 이제 율법과 회막을 지니게 되었다.

모세가 시내산에서 내려와 보니 이스라엘 백성은 금송아지를 만들어 절하고 제사드리며 흥청거리고 있었다. 이를 본 하나님은 진노하여 재앙을 내리려 했으나 모세의 간청으로 거두신다.

> "이제 너는 나를 말리지 말아라. 내가 노하였다. 내가 그들을 쳐서 완전히 없애 버리겠다. …" 모세는 주 하나님께 애원하였다. "주님, 어찌하여 주님께서 큰 권능과 강한 손으로 이집트 땅에서 이끌어내주신 주님의 백성에게 이와 같이 노하십니까?. … 제발 진노를 거두시고 뜻을 돌이키시어 주님의 백성에게서 이 재앙을 거두어 주십시오. 주님의 종 아브라함과 이삭과 이스라엘을 기억하여 주십시오. 주님께서 그들에게 맹세하며 이르시기를 '내가 너희의 자손을 하늘의 별처럼 많게 하고, 내가 약속한 이 모든 땅을 너희 자손에게 주어서 영원한 유산으로 삼게 하겠다'고 하셨습니다." 모세가 이렇게 간구하니 주님께서는 뜻을 돌이키시고 주님의 백성에게 내리시겠다던 재앙을 거두셨다(출 32:10-14).

하나님은 이스라엘 백성에게 스스로 판단하고 행동할 자유를 주셨다. 그러나 그들은 하나님과 맺은 언약을 어기고 다른 신을 섬기고 불의를 행하여 하나님의 진노를 일으켰다. 하나님은 사자를 보내 꾸짖고 이스라엘에게 닥칠 재앙을 경고했지만, 그들은 불순종과 불의의 길에서 돌아서지 않았다. 하나님이 모세에게 말씀하신다.

> 그날에 내가 그들에게 격렬하게 진노하여 그들을 버리고 내 얼굴을 그들에게서 숨길 것이다. 그래서 그들은 온갖 재앙과 고통이 겹치는 날 이렇게 말할 것이다. '우리 하나님이 우리 가운데 계시지 않기 때문에 이런 재앙이 덮

치고 있다'하고 탄식할 것이다. 그들이 돌아서서 다른 신을 섬기는 온갖 악한 짓을 할 것이니 그날에 내가 틀림없이 내 얼굴을 그들에게서 숨기겠다 (신 31:17-18; 32:20).

하나님이 "얼굴을 숨기겠다"는 것은 이스라엘 백성에게서 떠나시겠다는 말이다. 이제 이스라엘은 하나님의 보호와 인도를 받지 못할 것이다. 사십 년간 광야를 헤매던 이스라엘 백성은 약속의 땅인 가나안 접경에 이르지만 모세는 들어가지 못하고 생을 마감한다. 모세의 뒤를 이어 지도자가 된 여호수아는 에발산 위에 제단을 쌓고 하나님께 번제와 화목제를 드린 후 율법에 기록된 말을 일일이 낭독했다(수 8:30-35). 여호수아는 하나님의 뜻에 순종하겠다고 다짐하면서 가나안 땅은 하나님이 약속하신 선물이며, 그 땅의 안녕과 복지는 오로지 하나님만을 섬길 때 이루어질 수 있음을 백성에게 상기시킨다. 오직 야훼 하나님 한 분만을 섬기는 것이 이스라엘 백성의 신앙이며 정체성이다.

가나안 땅에 들어간 이스라엘 백성은 사사들의 인도로 이방 세력, 특히 블레셋 사람들(Philistines)과 경쟁하며 정착을 시도한다. 유목민이었던 이스라엘은 농경사회의 풍요로움에 마음이 끌리고 농경신인 바알을 섬기라는 유혹을 받는다. 삼손과 들릴라의 이야기는 당시 이스라엘 백성의 처지를 잘 나타내고 있다. 삼손은 하나님의 특별한 은사로 엄청난 힘을 갖게 되어 블레셋 사람들을 물리쳤으나 블레셋 여자인 들릴라에게 빠져서 머리털이 밀려 힘을 잃게 되고 두 눈마저 뽑히는 처절한 신세가 되었다. 그러나 마지막으로 하나님께 간구하여 다시 힘을 갖게 되었고 블레셋의 다곤 신전을 무너뜨리며 자신도 죽는다. 삼손의 행동과 운명은 곧 불순종-징계-회개-회복으로 이어지는 이스라엘 백성의 행동과 운명을 나타내는 것이었다.

3. 왕국 시대

이스라엘 백성은 외세에 맞설 수 있는 세력을 키우기 위해 왕을 세우기를 원했다. 하나님의 직접적인 통치와 보호를 받던 백성이 이제 하나님에게서 벗어나서 자율권을 갖겠다는 것이다. 그것은 하나님의 절대적 주권에 도전하는 일이다. 사무엘이 하나님에게 이 일을 아뢰자 하나님은 당신을 버리려는 이스라엘 백성에게 왕을 세워주라고 허락하신다.

> "이제 모든 이방 나라들처럼 우리에게 왕을 세워주셔서 왕이 우리를 다스리게 하여 주십시오." ⋯ 주님께서 사무엘에게 말씀하셨다. "백성이 너에게 한 말을 다 들어 주어라. 그들이 너를 버린 것이 아니라 나를 버려서 자기들의 왕이 되지 못하게 한 것이다. 그들은 내가 이집트에서 데리고 올라온 날부터 오늘까지, 하는 일마다 그렇게 하여 나를 버리고 다른 신들을 버리더니 너에게도 그렇게 하고 있다. ⋯ 너는 그들의 말을 받아들여서 그들에게 왕을 세워주어라"(삼상 8:5-8, 22. 참고, 삼상 10:19).

예언자요 마지막 사사였던 사무엘을 통해 사사 시대가 마감되고 왕국 시대가 시작되었다. 사무엘은 백성의 청원대로 사울을 왕으로 세웠으나 그는 하나님에게 등을 돌리고 명령을 따르지 않았다. 실망한 하나님은 사울을 버리고 다윗에게 기름을 부어 왕으로 삼으셨다. 기름 부음을 받고 이스라엘의 왕이 된다는 것은 곧 하나님이 보내시는 메시아가 된다는 의미를 지니고 있다. 다윗은 블레셋 사람들에게 빼앗겼던 언약궤를 되찾아 예루살렘으로 옮겼다. 이로써 예루살렘은 다윗 왕국의 수도가 되었고 동시에 하나님의 거처가 되었다. 하나님은 예언자 나단을 통해 다윗에게 언약하신다:

> 나 만군의 주가 말한다. 양 떼를 따라다니던 너를 목장에서 데려다가 내 백성 이스라엘의 통치자로 삼은 것은 바로 나다. 나는 네가 어디로 가든지 언제나 너와 함께 있어서 네 모든 원수를 네 앞에서 물리쳐 주었다. 나는 이제 네 이름을 세상에서 위대한 사람들의 이름과 같이 빛나게 해주겠다. … 너의 생애가 다하여서 네가 너의 조상들과 함께 묻히면 내가 네 몸에서 나올 자식을 후계자로 세워서 그의 나라를 튼튼하게 하겠다. 바로 그가 나의 이름을 드러내려고 집을 지을 것이며, 나는 그의 나라의 왕위를 영원토록 튼튼하게 하여 주겠다. 나는 그의 아버지가 되고 그는 나의 아들이 될 것이다 (삼하 7:8-9, 12-14).

다윗은 죄악을 범해 하나님을 실망스럽게도 했지만, 진심으로 하나님을 사랑했고 하나님의 뜻을 따르려고 애썼다. 그는 이스라엘의 가장 위대한 왕으로 불렸고 앞으로 나타날 이상적인 왕, 즉 메시아의 전형이 되었다. 시편과 예언서는 다윗의 계보에서 메시아가 나올 것이라는 기대와 예언을 기록하고 있고, '다윗의 별'은 후세에 유대인과 유대교를 나타내는 상징이 되었다.

다윗의 뒤를 이어 왕이 된 솔로몬은 지혜의 왕이라 불리며(왕상 3:11-14; 4:29-34) 왕국을 전성기로 이끌었다(왕상 4:20-21). 그러나 그의 가장 큰 업적은 예루살렘에 성전을 건축한 일이었다. 솔로몬은 이스라엘 백성이 이집트 땅에서 나온 지 사백팔십 년째 되는 해에 성전을 짓기 시작하여 일곱 해 만에 완공했다. 이것을 보신 하나님이 말씀하신다:

> 드디어 네가 성전을 짓기 시작하였구나. 네가 내 법도와 율례를 따르고 또 나의 계명에 순종하여 그대로 그것을 지키면 내가 네 아버지 다윗에게 약속한 바를 네게서 이루겠다. 또한 나는 이스라엘 자손과 더불어 그들 가운데서 함께 살겠고 내 백성 이스라엘을 결코 버리지 않겠다(왕상 6:12-13).

예루살렘 성전은 하나님이 아담, 하와와 함께했던 에덴동산을 상징적으로 나타내며, 언약궤가 모셔지고 하나님의 거처가 됨으로써 성전이 세워진 시온은 하늘과 땅이 만나는 곳이 되고 온 세상의 중심이 된다. 성전이 세워지기 전에 하나님은 회막에 거하며 이스라엘 백성과 함께 옮겨 다녔지만 이제 예루살렘이 하나님의 거처가 되었고, 하나님이 아브라함에게 하셨던 언약은 시내산과 광야를 거쳐 이제 시온으로 이어지게 되었다. 예루살렘은 이스라엘의 수도가 되었고, 성전은 이스라엘 백성이 하나님께 제사드리고 기도하는 곳이 되었다. 그러나 솔로몬은 하나님 말씀에 순종하지 않고 이방 여인들을 아내로 맞아들였으며, 온 나라에 우상숭배가 퍼져서 회복할 수 없는 지경에 빠져들게 되었다(왕상 11:1-13). 솔로몬이 죽은 후 왕국은 둘로 갈라졌는데(왕상 12장) 북 왕국 이스라엘은 열 지파로 이루어졌으며 수도는 사마리아이고, 남 왕국 유다는 유다 지파와 벤자민 지파로 이루어졌고 수도는 예루살렘이다.

4. 예언자들

북 왕국 이스라엘과 남 왕국 유다의 왕들이 하나님의 말씀에 순종하지 않고 악한 일을 하자 예언자들이 나타나 꾸짖는다. 예언자(나비)는 앞으로 일어날 일을 미리 말하기도 하지만 본래의 임무는 하나님의 말씀을 전하는 것이다. 그들은 하나님의 대언자라고 할 수 있다. 성서에는 이사야, 예레미야, 에스겔과 같은 대예언자와 호세아, 요엘, 아모스, 오바댜, 요나, 미가, 나훔, 하박국, 스바냐, 학개, 스가랴, 말라기와 같은 소예언자가 등장한다. 대예언자와 소예언자의 구분은 역할의 크고 작음에 의해서가 아니라 책의 분량에 따른 것이다. 유대교의 히브리어 성서에는 다니엘이 예언서에 들어 있지 않지만, 그리스어 셉투아진트(칠십인역)를 따르는 기독교의 구약성서에는 다니엘이 예언서에 포함된다. 물론 다니엘은 미래에 관한 예언을 했다. 예언자들이 주로 비판하는 것은 우상숭배, 사회 불의, 종교 의식주의(retualism)이다. 그중에서도 우상숭배는 계명을 어기는 것일 뿐만 아니라 하나님과 이스라엘 백성과의 관계를 끊는 것이다. 사회 불의는 사람들 사이의 관계를 단절시키는 것이다. 예언자들은 특히 사회적 약자에 대한 관심과 배려를 촉구한다. 예언자들은 백성이 우상을 숭배하고 사회 불의를 행하면서 형식적으로 드리는 제사는 하나님이 받지 않으신다고 말한다. 위선적인 종교 의식은 역겨울 뿐만 아니라 죄를 더하는 것이다.

열왕기에는 예언서에 포함되지 않은 예언자의 활약이 기록되어 있는데 엘리야와 그의 제자인 엘리사이다. 엘리야는 이사야, 예레미야와 함께 이스라엘 백성의 큰 존경을 받는 예언자로서 그의 믿음의 절개와 용기는 후대 사람들에게 큰 영향을 끼쳤다. 당시 이스라엘 왕국의 아합왕은 바알 신을 섬겨서 하나님의 진노를 샀다. 엘리야는 하나님의 보내심을 받아 갈멜산에서 바알 예언자들과 대결해서 이기고 진정한 하나님이 누구인지를 분명하게 보여 주었다(왕상 18:1-40). 엘리야와 엘리사는 어려움을 당하는 백성을 도와주면서 아합의 마음을 돌이키려 했으나 여의치 않았고, 아합은 결국 앗시리아와의 전투에서 죽음을 맞았다.

예언자들은 타락한 이스라엘 백성에 대한 하나님의 심판을 예고하면서 회개하고 돌아설 것을 촉구했다. 하나님은 파멸의 길을 향해 걷는 백성을 보시면서 안타까워하신다. "에브라임아, 내가 어찌 너를 버리겠느냐? 이스라엘아, 내가 어찌 너를 원수의 손에 넘기겠느냐?"(호 11:8). 하나님은 예언자들을 보내 이스라엘과 유다의 왕들과 백성들에게 다시 돌아오라고 타이르신다. 목자였다가 하나님의 부르심을 받고 예언자가 된 아모스는 남·북 왕국을 오가며 백성이 주님의 지시를 어기고 우상숭배와 불의를 행함으로 인해서 무서운 심판으로 고통받을 것을 경고한다.

> 나 주가 선고한다. … 그들이 주의 율법을 업신여기며, 내가 정한 율례를 지키지 않았고, 오히려 조상이 섬긴 거짓 신들에게 홀려서 그릇된 길로 들어섰기 때문이다. 그러므로 내가 유다에 불을 보내겠다. 그 불이 예루살렘의 요새들을 삼킬 것이다. … 이스라엘 자손아, 이 말을 들어라. 이것은 나 주가 너희에게 내리는 심판의 말이다. 이집트 땅에서 데리고 올라온 모든 족속에게 내가 선언한다. 나는 이 땅의 모든 족속들 가운데서 오직 너희만을 선택하였으나 너희가 이 모든 악을 저질렀으니 내가 너희를 처벌하겠다(암 2:4-5; 3:1-2).

하나님은 자신을 등지고 타락과 불의의 길을 걷는 이스라엘 백성에게 벌을 내리신다. 그것은 약속의 땅으로부터의 추방이다. 하나님의 지시를 어긴 아담과 하와를 에덴동산에서 쫓아내었듯이 그들을 가나안 땅에서 추방하신다. 북 이스라엘 왕국은 앗시리아에 의해 정복될 때(기원전 722년, 왕하 17장)까지 약 210년간 지속했으며, 서로 다른 아홉 가문 출신의 열아홉 왕이 다스렸다. 이스라엘의 왕들은 사악했으며 백성을 우상숭배로 이끌었다. 나라가 멸망한 후 열 지파의 백성은 앗시리아 제국 전역으로 뿔뿔이 흩어졌다.

남 왕국 유다도 하나님에게 불순종하고 불의를 행하기는 마찬가지였다. 예레미야는 성전 문에 서서 큰소리로 외친다.

> 나 만군의 주 이스라엘의 하나님이 말한다. 너희의 모든 생활과 행실을 고쳐라. 그러면 내가 이곳에서 너희와 함께 머물러 살겠다. … 너희가 모든 생활과 행실을 참으로 바르게 고치고, 참으로 이웃끼리 서로 정직하게 살면서, 나그네와 고아와 과부를 억압하지 않고, 이곳에서 죄 없는 사람을 살해하지 않고, 다른 신들을 섬겨 스스로 재앙을 불러들이지 않으면, 내가 너희 조상에게 영원무궁하도록 준 이 땅, 바로 이곳에서 너희가 머물러 살도록 하겠다(렘 7:3, 5-7).

예언자들이 외치는 말은 한결같이 우상숭배를 버리고 불의한 행실을 고치라는 것이었다. 만일 백성이 회개하지 않고 계속해서 하나님에게 불순종한다면 그들은 '주님의 날'을 맞게 될 것이며 견디기 힘든 무서운 벌을 받을 것이다. 하나님이 예레미야를 통해서 심판이 있을 것을 선포하신다.

내가 너희를 기름진 땅으로 인도해서 그 땅의 열매를 먹게 하였고 가장 좋
은 것을 먹게 하였다. 그러나 너희는 들어오자마자 내 땅을 더럽히고 내 재
산을 부정하게 만들었다. 제사장들은 나 주가 어디에 있는지를 찾지 않으
며, 법을 다루는 자들이 나를 알지 못하며, 통치자들은 나에게 맞서서 범죄
하며, 예언자들도 바알 신의 이름으로 예언하며 도움도 주지 못하는 우상
들만 쫓아다녔다. … 네가 저지른 악이 너를 벌하고, 너 스스로 나에게서 돌
아섰으니 그 배신이 너를 징계할 것이다. 그러므로 주 너의 하나님을 버린
것과 나를 경외하는 마음이 너에게 없다는 것이 얼마나 악하고 고통스러운
가를 보고서 깨달아라. 나 만군의 주 하나님의 말이다(렘 2:7-8, 19).

유다 왕국은 수도 예루살렘과 성전이 완전히 무너질 때(기원전 586년.
왕하 24-25장; 대하 36장; 렘 52장)까지 약 325년간 지속했는데 아홉 명의
왕과 한 명의 여왕이 있었고, 모두 다윗 가문 사람이었으며, 일부는
선했고 일부는 악했다. 유다의 왕 중에서 히스기야와 요시야는 하나님
앞에서 바르게 처신하려고 애썼던 왕들이었다. 특히 요시야는 성전에서
율법 책이 발견된 것을 계기로 개혁을 일으켜 이방 예배를 없애고
유월절을 지키라고 명하는 등 개혁을 시도했으나 하나님의 진노를
돌이키기에는 역부족이었다.

요시야는 대제사장 힐기야가 주님의 성전에서 발견한 책에 기록된 율법의
말씀을 지키려고 유다 땅과 예루살렘에서 신접한 자와 박수와 드라빔과 우
상과 모든 혐오스러운 것들을 눈에 보이는 대로 다 없애 버렸다. 이와 같이
마음을 다 기울이고 생명을 다하고 힘을 다 기울여 모세의 율법을 지키며
주님께로 돌이킨 왕은 이전에도 없었고 그 뒤로도 나타나지 않았다. 그러

나 주님께서는 유다에게 쏟으시려던 그 불타는 진노를 거두어들이시지는
않으셨다. 므낫세가 주님을 너무나도 격노하시게 하였기 때문이다. 그래서
주님께서는 이렇게 말씀하셨다. "이스라엘을 내가 외면하였듯이 유다도 내
가 외면할 것이요, 내가 선택한 도성 예루살렘과 나의 이름을 두겠다고 말
한 그 성전조차도 내가 버리겠다"(왕하 23:24-27).

유다의 왕들은 북쪽의 이스라엘 왕들보다는 하나님과 맺은 언약을
중시했으나 역시 하나님을 등졌고 결국 심판을 받게 되었다. 열왕기는
유다 왕국이 멸망하는 광경을 다음과 같이 서술한다:

시드기야가 바빌로니아 왕에게 반기를 들었으므로… 바빌로니아 군대가
시드기야 왕을 체포해서 리블라에 있는 바빌로니아 왕에게로 끌고 가니,
그가 시드기야를 심문하고 시드기야가 보는 앞에서 그의 아들들을 처형하
고 시드기야의 두 눈을 뺀 다음에 쇠사슬로 묶어서 바빌론으로 끌고 갔다.
… 바빌로니아 왕의 부하인 느부사라단 근위대장이 예루살렘으로 왔다. 그
는 주님의 성전과 왕궁과 예루살렘의 모든 건물 곧 큰 건물은 모두 불태워
버렸다. 근위대장이 지휘하는 바빌로니아의 모든 군대가 예루살렘의 사면
성벽을 헐어 버렸다. 느부사라단 근위대장은 도성 안에 남아 있는 나머지
사람들과 바빌로니아 왕에게 투항한 사람들과 나머지 수많은 백성을 모두
포로로 잡아갔다. 그러나 근위대장은 그 땅에서 가장 가난한 백성 가운데
일부를 남겨 두어서 포도원을 가꾸고 농사를 짓게 하였다(왕하 24:20;
25:6-12).

5. 포로 시대

북 왕국에 이어 남 왕국마저 멸망함으로써 이스라엘 역사는 포로 시대에 들어서게 되었다. 예레미야는 나라를 잃은 백성의 슬픔과 고통을 다음과 같이 말한다:

아, 슬프다. 예전에는 사람들로 그렇게 붐비더니 이제는 이 도성이 어찌 이리 적막한가! 예전에는 뭇 나라 가운데 으뜸이더니 이제는 과부의 신세가 되고, 예전에는 모든 나라 가운데 여왕이더니 이제는 종의 신세가 되었구나. … 유다가 고통과 고된 노역에 시달리더니 이제는 사로잡혀 뭇 나라에 흩어져 쉴 곳을 찾지 못하는데, 뒤쫓는 모든 자들이 막다른 골목에서 그를 덮쳐 잡는구나. … 대적들이 우두머리가 되고 원수들이 번영한다. 허물이 많다고 주님께서 그에게 고통을 주셨다. 아이들마저 원수들이 보는 앞에서 사로잡혀 끌려갔다. … 예루살렘이 그렇게 죄를 짓더니 마침내 조롱거리가 되었구나. 그를 떠받들던 자가 모두 그 벌거벗은 모습을 보고서 그를 업신여기니 이제 한숨지으며 얼굴을 들지 못한다. … 그렇게 비참해져도 아무도 위로하는 이가 없다. "주님, 원수들이 우쭐댑니다. 나의 이 고통을 살펴 주십시오"(애 1:1, 3, 5, 8-9).

하나님은 이스라엘 백성이 바빌로니아에서 칠십 년 동안 포로 생활을 하게 하셨다. 포로 생활은 이스라엘 백성이 지난날을 되돌아보며 반성하고 회개할 기회가 되었다. 그들은 또한 하나님이 얼마나 크고 위대한 분이신지를 깨달았다. 하나님은 예루살렘 성전이 무너졌다고 사라지신 분이 아니요, 이스라엘·유다 왕국과 함께 멸망하신 분이 아니다. 그분은 만물의 창조주이시고, 만백성의 주님이시고, 만국의 하나님이시다. 이스라엘은 과거에 그들을 도와주었던 하나님이 외면했던 얼굴을 돌리고 돌아오시기를 간절히 원했다:

> 주님, 언제까지 나를 잊으시렵니까? 언제까지 나를 외면하시렵니까?(시 13:1).
> 어찌하여 얼굴을 돌리십니까? 우리가 고난과 억압을 당하고 있음을 어찌하여 잊으십니까?(시 44:24).
> 나의 하나님, 나의 하나님, 어찌하여 나를 버리십니까? 어찌하여 그리 멀리 계셔서, 살려달라고 울부짖는 나의 간구를 듣지 않으십니까? 나의 하나님, 온종일 불러도 대답하지 않으시고, 밤새도록 부르짖어도 모르는 체하십니다. … 나의 주님, 멀리하지 말아 주십시오. 나의 힘이신 주님, 어서 빨리 나를 도와주십시오. … 그는 고통받는 사람의 아픔을 가볍게 여기지 않으신다. 그들을 외면하지도 않으신다. 부르짖는 사람에게는 언제나 응답하여 주신다(시 22:1, 19, 24).

예언자들은 이스라엘 백성의 죄(불순종)와 그에 따른 멸망과 추방(하나님의 심판)을 말하면서도 그것에 그치지 않고 유대 땅으로의 귀환과 회복(하나님의 구원)에 대해서도 언급한다. 예언자들은 '다윗의 자손', '하나님의 종', '새 언약', '새 성전'에 대해 말하면서 백성에게 희망을 불어넣는다.

하나님은 백성의 뉘우치는 마음을 보시고 새 언약을 세워 새로운 하나님의 백성이 되게 하겠다고 말씀하신다:

> 그때가 오면 내가 이스라엘 가문과 유다 가문에 새 언약을 세우겠다. 나 주

의 말이다. 이것은 내가 그들의 조상의 손을 붙잡고 이집트 땅에서 데리고 나오던 때에 세운 언약과는 다른 것이다. 내가 그들의 남편이 되었어도 그들은 나의 언약을 깨뜨려 버렸다. 나 주의 말이다. 그러나 그 시절이 지난 뒤에 내가 이스라엘 가문과 언약을 세울 것이니, 나는 나의 율법을 그들의 가슴 속에 넣어주며 그들의 마음 판에 새겨 기록하여 나는 그들의 하나님이 되고 그들은 나의 백성이 될 것이다. 나 주의 말이다(렘 31:31-33).

에스겔은 환상 속에서 새 예루살렘과 새 성전을 본다(겔 40-48장). 이사야는 하나님이 예루살렘을 다시 일으키고 구원의 손길을 펼치실 것을 선포한다:

너 시온아, 깨어라. 깨어라! 힘을 내어라. … 예루살렘아, 먼지를 털고 일어나서 보좌에 앉아라. 포로된 딸 시온아, 너의 목에서 사슬을 풀어내어라. … 놀랍고도 반가워라! 희소식을 전하려고 산을 넘어 달려오는 저 발이여! 평화가 왔다고 외치며 복된 희소식을 전하는구나. 구원이 이르렀다고 선포하면서, 시온을 보고 이르기를 "너의 하나님께서 통치하신다" 하는구나. … 주님께서 시온으로 돌아오실 때에 오시는 그 모습을 그들이 직접 눈으로 볼 수 있을 것이다. 너희 예루살렘의 황폐한 곳들아, 함성을 터뜨려라. 함께 기뻐 외쳐라. 주님께서 당신의 백성을 위로하셨고 예루살렘을 속량하셨다. 주님께서 모든 이방 나라들이 보는 앞에서 당신의 거룩한 능력을 드러내시니, 땅 끝에 있는 사람들은 모두 우리 하나님의 구원을 볼 것이다(사 52:1, 2, 7-10).

하나님은 바빌로니아를 정복한 페르시아 고레스 왕의 마음을 움직

였고, 그는 이스라엘 백성에게 다시 그들의 땅으로 돌아가 성전을
지으라는 칙령을 내렸다.

6. 제2성전 시대

바빌로니아에 살던 이스라엘 백성 중 약 오만 명이 유대 땅에 돌아왔
다. 많은 어려움과 원래 살고 있던 주민과의 갈등이 있었지만, 스룹바벨
과 예수아의 지도력, 예언자 학개와 스가랴의 격려에 힘입어 예루살렘에
성전을 다시 세우고 하나님께 봉헌함으로써(기원전 516년) 제2성전 시대
(신구약 중간시대)를 열었다. 이어서 에스라가 약 이천 명의 백성을
이끌고 돌아왔다. 그는 종교적 기록을 담당하는 충직한 서기관으로
하나님의 율법을 보존하고 백성을 가르쳤다. 페르시아의 아닥사스다
왕은 왕궁 관리였던 느헤미야를 유대 땅 총독으로 임명해서 파견했고
그는 신속하게 성벽을 완공했다.

페르시아에서 돌아온 사람들은 아람어를 사용했고 더 이상 히브리
어를 사용하지 않았기 때문에 느헤미야와 에스라는 히브리어로 기록된
성서의 어려운 구절들을 아람어로 번역하고 해설했다. 그들은 또한
성서의 편집 작업을 진행해서 율법과 예언서와 시편으로 이루어진
성서가 모양을 갖추게 되었다. 느헤미야와 에스라는 백성에게 아브라함
을 비롯한 믿음의 조상과 마찬가지로 하나님을 굳게 믿고 언약을 지킬
것을 당부했다. 성서에 마지막으로 등장하는 예언자 말라기는 또다시
하나님에게 등을 돌리고 죄악의 길을 가려는 백성을 꾸짖고 하나님의
법을 지키라고 간곡하게 타이르면서 하나님이 사자를 보내실 것을
예언한다.

내가 나의 특사를 보내겠다. 그가 나의 갈 길을 닦을 것이다. 너희가 오랫동
안 기다린 주가 문득 자기 궁궐에 이를 것이다. 너희가 오랫동안 기다린 그
언약의 특사가 이를 것이다. 나 만군의 주가 말한다. … 너희는 율법, 곧 율
례와 법도를 기억하여라. 그것은 내가 호렙 산에서 내 종 모세를 시켜서 온
이스라엘이 지키도록 이른 것이다. 주의 크고 두려운 날이 이르기 전에 내
가 너희에게 엘리야 예언자를 보내겠다. 그가 아버지의 마음을 자녀에게
돌이키고, 자녀의 마음을 아버지에게로 돌이킬 것이다"(말 3:1; 4:4-6).

하나님은 이스라엘 백성에게 한 약속을 잊지 않으셨다. 하나님은
이스라엘을 새롭게 해서 만백성 앞에서 빛이 되게 하실 것이다. 그리고
다윗 왕의 후손 중에서 메시아가 나타나 새 이스라엘을 이끌고 하나님이
아브라함에게 하신 언약을 성취할 것이다. 구약성서는 이스라엘 백성
이야기를 아브라함부터 예언자 말라기(기원전 435년경)까지 기록하고
있다. 그 후 약 사백 년 동안의 이야기는 제2성전 시대에 기록된 다니엘
서, 마카비서 등 유대교 문헌을 통해 들을 수 있다.

페르시아 제국은 이수스 전투에서 알렉산드로스의 마케도니아 제국
에게 지고 패권을 넘겨주었다(기원전 333년). 알렉산드로스는 이집트와
이스라엘을 포함한 서남아시아 전역을 정복하고 이집트에 그의 이름을
딴 알렉산드리아를 건설했다. 유대인들은 어쩔 수 없이 마케도니아
제국의 통치를 받게 되었다. 철학자 아리스토텔레스에게 수학한 알렉산
드로스는 모든 문화 중에서 그리스 문화가 가장 우수하며 자신의 임무는
그리스 문화와 언어를 온 세상에 전파하는 것이라고 생각했다. 지중해
연안에 퍼진 그리스 문화는 헬라라는 기원지의 이름을 따라 헬라 문화
(Hellenism)라고 불리게 되었다. 알렉산드로스는 점령한 지역에 그리스

사람들을 옮겨와 살게 했다. 그들은 그리스식 도시를 건설했으며 언어, 교육, 행정, 생활 등 모든 면에서 그리스식 삶을 살도록 종용했고 그리스 신들을 섬기도록 강요했다. 많은 유대인이 헬라 문화의 영향을 받게 되었으며 그리스어를 공용어로 사용하게 되었다.

알렉산드로스가 서른세 살의 나이로 죽은 후 제국은 장군들에 의해 네 나라로 나뉘었고, 이집트를 지배하던 프톨레미 1세가 시리아를 지배하던 셀류코스 1세를 격퇴한 후 이스라엘 땅을 지배하게 되었다(기원전 301~198년). 프톨레미 왕조는 이집트에 강력한 왕국을 세웠으며, 이집트에 사는 유대인들의 종교 활동에 관용을 베풀었다. 프톨레미 2세는 히브리어 구약성서의 그리스어 역본인 '셉투아진트'(Septuagint, 칠십인역)를 만드는 데 큰 영향을 끼쳤다. 그리스어로 기록된 셉투아진트는 신약성서의 기자들과 초대 기독교인들이 사용한 성서였다.

프톨레미와의 전쟁에서 승리하고 이스라엘을 지배하게 된 셀류코스 왕조는 안티오코스 4세(에피파네스)에 이르러 무력으로 통치하면서 유대인들을 탄압했다. 그는 할례, 안식일 준수, 절기 행사, 금식, 율법 공부 등 하나님을 섬기는 모든 행위를 금지했다. 더 나아가서 성전 안에 제우스 상을 세웠으며, 제우스 제단에 희생제물로 돼지를 바치고 그 피를 율법서 위에 뿌리기도 했다. 안티오코스는 이스라엘 백성에게 그리스 신들에게 제사를 지내도록 명령했으며 이를 거부하는 사람들을 무자비하게 살해했다.

안티오코스의 폭정에 반발하고 나선 사람이 있었는데 유대교 사제 마티아스였다. 그는 이방 신에게 희생제물을 드리려는 배교자와 왕이 보낸 군인을 살해하고 반란을 일으켰다. 마티아스와 그의 다섯 아들은 '마카비'(Macabees)라고 불렸는데 '철퇴'라는 뜻의 히브리어에서 유래한 말로 강인한 사람들임을 일컫는 말이다. 율법을 지키려는 사람들은 마카비 가족과 함께 안티오코스의 군대와 싸워 물리치고 예루살렘 성전을 정화했다. 유대인들은 이 사건을 기념하여 매해 12월에 '광명절'(Hanukkah, the Feast of Lights)을 지키는데 기독교의 성탄절과 비슷한 시기이다.

마카비를 도와 투쟁에 합류한 사람들 중에 '하시딤'(Hasidim/the Pious Ones)이 있었는데 율법을 철저히 준수하려는 사람들이다. 이들은 종교적 자유를 얻은 후 안티오코스 군대와 계속 싸우려는 마카비와 결별했다. 마티아스의 아들 시몬은 셀류코스와 협정을 맺고 독립을 쟁취했으며, 정치 지도자로서 군사령관과 대제사장을 겸함으로써 전권을 장악한 실질적인 왕이 되어 하스몬 왕조(기원전 140~37년)를 시작했다. 그러나 시간이 지날수록 하스몬 왕가가 헬라 문화를 받아들이고 세속화되자 하시딤은 쿰란에 세상과 유리된 에세네 공동체를 결성했으며, 또 다른 온건한 하시딤은 바리새파의 전신이 되었다고 추정된다. 하스몬 왕가는 이스라엘의 독립을 쟁취하고 백여 년간 정권을 유지했지만 스스로 대제사장의 자리에 올라 정치적 권력과 종교적 권위를 모두 차지했으며 점점 폭정으로 백성을 억압했다.

하스몬 왕가가 권력 다툼으로 내분에 휩싸였을 때 로마제국의 장군 폼페이우스가 군대를 끌고 들어와 예루살렘을 함락했다. 이후 옛 페르시아 제국의 후예인 파르티아 왕국이 로마 군대를 격퇴하고 잠시 이스라엘의 정치에 개입하기도 했으나 로마 군대가 다시 파르티아를 격퇴했고, 갈릴리를 통치하던 헤롯(후에 헤롯 대왕이라고 불림)이 하스몬 왕국의 안티고누스를 격퇴함으로써 하스몬 왕조는 끝나게 된다(기원전 37년). 헤롯은 원래 이방 이두매 사람인데 유대교로 개종했으며 로마에 대한

충성심을 인정받아 옥타비아누스(후에 아우구스투스 황제)의 승인으로
유대의 왕(기원전 37~4년)이 되어 헤롯 왕조를 시작한 인물이다.

유대인들은 헤롯을 싫어했다. 왜냐하면 그는 이방 이두매 사람이었
으며, 헬라 문화의 영향을 크게 받았고, 로마의 꼭두각시 왕(분봉왕)이었
기 때문이다. 그는 권력을 지키기 위해서 아내와 자식을 포함해 수많은
사람을 살해했다. 아우구스투스 황제도 그의 잔인함을 알고 "헤롯의
아들이 되느니 차라리 그의 돼지가 되는 것이 더 낫겠다"고 말할 정도였
다. 헤롯도 자신이 백성으로부터 미움을 받고 있다는 것을 알았다.
그는 죽음이 임박해오자 누이동생 살로매를 불러 자신이 죽으면 감옥에
가둔 바리새인들을 비롯한 유대인 지도자들을 처형하라고 지시했다.
그러면 그들의 죽음을 슬퍼하는 울음소리가 자기의 죽음을 애도하는
소리로 들릴 것이기 때문이다. 다행히 헤롯의 누이는 이 일을 실행하지
않았다. 이 헤롯 왕이 나라를 다스릴 때 예수가 태어났다.

이스라엘 백성 이야기의 핵심은 '하나님과의 관계'이다. 하나님과
친밀한 관계일 때 이스라엘은 번성했고, 소원한 관계일 때 이스라엘은
쇠망했다. 하나님은 에덴동산에서 아담, 하와와 함께하셨다. 하나님은
인간에게 직접 나타났고 말씀하셨다. 인간은 하나님을 볼 수 있었고
그 음성을 들을 수 있었다. 때로는 천사나 영이나 사람으로 나타나서
인간과 만났다. 그러나 인간이 하나님에게 등을 돌리고 자기 멋대로
살면서 하나님과 멀어졌고 하나님을 볼 수도 없고 하나님의 음성을
들을 수도 없게 되었다.

하나님은 한 민족을 통해 섭리의 손길을 펼치고자 아브라함을 선택
하셨다. 하나님은 아브라함의 후손인 이스라엘 백성과 언약을 맺고,
그들이 하나님만을 믿고 하나님의 뜻에 순종한다면 주님으로서 보호하

고 인도할 것을 약속하셨다. 그러나 이스라엘 백성은 불순종과 죄악으로 하나님을 등졌다. 진노하신 하나님은 "내 얼굴을 그들에게서 숨길 것이다"(신 31:17, 18; 32:20)라고 말씀하신다. 즉, 이스라엘 백성에게서 떠나시겠다는 것이다.

이스라엘 백성은 왕을 세웠다. 하나님의 직접적인 통치를 받던 백성이 하나님과 자신들 사이에 왕을 등장시킨 것이다. 인간의 자율권은 점점 증가하고 하나님의 주권은 감소하는 형국이 되었다. 그리고 또다시 하나님에 대한 불순종과 죄악이 난무했다. 하나님은 예언자들을 보내 회개하고 돌아설 것을 촉구했지만 왕과 백성은 응하지 않았다. 결국 하나님은 심판을 내려서 나라가 망하고 백성이 포로로 잡혀가게 하신다. 약속의 땅에서 쫓겨난 이스라엘 백성은 그제야 잘못을 뉘우치고 자신들의 과거를 되돌아보며 지내온 이야기를 수집하여 편집하고 기록해서 성서를 만들었다. 회개하는 이스라엘을 보신 하나님은 에스겔을 통해 이스라엘을 버리지 않고 다시 도와주겠다고 말씀하신다. "내가 이스라엘 족속에게 내 영을 부어 주었으니, 내가 그들을 다시는 외면하지 않겠다. 나 주 하나님의 말이다"(겔 39:29).

하나님의 은혜로 유대 땅에 돌아온 이스라엘 백성은 하나님 성전을 재건했다. 성전은 광야 시절의 회막처럼 하나님의 거처로서 하나님이 이스라엘 백성과 함께하신다는 상징적 의미를 지니고 있다. 그러나 그들은 하나님에 대해 잘못 생각하고 있었다. 하나님은 한곳에 매여 있는 분이 아니다. 이스라엘 백성은 하나님을 성전에 모신다고 하면서 사실은 성전에 가두려 했던 것이 아닌가? 하나님을 믿는 것이 아니라 자신의 안녕과 영화를 위해 하나님을 이용하려 했던 것이 아닌가? 백성이 하나님을 섬기는 것이 아니라 오히려 하나님이 백성을 섬기게 한 것이 아닌가? 자신의 의지와 욕심이 곧 하나님의 뜻이요 말씀인 것처럼 착각하거나 기만한 것이 아닌가? 이스라엘 백성은 이렇게 또다시 하나님과 멀어졌고 그 결과는 예루살렘의 멸망(서기 70년)으로 나타났다.

제 3 장

팔레스타인 유대 사회

1. 지리적 환경

팔레스타인이라는 지명은 '블레셋 사람의 땅'(the land of the Philisti-nes)이라는 말에서 유래했다. 기원전 450년경 헤로도토스의 『역사』(史記, *The Histories*)에서 가나안을 팔라이스티네(Palaistine)라고 부르기 시작했고 그 후에 로마제국의 하드리아누스 황제가 바코크바(bar Kokhba)의 난을 진압(135년)한 후 시리아 팔레스티나(Syria Palaestina)라는 이름으로 로마제국의 행정구역 안에 편입시켰다. 팔레스타인은 이후 이스라엘이 건국하는 1948년까지 지중해 동쪽 해안과 요단강 사이의 지역을 가리키는 말로 쓰였다. 현재 이스라엘 국가는 팔레스타인을 성서에 나오는 대로 이스라엘 땅, 거룩한 땅 또는 약속의 땅으로 부른다.

팔레스타인의 기후는 온화한 편이지만 여름에는 뜨거운 날이 나타난다. 해안 지방은 지중해성 기후이고, 내륙에서는 아열대 기후가 나타나며 전반적으로 건조한 날씨이다. 사실 여름과 겨울이 있다기보다 건기와 우기가 있다고 말하는 것이 더 적합한 표현이다. 우기는 12월부터 2월까지인데 이 기간에 내리는 비가 연 강우량의 75%를 차지하며 작물을 경작하기 좋은 시기이다. 팔레스타인은 서쪽으로 지중해가 있고 동쪽으로는 갈릴리 호수에서 사해로 흐르는 요단강이 있다. 북쪽에는 레바논이 있고 남쪽에는 이집트가 있다. 지정학적으로 볼 때 팔레스타인은 이집트, 시리아, 아라비아 사이에 낀 작은 지역(경상남북도를 합친 정도)이다. 이스라엘 백성은 왕국을 세운 후 로마제국이 유대 전쟁에서 승리하고 예루살렘을 점령(서기 70년)하기까지 천여 년 동안 앗시리아, 바빌로니아, 페르시아, 마케도니아, 셀류코스, 프톨레미, 로마 등 강대국의 침략과 지배를 받았다.

팔레스타인은 크게 세 지역으로 나뉘는데, 북쪽으로부터 남쪽으로 갈릴리, 사마리아, 유대가 있다. 그 밖의 지역으로 유대 동쪽에 베레아, 남쪽에 이두매가 있다. 하스몬 왕조가 갈릴리를 정복한 후 많은 유대인이 갈릴리로 이주했다. 갈릴리는 '이방 사람들의 갈릴리'(마 4:15)라고 불리기도 했는데 이는 이방인들이 많이 살기 때문이라기보다는 유대 지역 사람들이 민족적으로나 종교적으로 정통성을 지니고 있다는 자부심 때문에 갈릴리 사람들을 얕보고 하는 말이라고 할 수 있다. "나사렛에서 무슨 선한 것이 날 수 있느냐"(요 1:46)라는 말도 갈릴리 사람을 폄훼하는 말이다.

갈릴리 주민은 크게 세 부류로 나눌 수 있다. 첫째, 북 이스라엘 왕국이 멸망했을 때 앗시리아로 끌려가거나 유대와 같은 다른 지역 피난 갔던 사람들과 달리 그대로 갈릴리에 남았던 힘없고 가난한 사람들이 있다. 둘째, 원래 갈릴리에 살고 있던 이방인들로 하스몬 왕조 때 대부분 유대교로 개종했다. 셋째, 하스몬 왕조의 알렉산더 얀네우스가 갈릴리를 포함해서 영토를 확장하자 유대에서 갈릴리로 이주한 사람들이 있다. 갈릴리 농촌 지역의 유대인은 도시 사람과 달리 헬라 문화의 영향을 별로 받지 않았으며, 전통적인 유대교 신앙과 관습을 철저히 지키는 보수적인 경향이 있었다. 폭동과 반란, 메시아 운동은 주로 갈릴리에서 일어났다.

갈릴리에는 헤롯 안디바가 세운 두 개의 큰 도성인 세포리스(나사렛에서 약 6km)와 디베랴(티베리우스, 세포리스에 이어 갈릴리의 수도가 됨)가 있고 약 이백 개의 소읍과 마을이 있었다. 갈릴리 호수 동쪽으로는 그리스식 자치 도시들이 있는 데가볼리가 있었다. 1세기 로마제국 전체 인구는 약 오천만 명이고 그중 유대인은 사백만 명 정도였다. 팔레스타인에 거주하는 인구는 약 칠십만 명이고, 갈릴리는 다른 지역에 비해 토양이 비옥해서 많은 사람이 거주했으며 인구는 약 이십만 명으로 추정된다. 지중해 연안에는 엘리야가 바알 신 사제들과 대결을 벌이던 갈멜산이 있다. 복음서는 갈릴리의 마을 중 가버나움, 나사렛, 고라신, 베데스다, 가나, 게네사렛 막달라, 나인을 언급하고 있다. 예수는 나사렛에서 성장해서 '나사렛 예수'라고 불렸으며, 사역 초기에는 가버나움을 근거지로 주로 갈릴리 호수 주변 지역에서 활동했다(마 9:1).

사마리아에는 북 이스라엘 왕국의 수도 사마리아(예수 당시에는 세바스테)가 있었으며, 왕국이 멸망한 후 약 이만칠천 명의 이스라엘 사람이 앗시리아로 끌려갔고(왕하 17:6), 대신 앗시리아 사람이 사마리아에 이주하여 살게 되었다. 그들은 이스라엘 종교로 개종했으나 이방 신을 함께 섬겼다(왕하 17:24-41). 사마리아 사람들은 스룹바벨에 대항해서 예루살렘 성전 재건을 방해하기도 했으며(스 4장), 그리심산에 자기들의 성전을 따로 세우고 예루살렘 성전 참배를 하지 않았다. 유대인들은 이방인의 피가 섞인 사마리아인을 동족으로 여기지 않고 경멸해서 둘은 사이가 좋지 않았다. 예수의 '선한 사마리아 사람' 비유(눅 10:25-37)

나 예수와 사마리아 여인과의 대화(요 4:1-9)가 이를 반영하고 있다. 사마리아에는 로마제국이 팔레스타인 행정수도로 지중해 연안에 세운 가이사랴 마리티마가 있고, 그밖에 욥바, 세켐, 세바스테(헤롯이 옛 사마리아 도읍에 로마 황제 아우구스투스를 기려 건설한 헬라 도성), 네압볼리가 있다.

유대는 원래 예루살렘을 중심으로 하는 남부 지역을 지칭했지만 때로는 팔레스타인 전 지역을 가리키는 지명으로도 쓰였다. 유대라는 이름은 야곱의 넷째 아들 유다에서 유래했으며 유대 왕국, 유대 땅을 가리키는 명칭으로도 사용되었고 여기서 '유대인'이라는 말이 나왔다. 가이사랴 마리티마, 베들레헴, 여리고, 베다니, 엠마오, 헤브론, 마사다, 예루살렘이 유대에 있다. 특히 예루살렘에는 성전과 왕궁이 있었으며 정치, 경제, 사회, 문화, 종교의 중심지였다. 유대인들은 유월절 같은 절기를 맞아 예루살렘 성전에 와서 참배를 드리는데 이때 십만 명이 되지 않던 예루살렘 지역의 인구는 몰려드는 순례객으로 인해 두세 배로 늘어났다.

2. 정치적 상황

팔레스타인은 폼페이우스가 예루살렘을 점령(기원전 63년)한 후 로마제국의 식민지가 되었다. 하스몬 왕조가 독립 왕국이 된 지 약 팔십 년 만에 다시 강대국의 손아귀에 들어가고 말았다. 로마 원로원은 헤롯을 유대인의 왕으로 임명하여 분봉왕으로 삼았으며, 아우구스투스 황제는 총독과 군대를 파견하여 치안을 유지하고 세금을 거두어들였다. 헤롯은 농경과 무역을 기반으로 부를 축적하면서 강력한 권력으로 왕국의 질서와 평화를 도모했다. 헤롯 왕의 가장 큰 업적은 지중해 연안의 항구 도시인 가이사랴 마리티마의 건설과 예루살렘 성전의 증축이다. 가이사랴는 완성되자 유대 지방의 수도가 되었으며, 예루살렘 다음으로 큰 도성이 되었다. 가이사랴에는 로마 총독의 공관이 들어섰다.

솔로몬 성전에 이어 제2성전이라 불리는 예루살렘 성전은 원래 바빌로니아 유배에서 돌아온 후 스룹바벨의 영도하에 건축되었고, 하스몬 왕조 때 개축되었다. 헤롯이 증축한 예루살렘 성전은 규모가 방대했으며 흰 대리석이 빛나는 아름답고 장엄한 건축물로 완성되었다. 로마 정부는 자신의 지배권을 과시하기 위해서 성전 동문에 로마의 황금 독수리 깃발을 게양했다. 서기 40년 칼리굴라 황제는 성전 안에 자신의 석상을 세우려고 시도하기도 했었다. 팔레스타인을 관장하는 로마군 주력부대는 가이사랴에 있었는데, 예루살렘 성전 옆 안토니아 성채(Antonia tower, 행 21:34; 22:24; 23:10)에 수백 명의 군사를 파견해서 치안을 유지하고 유대인의 동태를 감시했다.

헤롯 왕이 죽은 후 왕국은 세 아들이 나누어 통치했는데, 헤롯 아켈라오는 유대, 사마리아, 이두매, 헤롯 안디바는 갈릴리와 베레아, 헤롯 빌립(눅 3:1)은 갈릴리 북쪽과 동쪽의 이투레아, 바타네아, 트라코니티스, 가울라니티스, 아우란티스를 맡았다. 이들은 왕의 칭호를 받은 부친 헤롯과는 달리 영주(Archelaus-ethnarch; Philip, Antipas-tetrarch)의 직위를 받았다. 아켈라오는 부친 헤롯의 나쁜 성격은 닮았으나 능력은 이어받지 못했다. 그는 폭정으로 십 년 만에 직위 해제되고 서기 6년부터 로마 총독이 직접 통치하게 되었다. 빌립은 옛 수도 바니아스를 재건축하여 가이사랴라고 명명했다(가이사랴 빌립보라고 불림). 그는 정치를 온건하게 잘했다고 알려졌으며 서기 34년 임종할 때까지 다스렸다. 안디바는 형제 중에서 가장 역량 있고 영악한 사람이었다. 그는 나바티아 왕국의 공주인 아내와 이혼하고 이복형제 빌립(갈릴리 북동부 지역을 다스리던 빌립과는 다른 형제)의 아내였던 헤로디아를 아내로 삼았다. 세례 요한이 형제의 아내를 차지하는 것이 옳지 않다고 비판하다 죽임을 당했다(막 6:14-29).

예수 당시 유대 땅에 파견된 로마 총독은 본디오 빌라도였는데(서기 26~36년), 유대인들의 심기를 건드리고 분노를 일으킨 사람이다. 그는 로마 황제의 형상이 있는 깃발을 밤중에 몰래 예루살렘에 들여왔다. 이를 안 유대인들이 몰려와 농성하자 군대를 시켜 위협했으나 완강하게 버티는 사람들의 기세에 눌려서 깃발을 예루살렘 밖으로 철수시켰다. 빌라도는 수도교 건설 자금을 충당하기 위해 성전 금고에서 돈을 탈취해 간 적도 있었다. 유대인들이 성전 제물을 사는 데 필요한 돈을 훔쳤다고 항의하자 그는 폭력으로 무자비하게 진압했다. 빌라도는 임기 말에 금으로 덧칠해진 방패에 자신과 로마 황제의 이름을 새겨 예루살렘의 헤롯 궁전 안에 세웠다. 유대인들이 방패를 치우라고 거세게 항의했으나 빌라도는 단호하게 거부했다. 이에 유대인들은 티베리우스 황제에게 상소문을 보냈고 황제는 칙령을 내려 방패를 가이사랴에 있는 아우구스투스 신전으로 옮겨서 세워놓도록 했다.

빌라도는 유대인뿐만 아니라 사마리아인과도 충돌했다. 그는 사마리아인들이 그리심산에 모여있는 것을 폭동으로 간주하고 군사들을 시켜 많은 사람을 죽였다. 사마리아인들은 시리아 총독 비텔리우스에게 그 모임은 반역 모의가 아니라 종교행사였다고 호소했다. 비텔리우스는 이를 받아들여 빌라도를 직위해제하고 로마의 황제에게 보냈다. 그러나 티베리우스 황제는 빌라도가 도착하기 전에 사망했고 그를 이어 칼리굴라가 황제의 자리에 올랐다. 그는 헤롯의 손자 아그리파가 로마에서 교육을 받을 때 친분을 쌓은 사이였다. 안디바는 로마 황제에게 왕위를 청원하다가 파면당하고 직위를 잃었다. 안디바가 축출된 후 로마 황제 칼리굴라는 갈릴리를 헤롯 대왕의 손자인 아그리파 1세에게 주어 다스리게 했으며, 서기 41년 그의 조부가 다스리던 팔레스타인 전 지역을 지배하게 했다.

유대인들의 마음에는 하나님이 주신 땅을 지켜야 한다는 신념과 함께 이전에 마카비 가문이 이루었던 독립 국가에 대한 염원이 깊이 자리하고 있었다. 그들이 지키는 광명절(Hanukkah)이 이를 잘 나타내고 있다. 유대 땅에서는 자유와 독립을 쟁취하려는 소요와 투쟁이 끊임없이 일어났다. 헤롯 왕이 죽은 후 갈릴리 세포리스를 중심으로 큰 반란이 일어나자 로마제국의 시리아 총독 바루스는 반란을 진압했다. 약 이천 명의 유대인이 십자가형으로 처형되었고 세포리스는 파괴되었다. 후에 헤롯 안디바는 세포리스를 재건하여 그곳에 머물다가 갈릴리 호수 근처에 수도 디베랴를 건설하고 그곳으로 거처를 옮겼다. 세포리스는 '갈릴리의 장신구'라고 불릴 정도로 아름답게 건설되었고, 그 당시 예수는 가까운 마을 나사렛에 살고 있었다. 서기 6년 로마 총독 퀴리니우스가 유대 지방에 인구 조사를 실시하자(눅 2:1-2) 또다시 거센 저항이 일어났다. 갈릴리의 유다가 저항운동을 주도했고, 바리새인을 비롯한 유대인들이 참여했으나 로마 군대에 의해 진압당했다(행 5:37). 요세푸스는 『유대고대사』(Jewish Antiquity)에서 갈릴리의 유다가 혁명조직인 열심당(zealots)의 설립자이며, 이 저항운동이 후에 유대 전쟁(The Jewish War, 서기 66-73년)이 일어나게 된 발단이 되었다고 말한다.

로마제국은 '로마의 평화'(Pax Romana)를 내세우며 식민지 백성에게 종교적 자유와 정치적 자율을 인정했다. 유대인은 특혜를 받는데 군 복무 면제, 안식일 준수, 황제 숭배 제사 면제—예루살렘 성전에서 매일 두 번씩 로마 황제를 위해 제사드리는 것으로 대신했다— 등이 있었다. 로마는 제국 전체에 도로망을 정비하고—"모든 길은 로마로"라는 말이 나올 정도였다— 치안을 유지해서 여행이 비교적 순조로웠고 외국과의 교역이 성했다. 그러나 엄청난 세금을 거둬들이고 착취와 학대를 일삼았으며, 제국에 저항하는 행위에 대해서는 무자비하게 진압했다. 점차 로마 군대의 학정과 착취에 대한 불만이 고조되어 세금 납부 거부, 로마인 습격 등 로마에 대한 반감과 저항이 확산했다.

그러던 중 서기 66년 유대 총독 게시우스 플로루스가 예루살렘 성전에서 열일곱 달란트의 금을 약탈하는 사건이 벌어졌다. 예루살렘에서 폭동이 일어나자 플로루스 총독은 폭동을 진압하고 가담자들을 십자가에 처형했다. 그러나 유대인의 항거는 걷잡을 수 없이 퍼져나갔고 시리아 총독이 군대를 보냈으나 전투에서 패하자 네로 황제는 베스파시아누스를 진압군 사령관에 임명했다. 진압을 위해 예루살렘으로 향하던 베스파시아누스 장군은 로마에서 네로 황제가 자살로 죽었다는 소식을 듣자 아들 티투스에게 군사를 맡기고 로마로 돌아가 황제가 되었다. 티투스는 삼 년의 전투 끝에 서기 70년 말에 예루살렘을 함락하고 성전을 파괴했다. 예루살렘 성전은 다 무너지고 현재 서쪽 벽만 남아 있는데 '통곡의 벽'(the Wailing Wall)이라고 불린다. 오늘날 유대인들은 그 벽 앞에서 자신들의 잘못을 회개하고 하나님께 기도를 드린다. 유대인 900여 명은 마사다에서 3년 동안 저항했지만 결국 집단 자결로 투쟁을 마감하면서 전쟁이 끝났다(서기 74년).

그러나 약 50년 뒤 바코크바의 항쟁(서기 132~135년)이 일어났다. 항쟁의 원인에 대해서는 하드리아누스 황제가 예루살렘 성전 재건을 허락하지 않았기 때문이라고도 하고, 할례를 금지하는 명령을 내렸기 때문이라고도 한다. 바코크바(Simon bar Kokhba)가 주도한 독립 투쟁은 로마 군대에 의해 진압되었다. 항쟁의 결과는 유대 전쟁 때보다 더 처절했다. 전쟁 중에 약 900개의 도읍이 파괴되었고, 58만 명의 유대인이 죽었으며, 잡힌 포로는 노예로 팔려나갔다. 하드리아누스는 파괴된 예루살렘 성전 자리에 주피터 신상을 세웠다. 예루살렘은 아일리아 카피톨리나(Aelia Capitolina)라는 라틴어 이름으로 바뀌었고, 유대인의 예루살렘 입성이 금지되었다.

하드리아누스는 유대(Iudaea)라는 지역 이름을 없애고 시리아 팔레스티나(Syria Palaestina)라는 행정구역에 포함시켰다. 유대인들은 나라를 잃은 설움을 지니고 세계 각지에 '흩어져 사는 사람들'(diaspora)이 되고 말았다. 로마제국은 7세기에 이르러 기독교인에 한하여 예루살렘 방문을 허용했다. 유대인이 하나님이 약속한 땅에 다시 돌아가 발을 딛게 된 것은 제2차 세계대전이 끝난 때였으니 예루살렘에서 쫓겨난 지 약 1800년이 지난 후였다. 이어 1948년 이스라엘 건국을 선포하고 오늘날에 이르렀다.

3. 사회 · 경제적 상황

1세기 팔레스타인은 식민지 농경사회였다. 전체 인구의 1~2%에 불과한 로마군 고위층, 헤롯 일가, 제사장 가문, 지주, 부유한 상인들이 권력을 갖고 인구의 90%가 넘는 백성을 지배하고 착취했다. 이들

상류층은 예루살렘, 세포리스, 디베랴, 세바스테, 가이사랴 마리티마 등 도시에 거주하면서 부와 권력을 독차지했으며, 높은 세금과 늘어나는 부채로 농민은 점점 땅을 잃고 소작농이 되거나 일용직 노동자로 전락했다. 중산층은 별로 없었으며 대부분의 백성은 농부, 목동, 어부, 기능공, 상인으로 생계를 이어가면서 가정을 꾸리고, 세금을 내고, 길을 닦거나 도시를 건설하는 노역에 동원되었다. 가장 어려운 형편에 있는 사람은 일용직 노동자였다(마 20:1-16). 하루 8~10시간 일하는 날품팔이의 하루 품삯은 한 데나리온으로서 하루 일해 하루 먹고 사는 형편이었다. "오늘 우리에게 필요한 양식을 내려주시고"(마 6:11)라는 주기도문의 구절이 대다수 백성의 곤궁한 처지를 나타내고 있다. 예수를 따랐던 사람들은 대부분 경제적으로 가난하고 사회적으로 소외된 사람들이었다. 이들은 가난과 질병뿐만 아니라 사회적 냉대에서 오는 치욕감과 율법을 지키지 못한다는 죄의식에 시달리고 있었다.

당시 유대인은 감당하기 힘든 과중한 세금을 내야 했다. 유대인 성인 남자는 매년 반 세겔(이틀 치 품삯)의 성전세를 성전 운영과 유지를 위해 바쳐야 했다(출 30:13; 마 17:24). 그리고 곡식과 과일, 가축의 십일조와 헌물 등 수확의 20%까지 제사장과 레위인에게 바쳤다(레 27:30-32). 성전세나 십일조는 강제적인 것은 아니었으나 내지 못하는 사람은 율법을 지키지 못한다는 죄의식을 느꼈다(눅 18:9-14). 로마제국은 유대 식민지로부터 조공(tribute)을 받았는데 매년 육백에서 팔백 달란트에 이르렀다. 유대인이 로마 또는 헤롯 정부에 내는 세금은 두 종류가 있었다. 먼저 직접세인 토지세(land tax)와 인두세(주민세, poll tax 또는 head tax)가 있는데 관리가 매년 거둬들였다. 로마 정부는 주기적으로 인구 조사를 실시해서 인두세를 낼 사람 수를 계수했다. 14~65세의 남자와 12~65세의 여자가 이에 해당하며 매년 1인당 한 데나리온씩 징수했다. 간접세인 통관세(customs duties)로는 수출입 통관세, 운송세, 도로세, 교량세, 관문세 등이 있는데 입찰에 부쳐서 가장 높은 금액을 응찰한 사람을 세금징수업자(tax farmer)로 정했으며, 그는 세리(toll collector, 세금징수원)를 고용하여 항구와 도로, 성문에 사무소를 설치하고 세금을 거둬들여서 정해진 금액을 로마 정부에 납부하고 나머지를 자신의 수입으로 삼았다.

매년 수확하는 곡식에 대해서 10%까지, 포도주, 과일, 기름에 대해서는 20%까지 세금을 부과했고 그밖에 수입세, 영업세, 상속세 등을 받았다. 세금징수업자와 세리는 세금 징수 과정에서 부당하게 바가지를 씌우거나 뇌물을 받고 깎아주는 부정한 방법을 사용했다(눅 3:12-13). 그들은 로마의 앞잡이요 민족의 배신자로 여겨져 유대인들로부터 미움을 받았다. 세리는 죄인 또는 이방인과 같은 부류로 취급을 받았다(마 9:10; 11:19; 18:17). 유대인들은 식민지 백성으로서 막중한 세금을 부담했으며, 수입의 절반 또는 그 이상을 세금으로 납부해야 하는 경우도 있었다. 돈이 없는 경우 고리대금을 빌릴 수밖에 없었고, 이를 갚지 못하는 경우 땅과 재산을 뺏기거나 감옥에 갇히고 노예로 팔리기도 했다.

유대 사회의 하류층은 '암하아레츠'(땅의 사람들)라고 불렸는데 율법, 특히 정결법, 안식일법, 십일조법을 모르고 지키지 못하는 가난하고 힘없는 사람들이다. 이들은 부도덕하거나 천대받는 직업에 종사하는 사람들로서 무시와 천대를 받았다. 그들의 직업을 열거하자면, 마부, 선원, 목동, 점원, 소작인, 하인, 백정, 청소부, 제련공, 제혁공, 석공, 목수, 금세공인, 직물공, 행상, 재단사, 미용사, 세탁부, 숙박업자, 대금업자, 세리, 창녀 등이다. 지저분한 것을 다루거나 남을 속이거나 여자와 접촉하는 직업에 종사하는 사람은 모두 죄인으로 간주되었고, 그들 또한 죄의식과 치욕감을 느끼고 있었다. 특히 세리는 거짓말을 일삼는 사람으로 여겨져 멸시당했고 관리직에 오르거나 법정에서 증인이 될 수 없었다. 예수의 제자 마태는 세리 출신이었고(마 9:9), 예수를 영접했던 삭개오는 세리장(chief toll collector)이었다(눅 19:1-10). 또한 노예의 딸, 가난한 집 딸, 사생아, 전쟁 포로인 여성이 창녀가 되었는데 이들도 율법을 어기는 죄인으로 여겨졌다.

로마제국에서 노예를 소유하는 것은 흔한 일이었고 인구의 약 삼분의 일이 노예였다. 전쟁 포로가 노예가 되는 경우가 가장 많았고, 가난한 사람이 자신이나 자식을 노예로 팔기도 했다. 노예 중에는 광산이나 갤리선(galley ship)처럼 열악한 환경에서 고초를 겪는 사람도 있었지만, 부유한 가정의 집사처럼 권력과 부를 지니고 자유를 누리는 사람도 있었다. 그러나 노예는 여전히 주인의 소유로서 통제를 받았다.

4. 문화적 상황

알렉산드로스가 지중해 연안을 평정한 후 헬라 문화는 팔레스타인에도 큰 영향을 끼쳤다. 그리스식 도시가 건설되고 체육관, 극장, 시장이 생기면서 생활 전반에 걸쳐 헬라 문화가 퍼져나갔다. 헬라 문화를 받아들이려는 개방적 입장과 헬라 문화를 거부하려는 전통적 입장의 대립이 생겼는데 대체로 도시는 전자에 기울었고, 반면에 지방에서는 후자를 견지했다. 집권자들은 헬라 문화를 받아들이는 일에 적극적이었다. 헤롯 왕은 옛 사마리아 터에 세바스테와 지중해 연안에 가이사랴 마리티마를 건설했고, 헤롯 안디바는 갈릴리에 세포리스와 디베랴를 세웠는데 모두 대표적인 그리스식 도시였다. 헬라 문화는 종교에도 영향을 끼쳤다. 사마리아 사람들은 셀류코스의 지배를 받을 때 야훼 하나님을 그리스 신 제우스와 동일시했으며, 후에 로마의 치하에서는 쥬피터(제우스의 로마식 이름)로 바꾸어 함께 섬기기도 했다.

헬라 문화의 영향에서 무엇보다 중요한 것은 언어가 바뀌었다는 점이다. 이스라엘 백성은 히브리어를 사용했고 성서도 히브리어로 기록되었으나 바빌로니아 포로 기간과 페르시아 지배 시대를 거치면서 고대 시리아 지역의 언어인 아람어를 사용하게 되었다. 그 후 마케도니아의 지배를 받으면서 헬라 문화가 유입되었고 그리스어를 공용어(lingua franca, public language)로 사용하게 되었다. 그리스어를 사용하는 유대인이 많아지자 기원전 2세기 중반에는 이집트 알렉산드리아에서 셉투아진트(칠십인역)가 완성되었다. 신약성서가 일상적으로 쓰이는 코이네 그리스어로 기록된 것도 그리스어를 사용하는 많은 사람이 읽게 하기 위한 것이었다. 신약성서의 책들은 팔레스타인 이외의 지역인 소아시아, 그리스, 로마 등지에서 기술되었다.

일반 행정이나 상업, 식자층이나 도시인들의 일상생활에서 그리스어가 사용되었으나, 헬라 문화가 미치지 않은 지방에서는 아람어를 사용했다. 히브리어는 회당에서 성서를 낭독하거나 율법 학자들이 성서를 필사하거나 해석할 때 사용되었고 일반인은 잘 사용하지 않는 사어(死語, dead language)가 되고 있었다. 헬라 문화의 영향을 많이 받은 도심 지역의 회당에서는 예배 시에 셉투아진트를 그리스어로 낭독했으며, 반면에 헬라 문화가 미치지 않은 지방의 회당 예배에서는 히브리어 성서를 읽고 아람어로 해설했다.

예수 당시 문해력(literacy) 수준은 매우 낮아서 글을 읽을 수 있는 사람은 전체의 10%가 되지 않았는데, 그나마 그리스·로마 사람들보다는 높은 비율이다. 그 이유는 어릴 적부터 성서 말씀에 접할 기회가 많았기 때문일 것이다. 사실 '성서를 읽는다'는 말은 자신이 성서를 읽는다기보다 어느 누가 큰 소리로 읽는 '성서를 듣는다'는 말이다. 예수는 바리새인, 사두개인 제사장, 서기관(율법학자) 등 식자층에게 "너희는 읽어보지 못하였느냐?"라고 따져 묻지만(마 12:3; 22:31; 21:16; 눅 10:26), 군중에게는 "너희가 들었다"(마 5:21)라고 말한다. 초대교회 예배 시에는 '읽는 사람'(讀經者·讀者, lector 또는 reader)과 '듣는 사람들'(회중)이 있었다(참고, 계 1:3). 대개 성서를 읽을 때는 회중 앞에서 큰 소리로 읽어서 들을 수 있도록 했으며(골 4:16), 혼자 읽을 때도 큰 소리로 읽었다(참조, 행 8:30).

현대인에게 문해력이란 '읽고 쓰는 능력'을 의미하지만, 고대인에게는 '읽는 능력'만을 의미했고, '쓰는 능력'은 별개의 것이었다. 쓴다는 것은 숙련된 기술을 필요해서 오늘날 서예(calligraphy)라고 부를 수 있는 것이다. 고대부터 필사와 기록을 전문으로 하는 서기관이 있었는데 이들은 높은 수준의 율법 지식과 학식을 갖추어야 했다. 사도 바울에게도 그의 말을 기록하는 서기가 있었다(롬 16:22). 예수 당시 성서는 주로 양피지에 기록해서 만든 두루마리(scroll) 형태였다(눅 4:16-17; 계 5:1). 두루마리 한 개로 성서의 모든 내용을 담을 수 없어서 성서 내용을 부분적으로 기록한 여러 개의 두루마리가 있었다. 두루마리 성서는 만들기 힘들고 비용이 많이 들기 때문에 각 회당에는 신명기, 이사야, 시편 등의 단편적인 두루마리가 있었으며, 성서 전체를 기록한 두루마리는 예루살렘 성전이나 쿰란 공동체 등 특별한 곳에만 있었다고 추정된다. 신약성서 시대에는 양피지를 책장(codex)처럼 접을 수 있게 만들어서 사용하기도 했다.

제 4 장
유대인의 생활상

1. 가정

유대 가정은 여러 세대가 함께 사는 대가족이었으며, 아버지가 가장으로서 최고의 권위를 가지는 가부장적 제도를 따랐다. 자녀는 "너희 부모를 공경하여라"(출 20:12)는 십계명 말씀대로 부모를 공경했으며, 성인이 된 후에도 늙으신 부모를 부양할 의무가 있었다. 여성은 임신하고 출산한다는 점에서 존경을 받았으며, 아이가 없는 여자는 수치로 여겼다. 유대 가정이나 사회에서 여성의 위치는 매우 낮았고 남성에게 종속된 존재로 여겨졌다. 여자는 불결한 자(특히 생리 때문에), 정직하지 못한 자로 여겨졌으며 법정에서 증인이 될 수 없었다. 아내는 남편의 손과 발을 씻어줄 의무가 있었다. 사람 수를 셀 때 여자와 어린이는 제외했다(눅 9:14). 열두 살 이전의 딸은 아버지의 소유로 여겨졌고, 경제 사정이 여의치 않을 때 노예로 팔려가기도 했다. 회당의 율법 학교에는 남자만 다녔으며, 여자가 회당 예배에 참석할 수는 있으나 칸막이로 남녀를 구분했다. 예루살렘 성전에 여자들의 뜰은 남자들의 뜰 밖에 따로 있었다. 남자는 매일 세 번씩 기도할 때 여자와 이방인으로 태어나지 않은 것을 감사드렸다.

유대인은 "생육하고 번성하여 땅에 충만하여라"(창 1:29)는 말씀을 중히 여겼고, 자녀는 하나님이 주신 선물(시 127:3-5)이라고 생각했다. 여아보다는 남아를 선호했으며, "남아를 가진 사람은 복되고, 여아를 가진 사람은 화가 있을 것이다" 또는 "딸이 태어나면 그 가정은 기운다"는 속담이 있었다. 특히 장남은 가업을 이어받고 가족을 부양하는 중요한 위치에 있었다. 아이를 출산한 산모는 출혈로 인해 부정하기 때문에 정결 기간을 지내야 하는데 아들을 낳으면 사십 일 동안, 딸을 낳으면 팔십 일 동안 집 안에 머물러 있어야 했다. 정결 기간이 끝난 산모는 번제로 바칠 양 한 마리와 속죄제로 바칠 비둘기 한 마리를 제사장에게 바쳤다. 양을 바칠 형편이 되지 않는 경우 비둘기 두 마리를 각각 번제물과 속죄 제물로 바쳐도 되었다(레 12장). 예수의 어머니 마리아가 비둘기 두 마리를 바친 것으로 보아 가난한 가정이었다고 여겨진다(눅 2:22-24).

유대 남아는 태어난 지 여드레가 되면 할례를 받고(레 12:3) 부모의 기대와 희망을 담은 이름이 주어졌다(눅 1:59). 남아는 아버지나 할아버지의 이름을 그대로 따르는 경우가 많았고, 마찬가지로 딸은 대체로 어머니나 할머니의 이름을 따랐다. 가장 많은 남자아이의 이름은 시몬, 요셉, 엘레사, 유다, 요한, 예수였다. 여자아이 이름으로는 미리암/마리아, 살로메/쉘람시온(peace/peace of Zion)이 가장 많은데 전체 이름의 거의 절반을 차지했다. 할례는 이스라엘의 조상 아브라함이 하나님과 맺은 언약(창 17:9-14)을 기억하면서 하나님의 약속과 이스라엘 백성이 지켜야 할 의무를 마음에 새기는 중요한 의식이다. 열세 살에는 성인식(바 미츠바, Bar mitzvah, 계명의 아들, son of the commandment)을 치르는데, 실상은 스무 살이 되어야 성인으로 간주되어 반 세겔을 성전에

내고, 군 복무를 할 의무를 지닌다(출 30:11-16; 민 1:3).

2. 교육

랍비 예후다 벤 테마는 인생의 과정을 다음과 같이 말한다: "다섯
살에 토라를 배우기 시작하고, 열 살에 미쉬나를 배우고, 열세 살에
성인식을 행하고, 열다섯 살에 탈무드를 배우기 시작하고, 열여덟 살에
결혼할 준비를 하고, 스무 살에 생계를 꾸리기 시작하고, 서른 살에
가장 힘이 왕성하고…"(미쉬나 아봇 5:25). 유대 가정에서 남자아이는
아버지로부터 직업을 이어받기 위한 훈련을 받았고 또한 "주님을 경외
하는 것이 지식의 근본"(잠 1:7)이라는 교훈을 토대로 신앙생활을 위한
기본 교육을 받았다(창 18:19; 신 6:7; 잠 22:6). 여자아이는 대체로 교육을
받지 않았으며 가정에서 어머니에게 요리나 청소나 옷감 짜는 일을 배웠다.
바빌로니아 포로시대 이후 회당이 늘어나면서 회당에서 율법을
가르쳤으며, 문해력(literacy)이 높아지면서 성서의 필사본이 많이 생겼
고 가정에서도 율법 책을 소유하게 되었다. 그러나 문맹률은 90%
이상으로 높아서 거의 모든 교육은 구술(口述)과 암송으로 이루어졌다.
예수 당시 공적인 초등학교 제도는 없었으며, 서기 65년경에 랍비
요셉 벤 가말라의 노력으로 시작된 학교가 회당마다 설치되어 6~7세
남자 어린이에게 히브리 성서와 랍비 전승을 가르쳤다. 초등교육은
15세쯤 끝났으며, 더 공부하기를 원하는 학생은 랍비가 지도하는 '공부
의 집'(Bet ha-Midrash, the house of study)에 진학하여 율법 해석과 적용
에 대해 배우고 토론했다. 사도 바울은 당시 명성 있는 바리새과 랍비인
가말리엘 문하에서 교육을 받았다(행 22:3).

3. 결혼

결혼은 부모들 간의 약속으로 성사되었으며 유대 남자는 대체로
열여덟에서 스무 살 사이, 여자는 일찍 약혼해서 십 대 중반인 열둘에서
열여덟 살 사이에 결혼했다. 여자가 스무 살이 되도록 결혼하지 않으면
문제가 있는 것으로 여겨졌다. 혼례는 유대 사회에서 마을 전체가
참여하는 큰 행사였다. 신랑은 친구, 친지와 함께 신부의 집을 방문하여
예를 올리고 신부를 시댁으로 데려온다. 혼인 잔치는 일주일이나 그
이상 열렸는데 음식과 포도주를 넉넉하게 대접해서 부족함이 없도록
했다.

유대 사회에서는 일부일처제가 원칙이었지만 일부다처제도 허용되
었다. 그리스·로마 사회에서는 남자가 아내 외에 첩을 두거나 성전
창기를 찾아가기도 했으며, 동성 간이나 소년 대상 성행위를 하기도
했다. 그러나 유대인은 그런 행위에 대해 혐오감을 가졌고 율법을
어기는 일이라고 생각했다. 그리스·로마 사회에서 이혼은 흔한 일이었
고 남편이나 아내 중 누구도 이혼을 요구할 수 있었다. 유대교에서는
특별한 경우를 제외하고는 남편만 이혼을 요구할 수 있었다(참고, 신
24:1-4). 남편이 이혼 사유로 내세울 수 있는 것은 매우 다양했다. 예를
들면 아내가 너울을 쓰지 않고 외출했을 때, 길거리에서 낯선 남자와
이야기할 때, 음식을 태우거나 망쳤을 때, 심지어는 남편에게 아내보다
더 좋은 여자가 생겼을 때 등 거의 모든 경우에 이혼을 요구할 수
있었다. 예수는 남자가 마음대로 이혼할 수 있는 비도덕적이고 무책임한
태도를 비판했다. 예수는 결혼 서약을 일방적으로 깨뜨리고 또다시
결혼하는 것은 간음하는 행위로 간주했다(막 10:11-12; 마 19:9).

4. 율법 규정

고대 이스라엘의 법은 시내산에서 받은 하나님의 계명에 토대를 두고 있다. 이스라엘은 하나님의 백성으로서 하나님의 뜻에 순종하며 거룩한 삶을 살아야 한다. 그러므로 모든 백성은 하나님과의 관계, 이웃과의 관계를 바르게 해야 한다. 이를 위해서 재판 제도가 도입되었다. "모든 성읍에 재판관과 지도자를 두어 백성에게 공정한 재판을 하도록 하십시오. 당신들은 재판에서 공정성을 잃어서도 안 되고… 오직 정의만을 따라야 합니다"(신 16:18-20). 재판은 대개 성읍의 원로가 성문에 앉아서 진행했고, 판결이 어려울 때는 제사장에게 물어서 결정했다(신 17:8-13). 예수 당시에도 갈릴리와 유대의 마을마다 공의회가 있어서 법정의 역할을 했으며 재판관, 형무소 관리, 감옥이 있었다(마 5:21-26). 마을 공의회에는 일곱 명의 원로와 유지가 재판관 역할을 했는데, 레위인, 제사장, 율법 학자와 상의해서 사건을 심의하고 판결했다. 처벌로는 매질(마 10:17), 추방(눅 6:22), 배상(마 18:23)이 있었다.

모세율법은 두 가지 위반사항을 다루는데, 종교적 위반과 민사적 위반이다. 먼저 종교적 위반은 하나님을 거스르는 범죄로 대체로 돌로 쳐 죽이는 처벌을 받는다. 우상숭배(출 20:3-6; 22:20), 유아 희생 제사(레 20:2), 마술과 이와 관련된 행위(출 22:18; 신 18:10-11), 하나님 모독(출 20:7; 레 24:11-16), 거짓 예언(신 18:20-22), 안식일 위반(출 20:9-10; 31:13-17), 하나님의 명령에 대한 불복종(민 15:30-31)이 이에 해당한다. 민사적 위반은 공공의 안녕과 질서를 해치는 범죄와 개인 간에 피해를 주는 행위로 나뉜다. 먼저 공공 범죄로는 살인(출 20:13; 민 35:31), 상해(출 21:26-27), 절도(출 20:15; 레 6:2-7), 성범죄(출 20:14; 레 18:6-23; 20:10-21),

부모를 공경하지 않는 행위(출 20:12; 21:15, 17), 유괴(출 21:16), 거짓
증언(출 20:16; 신 19:16-20)이 있다. 개인 간에 피해를 주는 행위로는
재산 피해(출 22:5-6; 레 24:18-21), 위탁(委託, bailment) 사고(출 22:9-11),
약자 학대(출 22:21-24)가 있다.

기록 율법인 모세율법에 병행해서 구전 율법이 형성되었는데 특히
바리새파가 주도적 역할을 했다. 복음서에서 "장로들의 전통"(마 15:2)이
라고 부르는 구전 율법은 모세가 시내산에서 받아서 여호수아에게
전해주었고, 여호수아는 장로들에게, 장로들은 예언자들에게, 예언자
들은 '대공회에 모인 사람들'(느 9:1-5; 10:28-29)에게 전해준 것이라고
한다. 구전 율법은 모세율법에 대한 규정적 해석으로서 수 세기 동안
이어오다가 서기 2백 년경 미쉬나로 집대성되었다. 예수가 바리새인과
다툰 것은 구전 율법에 대한 것이었다. 바리새인은 하나님이 거룩하신
것처럼 하나님의 백성도 거룩해야 하고, 그러기 위해서 생활 전반에
적용되는 수많은 규정을 만들고, 그것을 철저히 지켜야 한다고 주장했
다. 그들은 모세오경을 근거로 613개의 율법 규정(mitzvot commendments.
참고, Talmud Makkot 23b)을 만들었다. 안식일법, 정결법, 금식법, 십일
조법, 이혼법, 심지어는 성구함(聖句函, phylactery)을 이마와 팔에 동여
매는 법 등 수많은 규정이 만들어졌다. 그러나 일반 사람, 특히 가난하고
율법을 잘 모르는 사람은 이 많은 규정을 다 지킬 수 없어서 율법
규정은 감당하기 어려운 짐이 되었다.

5. 음식

로마인은 보통 하루에 네 끼를 먹었으며 고기, 생선, 과일, 채소가

주식이었다. 유대인은 대체로 하루에 두 번, 낮과 저녁에 식사했으며 빵, 채소(콩, 렌틸콩, 오이), 과일(포도, 올리브, 대추야자, 무화과, 석류), 생선, 유제품(우유, 요구르트, 치즈)을 먹었다. 고기는 일상적으로 식단에 오르지는 않았으며 주로 잔치가 열릴 때 먹었다. 보리로 만든 빵보다는 밀로 만든 빵이 더 낫다고 생각했으며, 설탕은 없었으나 꿀이나 대추야자로 음식의 달콤한 맛을 냈다. 물은 종종 위생적으로 안전하지 않아서 포도주와 섞어 마셨는데 포도주에 서너 배의 물을 섞었다.

모세율법은 채소에 관한 규정은 없지만 고기에 대해서는 엄격한 규정을 적용했다. 피를 먹는 것은 일찍이 노아 때부터 금지되었고(창 9:4; 레 7:26-27), 죽은 채 발견된 동물의 살, 맹수에 의해 찢긴 동물의 살, 살아 있는 동물의 잘린 다리는 먹으면 안 되었다. 동물의 기름을 먹어서는 안 되며, 제물로 바친 동물의 기름을 먹으면 사형을 받았다(레 7:23-25). 왜냐하면 이 부위는 주님에게 속한 것이기 때문이다(창 4:4; 대하 7:7). 음식에 대한 율법 중에서 가장 중요한 것은 정결한 동물과 부정한 동물을 구별하는 것이다(레 11장; 신 14:3-21). 이런 규정은 제의적 또는 위생적 이유로 만들어졌다고 할 수 있다. 특히 돼지고기는 가장 혐오스러운 음식으로 여겨져서 그것을 먹는 자는 모두 망할 것이라고 경고했다(사 65:4; 66:17).

예수는 사람에게서 나오는 것이 사람을 더럽히는 것이지 사람 안으로 들어가는 것이 사람을 더럽히는 것이 아니라고 한다(막 7:14-23). 즉, 모든 음식은 깨끗하며 음식이 사람을 더럽히는 것이 아니라 사람의 마음에서 나오는 나쁜 생각이 사람을 더럽힌다는 것이다. 예수의 말씀에는 잔치 이야기가 많이 나온다. 잔치가 열리면 초청받은 사람들은 지위에 따라 상석부터 자리를 잡는다. 자리에 따라 음식이 다르게 나오기도

하며 손님들은 오른손으로 음식을 집어 먹는다. 예수는 상석에 앉으려는 사람들에게 "누구든지 자기를 높이면 낮아질 것이요, 자기를 낮추면 높아질 것이다"(눅 14:11)라고 한다. 예수가 말하는 잔치는 '메시아의 잔치'(messianic banquet)로서 궁극적으로는 세상 모든 사람을 초대해서 베푸시는 하나님의 잔치(사 25:6-9; 눅 14:15-24)를 나타낸다.

6. 의복

유대 남자는 보통 면이나 마로 만든 헐렁한 상의(tunic)를 입었는데 길이가 무릎까지 오고 허리는 띠로 둘렀다. 선선한 날에는 모직으로 된 두툼한 외투를 걸치기도 했다. 여자는 약간 짧은 상의를 속옷으로 입고 그 위에 어깨에서 발까지 이르는 겉옷을 입었다. 흔히 가죽으로 만든 샌들을 신었고 가난한 사람은 맨발로 다녔다. 길에는 흙먼지가 많아서 손님이 내방하면 하인이 샌들을 벗기고 발을 씻어주었다. 다른 사람의 발을 씻어주는 행위는 하인이나 종같이 천한 사람이 하는 일이기 때문에 랍비의 제자도 선생님의 발을 씻어주지는 않았다. 예수가 제자들의 발을 씻어준 행위는 매우 충격적이며 당시 문화에 어긋나는 것이었다 (요 13:1-17).

그리스와 로마 남자는 보통 수염을 깎고 짧은 머리를 했다. 반면에 유대 남자는 턱수염을 기르고 비교적 긴 머리를 했다. 그리스 여자나 유대 여자는 긴 머리를 했는데, 창녀는 머리카락을 짧게 자르기도 했다. 부유한 그리스·로마 여성은 화장품과 보석으로 한껏 치장하고, 멋을 낸 머리에는 장신구를 꽂았다. 결혼하지 않은 유대 처녀는 베일을 쓰지 않고 다닐 수 있었다. 그러나 결혼한 여성은 외출 시 얼굴은

가리지 않아도 되지만, 머리카락을 숄(shawl) 같은 가리개로 덮어야
했다. 여자가 머리나 몸을 가리는 것은 자신의 정숙함과 남편에 대한
존경심을 나타내고 다른 남자의 성적 호기심을 방지한다는 상징적
의미가 있다. 머리카락을 덮지 않은 모습은 성적 방종이나 심지어는
매춘의 표시라고 여겨졌다. 어떤 여인이 사람들 앞에서 예수의 발을
머리카락으로 닦고 발에 입을 맞추고 향유를 바르는 것을 본 경건한
바리새인이 놀라는 것도 당연한 일이었다(눅 7:36-39). 당시 아랍, 메소
포타미아, 파르티아 등 팔레스타인에서 동쪽으로 갈수록 여성은 몸을
많이 가렸으며, 아예 머리부터 발끝까지 전신을 보이지 않게 옷으로
감싸기도 했다.

7. 주거

팔레스타인에서 부유한 상인이나 제사장이나 고위 관리는 주로
도성에 마당이 딸리고 여러 개의 방이 있는 석조건물에서 거주했고,
반면에 대부분의 가난한 주민은 방이 하나나 둘 있는 진흙집이나 벽돌집
에서 살았다. 집안의 높은 부분은 식사하거나 잠을 자는 방이고, 낮은
부분은 가축들의 공간이었다. 다락방이 있는 집은 그 공간을 곡물
보관용으로 쓰거나 손님이 방문할 경우 숙소로 제공했다. 집은 기본적으
로 잠자는 곳이었다. 침대는 부유한 가정에나 있었으며, 일반 가정에서
는 담요를 잠자리로 사용했고 낮에는 둘둘 말아서 벽에 세워놓았다.
각 가정에는 등불이 있었으며 올리브기름을 연료로 사용했다(마 25:1-10).
지붕은 나뭇가지를 받치고 진흙으로 갈대를 이어 붙인 것인데 과일을
말리거나 보관하는 장소로 쓰였고, 더운 날 밤에는 잠자리도 되었다.

지붕은 그렇게 견고하지 않아서 예수에게 병 고침을 받으려고 했으나 사람들이 많아서 여의치 않자 지붕을 뜯고 중풍병자를 내려보낸 일도 있었다(막 2:1-5).

8. 직업

일반 서민들의 직업으로는 우선 기능공이 있는데, 혁공(革工), 직공(織工), 염색공, 목공(木工), 철공(鐵工), 석공(石工), 도공(陶工), 천막제조업자 등이 있었다. 대체로 기능직은 아버지로부터 아들에게로 전해졌다. 예수는 목공(tekton)이었으며, 바울은 천막을 만들어 팔았다. 당시 현자나 율법 교사는 율법을 연구하고 가르치는 일 외에 생계를 위해서 다른 직업을 갖기도 했다. 가축 중에는 양과 염소가 많았으며 모피, 젖, 고기를 제공했고 성전 희생물로 사용되었다. 후대 랍비의 가르침은 목동이 정직하지 않고 믿을 수 없다고 하지만 성서는 긍정적으로 본다. 예를 들면 다윗은 목동이었고, 주님은 우리의 목자이시며(시 23:1), 예수는 선한 목자요(요 10:11; 벧전 2:25; 히 13:20), 하나님의 백성은 양과 같아서 길을 잃기 쉽고 목자의 보호와 돌봄이 필요하다(사 53:6)는 내용이 있다. 갈릴리 호수 주변에서는 어업이 성했고, 밭에서는 주로 보리와 밀, 포도와 올리브를 재배했다.

팔레스타인에서 제일 중요한 농산물은 올리브와 포도였다. 올리브 나무는 수백 년을 살 수 있고 열매는 과일로 먹거나 기름을 짰다. 올리브기름은 식용으로도 쓰이고 비누를 만들거나 등잔의 연료로 사용했다. 사람의 머리에 기름을 바르는 것은 존경과 환대의 상징적 의미가 있으며, 왕과 예언자와 제사장은 하나님이 임명한다는 의미에서 올리브유로 '기름 부음'(anointing)을 받았다. 포도는 과일로 먹기도 하지만 주로 포도주를 만드는 데 쓰였다. 넓은 포도밭에는 망루와 울타리가 있어서 도둑이나 동물을 감시했다. 하나님은 이사야의 노래를 통해 이스라엘을 주님의 포도원, 유다 백성을 포도나무에 비유하면서 좋은 포도를 맺지 못하는 밭을 황무지로 만들겠다고 하신다(사 5:1-7). 예수도 포도원 소작인의 비유를 들면서 완악한 유대인들이 하나님의 심판을 받을 것을 예고했다(막 12:1-12).

9. 화폐

물품 거래에 주화가 사용되기 시작한 때는 기원전 8~7세기 경이다. 주화는 주로 동, 은, 금 등 금속으로 만들어졌다. 로마제국은 식민지에서 값싼 동전을 만드는 것은 허용했지만 금화나 은화는 로마의 것을 사용하게 했다. 유대 땅에서 만든 가장 기본적인 동전은 렙돈(lepton)인데, 렙돈 두 닢이면 로마 동전 한 고드란트(quadrans)이다(막 12:42; 눅 12:59). 로마의 기본 화폐는 은화인 데나리온(denarion 또는 denarius. 막 6:37; 14:5; 눅 7:41; 10:35; 요 12:5)이고, 그리스 은화인 드라크마(drachma 눅 15:8-9. 참고. 100드라크마는 1므나. 눅 19:11-27. 6,000드라크마는 1달란트)와 거의 비슷한 가치를 지니며, 노동자의 하루 품삯에 해당하는 금액이다 (마 20:1-16). 1드라크마 또는 1데나리온은 128렙돈이다. 유대인이 내는 성전세 반 세겔은 두 드라크마(마 17:24. 그리스어 didrachma를 개역은 '반 세겔', 표준역은 '성전세'라고 번역함. 출 30:11-16. 출 38:21-31에는 달란트를 세겔로 환산한 수치가 있음. 히브리어 세겔이란 화폐 단위는 마카비 시대 이후 구약성서에서 언급하지 않음)에 해당한다. 그리스 금화 1달란트는

로마 금화 240아우레우스(aureus. 1아우레우스는 25데나리온)의 금액인
데 노동자의 15년 품삯에 해당한다(마 18:24; 25:14-30).

마태복음에 보면 왕에게 만 달란트 빚진 종이 자신에게 백 데나리온
빚진 동료를 용서하지 않았다가 혼나는 이야기가 있다(마 18:23-34).
여기서 만 달란트는 육천만 데나리온에 해당한다. 또한 마태복음에는
4드라크마 은전(마 17:27. stater 또는 tetradrachim)이 언급되는데, 이것은
가룟 유다가 예수를 팔아넘긴 대가로 받은 "은돈 서른 닢"(마 26:15.
120데나리온에 해당)의 돈이라고 추정된다. 식민지 백성인 유대인들은
이전 지배국인 그리스의 주화와 현 지배국인 로마의 주화를 섞어 써야
했고 유대 정부가 만드는 주화는 낮은 가치의 동전인 렙돈뿐이었다.

10. 도량

길이는 몸의 다양한 부분을 이용해서 측정했다. 예를 들면 고대에는
손가락 길이, 손바닥 너비, 손을 펼친 길이, 손가락 끝에서 팔꿈치까지의
길이(cubit, 규빗) 등으로 길이를 쟀다. 그러나 측정 기준이나 방법이
제각각이라서 정확한 길이를 나타낼 수 없었다. 예수 당시 길이를
측정하는 단위로 규빗(흔히 한 규빗은 한 자로 번역됨. 출 38장:1-20)이 많이
사용되었으나 정확한 길이는 알 수 없다(마 6:27; 눅 12:25; 요 21:8; 계
21:17). 또 팔을 펼쳐 한쪽 손끝에서 다른 쪽 팔의 손끝까지를 '길'(fathom,
행 27:28. 한 길은 네 규빗으로 1.8m정도 됨)이라고 하여 물의 깊이를 재는
데 사용했다.

거리를 재는 경우 '스타디온'(stadion. 복수는 stadia)이라는 단위를
썼다(마 14:24; 요 6:19; 11:18; 계 14:20; 21:16). 예를 들어 예루살렘과

엠마오의 거리를 육십 스타디아라고 한다면 약 삼십 리(11km 정도)가 된다(눅 24:13). 로마 단위인 '밀리온'(milion)을 쓰기도 하는데(마 5:41) '천 걸음'(mille passus, a thousand paces)이라는 말에서 유래했다. 로마 단위로 천 걸음은 대략 1,480m쯤 된다. 율법 규정에는 안식일에 길을 갈 때 걸을 수 있는 거리를 2,000규빗 정도로 정하고 있는데 약 1km가 된다(참고, 행 1:12).

신약성서에 많이 나오는 달란트는 원래 무게 단위(1달란트는 약 60kg)인데 화폐 가치를 나타내는 말로도 쓰인다. 예를 들면 "해마다 솔로몬에게 들어오는 금의 무게가 육백육십육 달란트나 되었다"(대하 9:13)라고 한다. 요한계시록에는 "무게가 한 달란트나 되는 큰 우박이 하늘로부터 사람들 위에 떨어지니"(계 16:21)라고 말한다. 기름의 무게는 '리트라'(litra/pound/근)라는 단위를 사용했다. "마리아가 매우 값진 순 나드 향유 한 근을 가져다가 예수의 발에 붓고…"(요 12:3). 니고데모는 예수의 시신에 바르려고 "몰약에 침향을 섞은 것을 백 근쯤 가지고 왔다"(요 19:39). 백 근(100리트라이)은 약 34kg이다.

11. 수명

고대 사회는 유아 사망률이 매우 높아서 이스라엘의 제2성전 시대에는 28%의 유아가 탄생 시기에 사망하고, 한 살이 되기 전에 사망하는 비율은 33%, 다섯 살이 되기 전에 사망하는 비율은 32%였다(오늘날 세계의 다섯 살 이전 유아 사망률은 3.4%이다). 스무 살이 되기 전에 사망하는 비율은 43%였다. 인구의 절반이 성인이 되어 자식을 얻기 전에 사망하기 때문에 죽음은 유년기나 노년기나 같은 현상이었다. 쉰 살이 넘도록 사는 사람이 많지 않았고, 장년층(20~49세)이 노년층(50세 이상)의 두 배 정도 되었다. 그래서 젊은이가 자기 할아버지를 본 적이 없고, 아버지가 살아계시지 않은 경우가 많았다. 평균 수명은 남자가 38년, 여자는 33년이었다(오늘날에는 여자의 평균 수명이 남자보다 높다). 여자의 수명이 남자에 비해 짧은 이유는 자녀 출산 시 산모가 사망하는 경우가 있었고, 성장 기간에 받은 남녀 차별적 음식 섭취로 인한 영양 부족과 건강의 악화라고 할 수 있다. 사망률이 높고 수명이 짧은 현상은 사회·경제적 상황에 지대한 영향을 끼쳤는데, 가정의 불안정, 과부와 고아의 편재(遍在), 교육 의욕 감퇴, 경제 활동을 지탱하는 신뢰 연결망의 붕괴이다. 예수 당시에도 이런 현상이 있었다. 어느 집안이나 어린 자녀의 사망에 대한 애도가 있었고, 편부모 가정이 많았으며, 젊은 일꾼이 부족했고, 일찍 결혼해서 자녀를 가져야 한다는 압박감이 있었고, 젊은이를 위한 역할 모델이나 지도자가 부족했다.

이렇게 짧은 수명에 비추어 볼 때 서른 살쯤 활동을 시작한 예수(눅 3:23)는 청년이라기보다는 장년이었다고 말하는 것이 타당하다고 할 수 있다. 마찬가지로 예수의 제자들도 이미 사회 활동을 하고 있던 중년층이었다. 신약성서에서 예수의 열두 제자에 대한 언급은 별로 없다. 베드로와 요한이 몇 번 등장하고(갈 2:9; 고전 9:5), 야고보는 일찍이 순교했다(행 12:2)는 기록이 있을 뿐이다. 그 외 다른 제자들은 정경 외 문헌에는 나타나지만, 신약성서에는 언급이 없다. 그들 대부분이 일찍 죽었기 때문이 아닐까? 당시 남자 평균 수명이 서른여덟 살이었다는 점을 고려할 때 그들이 늙은 나이까지 살기는 쉽지 않았을 것이다.

제 5 장

제2성전 유대교

이스라엘 백성이 바빌로니아로부터 유대 땅으로 돌아와서 예루살렘
에 성전을 다시 세운 때부터 로마제국에 의해 무너지기까지 약 육백
년(기원전 515년~서기 70년) 동안을 제2성전 유대교 시대라고 한다(서기
70년 이후에는 랍비 유대교가 전개된다). 유대인들은 선조 이스라엘 백성이
지키고 물려준 신앙을 이어받아 새롭고 다양하게 발전시켰다. 이 시대의
유대교 양상의 특징은 통일성이라기보다는 다양성이다. 종합적이고
통일된 제도나 교리가 확립되지 않았고 다양한 분파와 사상의 흐름이
있었지만, 그럼에도 불구하고 다양성의 중심에는 조상 대대로 이어오는
확고한 신앙의 줄기가 있었다.

1. 유대교 신앙의 핵심

첫째, 유일신 신앙이다. 유대교의 근본은 한 분이신 참된 하나님을
믿는 것이다. 야훼 하나님은 천지만물을 만드신 창조주요, 아브라함과
이삭과 야곱의 하나님이요, 그들의 후손인 이스라엘 백성을 이집트의
속박으로부터 구해내서 약속의 땅으로 인도하시고, 바빌로니아의 포로
생활에서 벗어나 유대 땅으로 돌아오게 하신 구원자요 주님이시다.

하나님만이 유일한 신이며 다른 신들은 우상에 불과하기에 경배해서는 안 된다. 유대교의 유일신 신앙(monotheism)은 그리스-로마 세계의 다신교 신앙(polytheism)과는 철저히 구별된다.

> * 하나님의 이름
>
> 유대인은 하나님이 모세에게 알려주신 "나는 곧 나다"(I am who I am)라는 뜻의 히브리어 '야훼'(출 3:14-15. '여호와'보다는 '야훼'가 본래 발음에 가깝다)라는 거룩한 이름을 입에 올리기 두려워해서 그 대신 히브리어 '하-쉠'(ha-Shem, '성함·이름') 또는 '아도나이'(adonai, '주님')라고 불렀다. 셉투아진트는 '야훼'와 '아도나이'를 그리스어 '큐리오스'(kyrios, 주님)로 번역했고 신약성서의 기자들도 이 표기를 따라서 사용했다.

둘째, 하나님과 맺은 언약이다. 하나님은 아브라함에게 땅을 주고, 큰 민족을 이루게 하며, 복의 근원이 되게 하겠다고 약속하셨다(창 12:1-3; 15:1-21; 17:1-14). 하나님은 모세에게 당신이 이스라엘의 하나님이 되고 이스라엘은 당신이 선택한 백성이 될 것을 약속하고, 하나님이 세운 언약을 지킬 것을 당부하신다(출 19:5-6). 하나님이 아브라함과 맺었던 언약은 모세를 통해서 이스라엘 백성과 맺는 언약으로 이어졌다. 이어서 하나님은 다윗의 나라를 지켜줄 것과 그의 자식을 후계자로 세워 줄 것을 약속하셨다(삼하 7:8-17). 이스라엘 백성은 때로 하나님을 등지기도 했고 그로 인해 벌을 받기도 했으나 하나님과 맺은 언약을 굳게 믿음으로써 환난 중에도 존속할 수 있었다.

셋째, 율법 준수이다. 이스라엘은 하나님이 모세를 통해 주신 율법을 철저하게 지킴으로써 하나님과 맺은 언약이 이루어진다고 믿었다. 율법(torah)은 모세가 시내산에서 받은 십계명과 그 밖에 지켜야 할

법(출 19-40장)일 수도 있고 또 모세오경(창세기, 출애굽기, 레위기, 민수기, 신명기)을 가리키는 것일 수도 있다. 율법의 핵심은 야훼 하나님만을 경배하고, 모든 남자아이는 할례를 하고, 안식일을 지키며, 부정한 음식을 금지하는 음식 규정을 지키는 것이다. 유대인은 율법을 철저히 준수할 때 하나님이 약속한 땅에서 축복과 번영을 누릴 수 있다고 믿었다.

2. 유대교 신앙의 경향

묵시 신앙

묵시사상(apocalypticism)은 그리스어 아포칼립시스(*apokalypsis*)에서 왔는데, 이 말은 '감춰진 것을 드러낸다'는 뜻의 묵시(계시, revelation)라는 말이다. 묵시사상은 기원전 200년경부터 서기 100년경 사이에 많이 나타났는데 특히 외세에 의해 억압을 당하면서 정치적으로 불안할 때 더욱 성했다. 묵시사상은 가까운 장래에 하나님이 인간의 역사에 개입해서 직접 통치하실 것이며 의인을 구하고 죄인을 심판해서 새 시대를 열 것이라는 믿음이다. 하나님이 직접 나타날지 아니면 메시아나 천사 등 어떤 천상의 사자를 보낼지는 묵시서에 따라 다양하게 나타난다. 성서에서는 다니엘과 요한계시록이 대표적인 묵시서이며, 유대교 문헌에서는 에녹서, 에스라서, 바룩서가 있다. 묵시서에 등장하는 상상적 형상은 구약성서의 종말론적 예언을 근거로 삼는데, 예를 들면 이사야(24-27; 56-66장), 에스겔, 요엘, 스가랴, 특히 다니엘을 바탕으로 하고 있다. 묵시서는 '위기의 문헌'이라고 불리기도 하는데, 억압,

착취, 빈곤, 질병으로 절실한 어려움에 처한 하나님의 백성에게 구원의 희망을 불어넣고 용기를 북돋워 주는 내용으로 이루어져 있다.

메시아 대망

인간의 역사에 하나님이 개입하실 것이라는 믿음은 하나님의 '기름 부음을 받은 자'(the anointed one) 곧 메시아가 올 것을 기대하는 마음으로 이어졌다. 1세기 초에 가장 널리 퍼진 메시아 대망은 '다윗의 메시아'(Davidic Messiah)가 올 것을 기대하는 것이었다. 다윗의 자손 중에서 왕이 나올 것이며, 그는 하나님이 주신 권능으로 이스라엘의 압제자를 물리쳐 독립된 나라를 다시 세우고 공평과 정의로 영원히 다스릴 것이다(삼하 7:11-16; 사 9:6-7, 11:1-9; 렘 23:5-6; 시 2:1-9; 눅 1:69-71). 다윗의 계보에서 메시아가 나올 것이라는 기대감이 유대인 사이에 널리 퍼져있었지만 이와는 다른 생각을 하는 사람도 있었다.

사두개파는 제사장이 주도하는 현 체제가 유지되기를 바랐기 때문에 메시아가 오는 것을 기대하지 않았으며, 사마리아인은 다윗 계열의 메시아보다는 모세 같은 구원자를 기다렸다. 쿰란 종파에서는 두 메시아를 기다렸는데, 다윗 계열에서 나오는 군사적 · 정치적 메시아와 아론 계열에서 나오는 제사장적 메시아이다. 유대교 문헌에도 다양한 메시아가 나타나는데, 하나님의 기름 부음과 보냄을 받아 이방인을 몰아내고 의로 다스릴 강력한 왕(솔로몬의 시편 17:21-25), 초인간적 능력을 지닌 천상의 사자(에스라4서), '선택된 자'(Elect One) 또는 '인자'(Son of Man)라고 불리는 천상의 구원자(에녹1서. 다니엘 7장의 영향을 받음) 등이 있다.

3. 성서

유대교의 성서(Tanakh: Torah, Nevi'im, Ketuvim의 히브리어 첫 자 ta, na, kh를 모은 말. 여러 사본 중에서 가장 권위 있는 사본은 7~10세기에 작성된 맛소라 본문[Masoretic Text]이다)는 기독교에서 말하는 구약성서이다. 예수 당시에는 아직 정경이 확정되지 않았고, 성서의 각 책은 히브리어로 기록되어 두루마리 형태로 보관되었다. 당시 성서의 명칭은 회당에서 공적으로 읽는다는 의미로 '미크라'(Mikrah, reading)였다. 헬라 문화의 영향으로 유대인들이 그리스어를 사용하게 되자 기원전 2세기 중반에 알렉산드리아에서 셉투아진트가 완성되었다. 그리고 아람어를 사용하는 유대인들을 위해 아람어 해석본인 '타르굼'(Targum)이 작성되었다.

성서중에서 가장 먼저 완성된 책은 모세오경, 즉 창세기, 출애굽기, 레위기, 민수기, 신명기로서 '율법서'(Torah/토라)라고 부르고, '다섯 두루마리'라는 뜻의 그리스어 '펜타튜코스'(Pentateukos, Pentateuch)라고도 부른다. 모세오경은 바빌로니아 포로 시대에 마지막 형태가 갖춰졌다. 다음으로 '예언서'(Nevi'im, 느비임)인데 여호수아, 사사기, 사무엘, 열왕기, 이사야, 예레미야, 에스겔, 호세아, 요엘, 아모스, 오바댜, 요나, 미가, 나훔, 하박국, 스바냐, 학개, 스가랴, 말라기까지 총 19권으로서 페르시아 시대인 기원전 323년에 목록이 확정되었다고 추정된다. '성문서'(Kethuvim, 케투빔)는 12권으로 시편, 잠언, 욥기, 아가, 룻기, 예레미야애가, 전도서, 에스더, 다니엘, 에스라, 느헤미야, 역대기이다. 성문서 중에서 시편과 잠언은 이미 예언자 시대부터 성서로 읽혔고 나머지 책들은 서기 2세기에 이르러서야 정경으로 확정되었다. 에스라, 역대기, 다니엘은 예언서의 범주에 속하기는 하지만 늦게 기록되었기 때문에

예언서에 포함되지 않았고, 예루살렘 성전이 무너지기 이전에 정경에
포함되었다.

유대교의 정경은 사무엘, 열왕기, 역대기를 상·하권으로 나누지
않아서 총 36권이 된다. 아람어로 기록된 다니엘과 에스라 일부를
제외하고는 모두 히브리어로 기록되었다. 예수는 성서를 "모세의 율법
과 예언서와 시편"(눅 24:44)이라고 불러서 성문서 전체가 아직 성서로
편입되지 않았음을 알 수 있다. 신약성서 기자들과 초대 기독교인들이
사용한 구약성서는 그리스어 성서인 셉투아진트였다.

예수 당시 헬라 문화의 영향을 받지 않은 유대인은 그리스어를
잘 모르고 또 히브리어가 아닌 아람어를 사용했기 때문에 기원전 1세기
말에 히브리어 성서의 아람어 역본인 '타르굼'(Targums, '해석'이라는
뜻)이 작성되었다. 회당에서는 히브리어 성서를 읽고 이어서 타르굼을
읽어 주었다. 타르굼은 이해하기 쉽게 직역이 아닌 의역을 했고, 예화와
해설을 첨가했다. 율법서(모세오경)의 번역인 타르굼 옹켈로스(Targum
Onkelos)와 예언서의 번역인 타르굼 요나단(Targum Jonathan)이 있다.

4. 율법

율법(law)이라는 말은 셉투아진트의 그리스어 '노모스'(nomos)를
번역한 말인데, 이 말은 히브리어로 '토라'(torah)이다. 토라는 원래 '법'이
라기보다는 '가르침', '훈계', '설명'이라는 뜻이다. 이런 뜻을 잘 나타내는
성서 구절이 있다. "아이들아, 아버지의 훈계를 잘 듣고, 어머니의 가르침
[토라]을 저버리지 말아라"(잠 1:8). 또한 "아이들아, 아버지의 명령을 지키
고, 어머니의 가르침[토라]을 저버리지 말아라"(잠 6:20). 여기서 '가르침'

(토라)은 '훈계', '명령'과 바꿔 쓸 수 있는 말이다.

일반적으로 율법이란 모세의 율법, 즉 모세오경을 가리키는 말로 쓰였다(막 7:10; 눅 2:22; 24:44; 요 7:22-23; 롬 10:5; 고전 9:9). 모세는 이스라엘 백성에게 말로 가르친 후 율법(토라)을 기록하여 제사장들과 모든 장로에게 주고 이렇게 명령했다(신 31:9-10): "율법을 듣고 배워서, 주 당신들의 하나님을 경외하며, 이 율법의 모든 말씀을 지키도록 하십시오"(신 31:12). 모세의 뒤를 이어 이스라엘의 지도자가 된 여호수아는 백성 앞에서 "모세의 율법책", "모세가 쓴 모세의 율법"(수 8:31-32)을 낭독했다. 권위 있는 문서로서 율법이라는 말이 처음 언급되는 구절이다. 여호수아는 나이가 많이 들어 백성에게 고별사를 할 때도 "모세의 율법책에 기록된 모든 것을 아주 담대하게 지키고 행하십시오"(수 23:6)라고 당부했다. 신명기에서는 율법을 '규례'(law code)라고 표기하여 법 규정(신 17:19; 17:10-11)으로서의 성격을 강조했다. 유다의 요시아 왕 때는 성전에서 율법 책을 발견하고 책에 기록된 율법의 말씀을 지키기 위해서 이방 신 제사를 없애고 개혁을 단행했다(왕하 22:3-23:24). 이때 발견된 책은 신명기의 초기판이라고 추정된다.

에스라와 느헤미야 시대에 이르러 율법은 명문법(statutory law)으로 자리를 잡게 되었다. 에스라는 제사장이자 모세의 율법에 능통한 학자였다. "에스라는 주님의 율법을 깊이 연구하고 지켰으며, 또한 이스라엘 사람들에게 율례와 규례를 가르치는 일에 헌신하였다"(스 7:10). 그는 사람들이 모인 광장에서 모세의 율법 책을 큰 소리로 읽었고, 레위 사람들은 이를 통역하여 뜻을 설명해 주었다(느 8:1-8). 이제 율법이 명문법이 됨으로써 규범적 기능을 지니게 되었고 법적 판결의 근거가 되었다. 또한 율법은 유대인 삶의 방향과 내용을 정했으며, 유대인의 정체성이 무엇인지를 가늠하는 권위 있는 규정집이 되었다. 후대의 랍비들은 에스라를 모세에 비교하곤 했다. 모세가 이스라엘 백성에게 율법을 준 것처럼 에스라도 율법을 주었다는 것이다. 그래서 에스라는 새로운 율법 수여자로서 제2의 모세라고도 불렀다. 그는 율법 해석자로 서 율법에서 거룩한 가르침을 찾아냈으며, 그것은 이스라엘 전체를 아우르는 것이었다. 이런 점에서 에스라는 후대의 서기관과 율법학자 그리고 랍비의 선조라고 할 수 있다.

고대 이스라엘에는 율법을 다른 각도에서 보는 전통도 있었다. 그것은 율법을 '거룩한 지혜'로 이해하는 것이다. 성서에는 지혜문학이 포함되어 있는데 잠언, 시편, 욥, 전도서, 아가 등이다. 율법서와 예언서 가 대체로 산문체(散文體, prose)로 쓰인 데 비해 지혜서는 주로 시어체 (詩語體 · 운문체, poetry)로 쓰였다. 지혜서에서 율법은 법적 규정이 아니라 자애로운 가르침으로 나타난다: "복 있는 사람은… 오로지 주님의 율법[교훈, 가르침]을 즐거워하며, 밤낮으로 율법을 묵상하는 사람이다"(시 1:1-2). "내 눈을 열어 주십시오. 그래야 내가 주님의 법 안에 있는 놀라운 진리를 볼 것입니다"(시 119:18). 시편 1편과 119편은 흔히 지혜 시편(wisdom psalms)이라고 분류되는데, 여기서 율법은 성찰 의 중심이 된다. 특히 시편 119편은 성서에서 가장 긴 절(176절)을 가지고 있으며, 율법이라는 말이 자주 언급되기 때문에 율법 시편(Torah Psalm)이라고도 불린다. 율법은 반드시 지켜야 할 법적 규정이 아니라 복된 삶의 안내자이다. 하나님의 백성은 율법에 대한 묵상과 성찰과 배움을 통해 경건한 삶을 영위한다.

성서의 지혜 전통은 제2성전 시대에도 이어지는데 대표적인 것이 기원전 2세기에 쓰인 지혜서인 시락서(Sirach 또는 Book of Ben Sira.

집회서 Ecclesiasticus라고도 불림)이다. 벤 시라는 예루살렘에서 교습소 (house of instruction)를 운영했으며, 학생들에게 지혜를 구하고 주님을 경외하라고 가르쳤다. 시락서 24장은 지혜를 찬양하는 시로 이루어졌는데, 지혜를 신성을 지닌 여성으로 의인화한다. '지혜 부인'(Lady Wisdom)은 천상에 살았는데 지상으로 오고 싶어 했고 하나님의 지시로 이스라엘 안에 살게 되었다. 지상에 온 지혜(참고, 잠언 8장)와 모세가 시내산에서 받은 율법(출애굽기 20-31장)은 하나가 된다. 지혜는 율법 안에서 체현되었고, 율법은 지혜가 되었다. 지혜는 율법을 통해서 하나님의 백성을 깨우치고 생명으로 인도한다. 벤 시라는 유대 문학 최초로 지혜를 모세율법과 동일시한 인물이다. 수 세기 후 사도 바울은 "그리스도는 하나님의 능력이요, 하나님의 지혜"(고전 1:24)라고 가르쳤으며, 요한은 "태초에 하나님과 함께 계시던 말씀이 육신이 되어 우리 가운데 사셨다"(요 1:1, 14)고 선포했다. 벤 시라가 지혜를 율법과 동일시했다면 바울과 요한은 지혜를 예수와 동일시했다.

마태는 예수를 율법의 완성자라고 한다. 모세가 율법의 수여자라면 예수는 율법의 해석자이다. 예수는 율법을 왜곡하거나 없애려 한 것이 아니라 본뜻을 밝히려 했다. "내가 율법이나 예언자들의 말을 폐하러 온 줄로 생각하지 말아라. 폐하러 온 것이 아니라 완성하러 왔다. … 율법은 일점일획도 없어지지 않고 다 이루어질 것이다"(마 5:17-18). 예수는 예언자 미가의 "오로지 공의를 실천하며, 인자를 사랑하며, 겸손히 네 하나님과 함께 행하는 것"(미 6:8)을 상기시키면서 율법의 본뜻을 왜곡하는 자들을 비판한다. "율법학자들과 바리새파 사람들아! 위선자들아! 너희에게 화가 있다! 너희는 박하와 회향과 근채의 십일조는 드리면서, 정의와 자비와 신의와 같은 율법의 더 중요한 요소들은 버렸다"(마 23:23). 예수가 밝힌 율법의 핵심은 하나님을 사랑하고(신 6:5) 이웃을 사랑하는(레 19:18) 것이다. "이 두 계명에 온 율법과 예언서 의 본뜻이 달려 있다"(마 22:40).

5. 영의 세계

하나님의 영

'영'(루아흐[ruah], 프뉴마[pneuma])이라는 말은 구약성서에서 가장 많이 쓰이는 말로 378회 나온다. 루아흐는 '바람'(wind), '숨'(breth), '영'(spirit)의 뜻을 지니고 있으며, 하나님의 영이나 인간의 영을 가리키 는데 성서에서는 하나님의 영으로 많이 쓰인다. 구약성서의 책 중에서 '영'이 가장 많이 나오는 책은 52회가 쓰인 에스겔이다. 하나님의 영은 '창조의 영'이요 '생명을 주는 영'이다. "주 하나님이 땅의 흙(아다마)으로 사람(아담)을 지으시고 그의 코에 생명의 기운을 불어넣으시니 사람이 생명체가 되었다"(창 2:7). 욥은 이렇게 말한다. "하나님의 영이 나를 만드시고, 전능하신 분의 입김이 내게 생명을 주셨습니다"(욥 33:4), "만일 하나님이 결심하시고 생명을 주는 영을 거두어 가시면, 육체를 가진 모든 것은 일시에 죽어 모두 흙으로 돌아가고 맙니다"(욥 34:14-15). 시편도 모든 피조물의 생명과 존재가 하나님이 영을 주고 거두심에 달려 있음을 고백한다. "주님께서 호흡을 거두어들이시면 그들[모든 피조물]은 죽어서 본래의 흙으로 돌아갑니다. 주님께서 주님의 영을 불어넣으시면 그들이 다시 창조됩니다"(시 104:29-30).

하나님의 영은 '지혜를 주는 영'이요 '능력을 주는 영'이다. 요셉은 하나님의 영이 함께 하는 사람이었으므로 명철하고 슬기로웠다(창 41:38-39). 여호수아는 영감을 받아서 지혜의 영이 넘치는 지도자가 되었다(민 27:18; 신 34:9). 옷니엘(삿 3:10), 기드온(삿 6:34), 입다(삿 11:29), 삼손(삿 13:25; 14:6, 19; 15:14) 등의 사사들은 하나님의 영을 받아 능력이 생겨서 적을 물리칠 수 있었다. 다니엘은 하나님의 영을 받아서 명철과 총명과 지혜를 가지게 되었다(단 5:11-12). 하나님의 영은 예언하는 능력을 주신다(민 11:24-30; 24:2). 요엘은 하나님의 말씀을 선포한다: "내가 모든 사람에게 나의 영을 부어주겠다. 너희의 아들딸은 예언을 하고, 노인들은 꿈을 꾸고, 젊은이들은 환상을 볼 것이다"(욜 2:28).

하나님의 영은 '하나님의 임재'를 나타낸다. 하나님은 영으로 어디에나 계시는 분이다: "내가 주님의 영을 피해서 어디로 가며, 주님의 얼굴을 피해서 어디로 도망치겠습니까? 내가 하늘로 올라가더라도 주님께서는 거기에 계시고, 스올에다 자리를 펴더라도 주님은 거기에도 계십니다"(시 139:7-8). 하나님의 영은 '새롭게 하는 영'이요 '회복시키는 영'이다. 하나님의 영은 인간의 마음을 새롭게 하고, 구원의 기쁨을 회복시키신다(시 51:10-12). 하나님의 영은 그의 백성과 함께하며 돌보아주고 구원의 길로 인도하신다(민 11:17; 사 63:7-14). 하나님의 영은 우리 속에 들어와 더러움을 깨끗하게 씻어 주고, 새로운 마음을 주어 하나님의 백성으로 삼으신다(겔 36:24-28). 에스겔이 본 환상에서 마른 뼈들이 살아나듯이 우리 속에 하나님이 불어넣어 주시는 생기가 낙심과 절망에 빠진 우리를 다시 일으키고 회복시킨다(겔 37:1-14).

예수가 활동을 시작하면서 회당에서 처음 읽은 성서가 이사야였고, 그 내용은 하나님의 영을 받고 복음을 전한다는 것이었다: "주님의 영이 내게 내리셨다. 주님께서 내게 기름을 부으셔서 가난한 사람에게 기쁜 소식을 전하게 하셨다"(사 61:1; 눅 4:18). 예수의 제자로서 함께 다니며 그의 사역을 잘 알고 있는 베드로가 말한다: "하나님께서 나사렛 예수에게 성령과 능력을 부어 주셨습니다. 이 예수는 두루 다니시면서 선한 일을 행하시고, 마귀에게 억눌린 사람들을 모두 고쳐 주셨습니다. 그것은 하나님께서 그와 함께하셨기 때문입니다"(행 10:38). 교회의 시작도 하나님의 영이 내리심(성령 강림)으로 시작했다(행 2:1-4)는 것을 생각할 때 성령이 복음 전파에서 얼마나 중요한 역할을 하는지 알 수 있다.

천사

천사(말르약[mal-ak], 앙겔로스[angelos])는 '메시지 전달자'(사자)를 말한다. 구약성서에서 천사는 대체로 하나님이 보내는 천상의 존재(창 16:7; 22:1-18; 민 22:22-35; 삿 2:10) 또는 하나님이 보내는 사람(말 2:7)을 일컫는다. 때로 하나님의 천사는 하나님 자신과 구분하기 애매한 경우도 있다. 천사는 '하나님의 아들'(bene elohim, bar elahin)이라고 불리기도 하며(욥 1:6; 2:1; 38:7; 단 3:25), 유대교 문헌에서 '감시자'(watcher. 단 4:13, 23; 에녹1서 1:2, 5; 6:2), '권위자', '영화로운 자', '천사의 영'으로 나타나기도 한다. 천사는 하나님의 계시를 전달하고, 예언자가 본 환상을 설명해 준다(겔 40-48장; 슥 1-6장). 하나님 보좌의 생물(겔 1장), 그룹(cherubim. 출 25:19; 삼하 22:11), 스랍(winged seraphim. 사 2-7)은 사자가 아니므로 엄밀히 말해서 천사가 아니다. 천사의 역할은 하나님을 보좌하고(신 33:2; 왕상 22:19-22), 하나님을 경배하며(시 103:20; 148:2), 의인을 보호하고 구하는 것이다(시 34:7; 91:11; 왕상 19:5; 단 3:28; 6:22). 천사들은 사람의 모습을 하고 있어서 초인간적 존재인지 알아보지 못할 때가 있다(창 18-19장).

제2성전 시대의 유대교 문헌, 특히 묵시서에는 천사가 자주 등장하며, 천사의 이름도 미카엘, 가브리엘, 라파엘, 우리엘, 사리엘 등 여럿이다. 유대교 신앙과 헬라 문화의 조화를 모색했던 알렉산드리아의 필로는 천사를 '하나님의 말씀'(theion logos)으로 번역하기도 한다. 스토아 철학에서 로고스는 신과 세상의 중재자로서 만물에 내재하며 지배하는 신적 원리이다. 시락서는 주님의 천사를 '지혜'와 동일시한다. 천사는 자지도 먹지도 성관계도 하지 않는다고 인식되었고, 이처럼 금식하고, 성생활을 피하고, 천상의 예배를 드리는 의인은 천사처럼 된다는 가르침이 나타났다. 또한 나라와 백성을 지키고(미카엘, 단 12:1), 개인을 지키는 수호천사(guardian angel)가 있다는 생각도 형성되었다.

구약성서와 유대교 문헌에 천사가 등장하듯이 복음서에도 천사가 언급된다. "인자도 자기 아버지의 영광에 싸여 거룩한 천사들을 거느리고 올 때 그를 부끄럽게 여길 것이다"(막 8:38)라는 예수의 말씀은 다니엘의 내용(단 7:13-14)을 연상하게 한다. 요한과 예수가 태어날 때 천사 가브리엘이 알려주었고(눅 1:19-20, 26-38), 사탄에게 시험받을 때 천사들이 예수의 시중을 들었다(막 1:13). 예수는 열두 군단 이상의 천사들을 불러올 수 있으며(마 26:53), 인자가 구름 타고 올 때 천사들을 보내서 선택된 사람들을 모을 것이라고 한다(막 13:26-27). 예수가 올리브산에서 간절하게 기도할 때 천사가 하늘로부터 나타나 힘을 북돋워 주었다(눅 22:43). 예수의 사역은 하나님의 영의 인도로 이루어졌으며, 하나님은 천사들을 보내 그를 돕고 보좌하게 하셨다.

사탄과 악령

구약성서에서 사탄(악마, 마귀)의 존재와 역할은 다양하게 나타난다. 악한 일을 하도록 부추기는 유혹자(창 3:1-16; 대상 21:1. 참고, 삼하 24:1), 죄의 고발자(고소자, 슥 3:1-2), 맞서는 대적자(민 22:22; 왕상 11:23), 하나 님의 아들들(천사들)과 함께 천상회의(heavenly council)에 참석해 하나 님의 명을 받아 수행하는 사자(욥 1:6-12; 2:1-10), 악마(시 109:6) 등 사탄 은 천사의 일원이기도 하고 유혹자나 고발자로도 나타난다. 그리스어 구약성서인 셉투아진트에서는 대체로 사탄을 디아볼로스(diabolos)로 표기하는데, 중상자(모략자, slanderer)라는 뜻으로 사탄이 하는 일을 나타낸다. 사탄을 이르는 또 하나의 말로 바알세붑(baal zebub)이 있다. 바알세붑은 에그론의 신(왕하 1:2-3, 6, 16)으로서 질병의 신인데, '파리들 의 주'(lord of the flies)라는 뜻을 지닌 모욕적인 이름으로 표기했다. 원래는 바알세불(baal zebul, baal the prince, 바알 왕자)이라고 부르는 것이 맞을 것이다(참고 마 10:25; 12:24, 27; 막 3:22; 눅 11:15, 18-19). 악령 또는 귀신(daimonion, daimon, demon)은 여러 이름으로 나타난다. 갓 (행운의 신) 또는 므니(운명의 신, 사 65:11), 세상 사람들이 만든 신(시 96:5), 귀신(레 17:7), 우상(대하 11:15), 짐승(satyr/Lilith, 사 13:21; 34:14), 거머리(leech, 잠 30:15), 들 귀신(Azazel, 아사셀, 레 16:8, 10, 26) 등인데 전반적으로 '세속적인 것들'을 뜻한다.

고대 유대교에서 악마와 악령에 대한 개념은 창세기를 바탕으로 형성되었다. 첫째, 아담과 이브는 악마의 유혹에 넘어가 죄를 짓고 타락했으며 그 결과 질병과 죽음이 세상에 들어왔다(창 3:1-21). 둘째, 하나님의 아들들(천사들)이 사람의 딸들을 아내로 삼아 자식을 낳았는데 그들은 네피림이라고 하는 거인족이 되었고, 죄악이 세상에 가득 차게 되었다(창 6:1-7). 이렇게 해서 '타락한 천사들'(fallen angels)이 세상에 나타났다. 유대 문헌에는 천사들(watchers)이 반란을 일으켰고 (에녹1서 6:1-7:8; 8:1-4; 희년서 5:1-11), 천사들과 악령들—원래 창세기나 출애굽기에는 천사만 나오지 악령이란 존재는 등장하지 않는다—이 세상에서 인간들을 사이에 놓고 대립하게 되었다. 구약성서에서 주로 고발자의 역할을 했던 사탄(악마)은 악의 화신으로 변모했고, 악령(귀신) 은 인간에게 불행을 가져오고 병을 일으키는 사악한 존재가 되었다.

예수의 사역은 한편으로 말하면 사탄과의 투쟁이었다. 사탄은 예수 의 공생애 내내 시험과 유혹과 모략으로 공격했으나(참고, 눅 4:13) 예수 는 치유와 기적과 말씀으로 대응했으며 마지막에는 죽음에서 다시 사심으로 악마를 격퇴했다. 악마와 그의 추종자들의 세력이 아무리 강할지라도 결국에는 무너지고 영원한 형벌을 받을 것이다.

지혜와 말씀

구약성서나 제2성전 유대교 문헌에서는 지혜(호크마[hokma], 소피아 [sophia])에 대해서 일관된 진술을 하지 않는다. 지혜는 율법과 동일시되 기도 하고, 하나님의 영과 관련되기도 하고, 묵시적 환상가에게 나타나 는 계시적 지혜로 언급되기도 한다. 지혜라는 말인 히브리어 '호크마'는 여성형이며, 의인화되어 '지혜 부인'(Lady Wisdom)이라고 불리기도 한다. 잠언에서 지혜는 "태초에, 주님께서 모든 것을 지으시기 전에, 이미 주님께서는 나를 데리고 계셨다['나를 낳으셨다' 또는 '나를 창조하셨 다']"(잠 8:22). 지혜는 하나님의 권능의 숨결이요 전능하신 분의 영광이 흘러나온 분이다(솔로몬의 지혜 8:13, 17). 지혜는 하나님을 보좌해서 창조 사역에 참여했고, 사람들에게 진리를 가르쳐서 지혜를 얻게 한다(잠 8:1-31). 지혜는 이스라엘 백성과 특별히 가까우며, 그들이 이집트를 탈출할 때 도왔고 예언자들을 보내고 영감을 주었다(솔로몬의 지혜 10:13; 7:27). 지혜는 이스라엘을 위한 율법이 되었다(시락서 24:8, 23; 바룩서 3:9; 4:1). 지혜는 스토아주의의 로고스처럼 만물을 감싸 안는 거룩한 영이다(솔로몬의 지혜 7:22-24).

구약성서에서 말씀(다바르[dabar], 로고스[logos])은 진술, 대화, 신탁, 교훈, 이성, 마음 등으로 널리 쓰인다. 말씀은 복수(logoi)로 쓰여서 모세율법을 가리키기도 한다(출 20:1). 하나님은 말씀을 통해 천지만물을 창조하셨다(창 1:3; 시 33:6). 여기서 말씀과 지혜의 역할(잠 8:22-31)이 비슷하게 진술된다. 헬라 문화의 영향을 받은 유대교 문헌에는 하나님의 지혜와 하나님의 말씀이 세상과 인간을 창조하는 일에 참여했다고 언급한다(솔로몬의 지혜 9:1-2). 로고스 개념을 발전시킨 사람은 유대교 학자이며 중기 플라톤주의자인 알렉산드리아의 필로이다. 그는 지혜와 말씀을 동일시하며 모두 하나님의 형상이라고 한다. 말씀은 하나님과 세상의 중재자 역할을 한다. 말씀은 창조 이전에 함께 존재했으며, 말씀을 통해 세상이 창조되었고, 말씀은 하나님의 아들 또는 하나님의 자녀가 된다. 요한복음은 나사렛 예수가 하나님의 말씀이라고 선포한다.

내세와 부활

성서에서 사람이 죽은 후에는 어두운 음부(스올[Sheol], 하데스[Hades])로 가게 된다고 말한다. 음부는 지하(pit)로도 표현된다. 에녹과 엘리야

는 죽지 않고 하늘로 올려졌는데(창 5:24; 히 11:5; 왕하 2:11) 예외적인
경우이다. 시편은 "하나님은 분명히 내 목숨을 건져 주시며, 스올의
세력에서 나를 건져 주실 것이다"(시 49:15), "주님께서 나를 보호하셔서
죽음의 세력[스올]이 나의 생명을 삼키지 못하게 하실 것이며, 주님의
거룩한 자를 죽음의 세계에 버리지 않으실 것이기 때문입니다"(시
16:10)라고 말한다.

부활에 대한 언급은 에스겔의 마른 뼈들이 살아나는 환상에 나오지
만 여기서 부활은 죽었던 개인이 다시 살아나는 것이 아니라 이스라엘
백성이 회복되어 다시 일어난다는 의미를 지닌다(겔 37:1-14). 이사야도
마찬가지로 이스라엘의 회복을 말한다. "주님의 백성들 가운데서 죽은
사람들이 다시 살아날 것이며, 그들의 시체가 다시 일어날 것입니다.
무덤 속에서 잠자던 사람들이 깨어나서 즐겁게 소리칠 것입니다"(사
26:19). 개인의 부활에 대한 언급은 다니엘에 나온다. "땅속 티끌 가운데
서 잠자는 사람 가운데서도 많은 사람이 깨어날 것이다. 그들 가운데서
어떤 사람은 영원한 생명을 얻을 것이며, 또 어떤 사람은 수치와 함께
영원히 모욕을 받을 것이다"(단 12:2). 부활한 사람은 하늘의 별처럼
빛날 것이라는 말은 천사와 같은 존재가 된다는 것이다(에녹1서 104:1-6).

부활을 믿지 않는 사두개파와 달리 바리새파는 부활을 믿었다.
예수는 죽은 후 가는 낙원이 있다는 것(눅 23:43), 부자와 거지 나사로
이야기를 들려주면서 지옥(하데스)이 있다는 것(눅 16:23), 부활이 있으
며 천사같이 될 것(막 12:18-25)을 믿었다. 부활하는 사람은 사도 바울의
말씀대로 썩지 않고, 죽지 않고, 영광스럽고, 신령한 몸으로 살아날
것이다(고전 15:42-44, 52-53).

6. 유대교 기관

성전

예루살렘 성전은 유대교 신앙의 중심이다. 성전이 세워지기 전에 이스라엘은 회막(장막)을 옮겨가면서 하나님께 예배를 드렸다. 성전이 세워지면 오직 한곳에서 한 하나님에게만 예배를 드려야 한다(신 12:5-14). 솔로몬이 지은 첫째 성전이 바빌로니아에 의해 무너지고, 둘째 성전은 바빌로니아에서 돌아온 후 스룹바벨의 주관하에 지어졌다. 수백 년 후 헤롯 왕은 성전을 장엄하고 아름답게 증축했다. 성전은 제사만 드리는 곳이 아니라 공의회(Sanhedrin)와 재판이 열리고, 예배를 드리고, 성서를 가르치고, 절기 축제를 벌이는 곳이기도 하다. 유대교의 제사는 오직 성전에서만 드릴 수 있기 때문에 절기(유월절, 맥추절, 초막절)에는 각지에서 수많은 사람이 예루살렘으로 몰려들었다. 예수 당시에는 안나스의 사위인 가야바가 대제사장직을 맡고 있었다. 대제사장은 산헤드린의 의장도 맡았는데, 종교 문제를 결정하는 공회뿐만 아니라 범죄인을 재판하는 법정을 주관하기 때문에 막강한 권한을 갖고 있었다.

성전 예배와 행사는 첫 대제사장이었던 아론(출 28:1-3)의 후손인 레위인 제사장들이 담당했는데, 희생제물을 바치고, 성전을 관리하고, 헌금을 걷고, 축복을 하고, 정결 의식을 행했다. 제물은 하루에 두 번씩 번제로 드렸는데, 로마 황제와 제국을 위해서도 하루에 두 번씩 양 두 마리와 수소 한 마리를 바쳐 충성을 표시했다. 대제사장은 제사장들을 감독하고, 성전 예배와 관리에 관한 최종적인 권한을 가졌으며, 일 년에 한 번 속죄일에 지성소에 들어가 속죄 제물을 바쳤다(레 16:1-34). 성전에 있는 '배움의 집'(bet midrash, house of learn-ing)에서는 율법을 가르쳤다(참고, 눅 2:46). 랍비 사카이(Rabbi Yohanan ben Zakkai)는 성전 그늘에서 가르쳤으며, 예수도 성전에서 가르쳤다(마 21:23; 26:55; 막 12:35). 성전은 기도하는 집(눅 2:37; 행 3:1)이다. 예수는 성전에서 장사하는 사람들에게 "기도하는 집을 강도들의 소굴로 만들었다"(마 21:13)고 꾸짖으며 내쫓았다.

공의회(산헤드린)

공의회는 의원 71명으로 구성되는데 세 그룹으로 구성된다. 첫째, 이전 대제사장들과 제사장 가문의 사람들로서 사두개파와 밀접한 관계가 있다. 다음으로 서기관과 율법학자들이 있는데 이들은 주로 바리새파 사람들로서 사두개파 사람들과 자주 권력 다툼을 했다. 그리고 원로들이 있는데 영향력 있는 귀족으로 사두개파에 속하는 것으로 보인다(마 16:21; 27:41). 공의회의 의장은 대제사장이 맡는다. 공의회는 대법원 같은 사법권이 있어서 종교적, 세속적인 문제를 심의하고 판결했다. 공의회는 두 경우에 사형을 판결할 수 있는데 이방인이 성전 담을 넘은 경우와 성전을 모독하는 발언을 한 경우(마 26:60-61)이다. 하지만 사형 판결을 하더라도 집행은 로마 총독의 승인을 얻어야 했다(요 18:31). 예루살렘 성전이 무너지자 공의회의 권한도 사라지고 유명무실한 기관이 되었다.

회당

회당의 기원은 바빌로니아 포로 시대로 거슬러 올라간다. 유다 왕국의 멸망과 함께 솔로몬 성전이 파괴되고 낯선 곳에 끌려와 유배 생활을 하게 된 유대인들은 하나님의 도움을 구하고 용서를 빌거나 구원에 감사하며 예배를 드릴 장소를 잃고 말았다. 바빌로니아 정부는 야훼 하나님의 이름으로 제단을 쌓거나 희생제물을 드리는 것을 금지했다. 그러나 이스라엘 백성은 비록 바빌로니아에 성전이 없어도 하나님이 그들과 함께 계심을 믿었다. 하나님이 그들과 함께 계시는 것은 제사드리기 때문이 아니라 계명을 준수하기 때문이다. 그들은 성서를 읽고 배우며 이집트 탈출을 인도하신 하나님이 바빌로니아 탈출도 이끌어주시리라고 염원했다. 이스라엘 백성은 공동체별로 모여서 예배드리고 성서 공부와 교육을 했는데, 이런 모임이 회당의 효시라고 할 수 있다. 에스겔에는 회당을 언급하는 듯한 말이 나온다. "나 주 하나님이 이렇게 말한다. 비록 내가 그들을 멀리 이방 사람들 가운데로 쫓아버렸고 여러 나라에 흩어놓았어도, 그들이 가 있는 여러 나라에서 내가 잠시 그들의 성소가 되어 주겠다"(겔 11:16).

제2성전 시대에 예배는 성전뿐만 아니라 회당에서도 드려졌다(눅 4:14-22; 행 13:14-48). 유대인들은 규칙적으로 안식일과 휴일에 회당에 모여 성서를 읽고 기도하고 말씀을 들었다. 예배 시에는 신앙고백으로 함께 쉐마(신 6:4-9; 11:13-21; 민 15:37-41)를 암송하고, 히브리어로 기록된 율법과 예언서를 읽은 후 아람어로 통역하거나 해설하고 —그리스어를 사용하는 지역에서는 셉투아진트를 읽었다— 읽은 본문에 대한 설교를 하고, 마지막 순서로 축복 기도를 했다. 회당장은 회당을 관리하고 예배를 주관했으며, 보조자(hazzan, cantor)가 있어서 시편을 선창하고, 성서 두루마리를 관리·보관하고, 예배 시작과 끝을 알리는 양각 나팔(ram's horn)을 불었다. 회당이 유대 공동체의 신앙과 교육의 장이지만 결코 성전과 대립하는 기관은 아니었다. 성전이 희생 제사를 통해 하나님께 예배드리는 곳이라면, 회당은 믿음의 마음으로 예배를 드리는 곳이다. 예수와 사도들은 다른 유대인들과 마찬가지로 규칙적으로 회당에 가서 성서를 읽고 가르쳤으며 때로 논쟁을 하기도 했다(눅 4:16-30; 행 17:2).

회당은 사회적 기능도 갖고 있었다. 법적인 문제를 심의하고 판결을 내렸으며(마 10:17; 23:34; 행 22:19), 예루살렘의 모든 회당은 학교를 운영했고, 회당에 있는 여분의 방은 여행자들의 숙소로도 쓰였고, 회당에서는 성전과 가난한 사람을 위한 기금을 모금하기도 했다. 신약성서는 대체로 회당(building)이나 회중(assembly)을 구분 없이 모두 회당(synagoge)이라고 표기하기도 했지만(행 13:14, 43), 다른 한편으로 회당을 교회당을 가리키는 말로 썼고, 회중을 지칭할 때는 교회(ekklesia, 모임)라는 말을 사용했다(참고, 약 2:2 회당; 약 5:14 교회).

7. 유대교 분파

사두개파

사두개파의 기원은 분명하지 않은데, 하스몬 왕조를 지지하던 예루살렘 귀족층의 제사장 가문에서 유래된 듯하다. 사두개라는 이름은 다윗 왕의 통치 시절 대제사장이었던 사독에서 비롯되었을 것이다.

예수 당시 사두개파는 제사장직을 맡았으며, 산헤드린을 장악하고 정치적 문제를 조정했다(행 5:17). 그들은 로마 정부에 협력적이었으며, 바리새파나 엣세네파보다 헬라 문화에 더 개방적이었다. 사두개파는 신학적으로는 보수주의의 입장을 취했으며 오직 모세오경만을 권위 있는 성서로 받아들였고, 바리새파가 중요시하는 구전 율법을 인정하지 않았다. 그들은 자신들이 가지고 있는 정치 권력을 위협하는 세력이 나타나는 것을 원하지 않았기 때문에 다윗의 계보에서 왕(메시아)이 나타날 것이라는 예언이나 기대를 경계했다. 사두개파는 바리새파와 달리 예정론이나 영혼 불멸, 몸의 부활, 천사나 영의 존재를 믿지 않았다 (마 22:23; 막 12:18; 눅 20:27; 행 23:8). 사두개파의 권력은 제사장직과 성전에 근거하고 있었는데, 유대 전쟁으로 성전이 무너지자 자연히 힘을 잃게 되었고 그들은 역사의 뒤안길로 사라졌다.

바리새파

마카비 가문이 안티오쿠스 에피파네스의 압제에 대항해서 투쟁할 때 같이 싸웠던 경건한 유대인들이 있었는데 하시딤이었다. 바리새파는 하시딤에 그 기원을 두고 있다고 추정된다. 요세푸스는 그들이 약 육천 명이었다고 말한다. 사두개파가 상류층 귀족인 데 비해서 바리새파는 중산층의 수공업자나 상인들이었다. 당시 학자나 현자들은 율법을 연구하면서도 생계를 이을 직업을 갖고 있었다. 바리새파는 서민의 폭넓은 지지를 받았으며, 성전보다는 회당에서 활동했고, 상류층과 하류층의 중간역할을 했다. 바리새파는 율법을 고수했는데 기록 율법 (written law)뿐만 아니라 구전 율법(oral law)을 중시했다. 구전 율법은

"장로들의 전통"(막 7:3)이라고도 불리며 구약성서에 기록된 율법을 더욱 확대하고 정교하게 다듬은 것이다. 랍비 전승에 의하면 모세는 시내산에서 기록 율법과 구전 율법을 함께 받았다.

바리새파의 목적은 율법에서 지시하는 것을 위반하지 않고 실생활에 적용하려는 것이었다. 이를 위해서 정결, 음식, 의복, 제의 등 삶의 모든 분야에서 지켜야 하는 세부적인 규정이 생겼고 이것을 지키지 않는 사람을 죄악시하고 함께 어울리지 않았다. 바리새파라는 말 자체가 '분리된 자들'(separatists)란 뜻이다. '땅의 사람들'(am ha'aretz, 암하아레츠)이라고 불리는 가난한 사람들은 바리새파가 만든 규정을 제대로 지킬 수 없었고 율법을 지키지 않는 죄인이란 굴레를 쓰게 되었다. 바리새파는 죽은 자의 부활을 믿었으며, 다윗의 자손 메시아가 나타나 외국의 압제로부터 구해줄 것을 대망했다. 예루살렘 성전이 무너진 후 일단의 랍비들이 요하난 벤 사카이의 주도로 얌니아(지금의 Yavneh)에 모여(서기 약 90년) 율법을 연구하며 유대교를 다시 일으켰는데 이것이 '랍비 유대교'(Rabbinic Judaism)의 시작이며 그 중심에는 바리새파 랍비들이 있었다.

복음서에 의하면 예수와 바리새파는 우호적 관계가 아니었고 자주 논쟁을 했다. 예수는 바리새인에게 "위선자들아! 너희에게 화가 있다. 너희는 잔과 접시의 겉은 깨끗이 하지만, 그 안은 탐욕과 방종으로 가득 채우기 때문이다"(마 23:25)라고 비난했으며, 바리새파 사람들도 예수에게 앙심을 품고 말에서 트집을 잡으려고 노렸다(눅 11:53-54). 예수가 바리새파를 비난한 것은 그들의 정결에 대한 집착이나 율법을 고수하려는 집념 때문이 아니라 위선 때문이었다. 바리새파는 말과 행동이 일치하지 않았으며, 지나치게 구전 율법의 해석에 몰두해서 율법의 본뜻인 공의와 자비와 신실을 소홀히 한 채 형식적인 면을 강조했다. 그래서 예수는 "너희는 하나님의 계명을 버리고 사람의 전통을 지키고 있다"(막 7:8)고 비판한다. 하지만 예수가 모든 바리새인과 등을 진 것은 아니다. 예수를 따르고 그를 환영하는 바리새인도 있었다(눅 7:36; 13:31; 요 3:1-2). 예수는 바리새파와 마찬가지로 부활과 천사와 영을 믿었다. 예수와 바리새인이 자주 부딪힌 것은 그가 바리새파의 대중에 대한 지도력과 영향력에 도전했기 때문일 것이다.

에세네파

에세네파도 바리새파와 마찬가지로 하시딤에서 유래했다고 추정된다. 에세네파는 사독 계열의 제사장들이 예루살렘 성전의 사제직을 버리고 사해 근처 유대 광야에 있는 쿰란에 공동체를 형성함으로써 시작되었다. 그들은 예루살렘 성전이 사제들의 타락으로 오염되었다고 주장하면서 희생제물을 바치지 않았다. 에세네파는 율법을 엄격하게 준수했으며 그들 자신의 규정을 만들었다. 요세푸스에 의하면 수도 공동체에 거주하는 에세네파가 대략 사천 명이었다고 한다. 근래에 발견된 사해사본(Dead Sea Scrolls)은 에세네파에서 기록한 문서들로서 그들의 생활상과 신앙을 규명하는 자료가 된다. 쿰란 공동체는 '의의 교사'(Teacher of Righteousness)라고 알려진 지도자의 영향을 크게 받았는데, 그는 '사악한 제사장'이라고 불리는 타락한 예루살렘 대제사장의 탄압을 받았다고 기록되어 있다. 이 집단은 종말이 임박했다는 묵시사상을 갖고 있었으며, 자신들이 '참된 이스라엘'이요 '의로운 남은 자'라고 생각했다. 하나님은 천사를 보내어 로마를 물리치고 하나님의 백성을

구할 것이다. 하나님이 보내는 메시아는 하나가 아니라 둘인데, 하나는
다윗의 계보에서 나오는 전투적 메시아이고 또 하나는 아론의 계보에서
나오는 제사장적 메시아이다. 쿰란 공동체는 유대 전쟁 때 로마 군대에
의해서 해체되었다. 에세네파의 묵시적 가르침과 금욕적 생활이 세례
요한 또는 예수와 연관된다는 주장도 있지만 희박한 자료로 인해 이런
가설을 입증하기는 쉽지 않다.

열심당

요세푸스는 열심당을 유대교의 '제4 철학'(Fourth Philosophy)이라
고 부르면서, 그 기원이 서기 6년 로마의 막중한 과세에 저항해 반란을
일으켰던 갈릴리의 유다라고 말한다(참고, 행 5:37). 유다 이전에도 드다
라는 사람이 로마에 저항하다가 처형받았고(행 5:36), 그 후 이집트
사람이 폭동을 일으키기도 했다(행 21:38). 요세푸스에 의하면 제사
철학은 바리새파 노선과 비슷하지만, 오직 한 하나님만이 그들의 통치자
가 될 수 있기 때문에 로마를 쳐서 무너뜨려야 한다고 주장했다. 열심당
은 로마 측에서 볼 때는 강도떼에 불과하지만, 일반 백성은 그들이
외세의 억압에서 벗어나게 해줄 독립투쟁가라고 생각했다. 그들은
로마와 전면전을 해서는 이길 수 없으므로 로마 진영을 기습하거나
로마에 협력하는 유대인을 습격하는 게릴라전을 했다.
열심당 중에는 시카리(sicarii, dagger man, 자객)라는 무리가 있었는
데, 이들은 외투 속에 단도를 숨겨 가지고 있다가 절기 축제와 같이
사람들이 많이 모여 혼잡할 때 로마 협력자를 습격했다. 복음서는
예수와 함께 십자가에 매달렸던 바라바가 "폭동 때에 살인을 한 폭도"(막

15:7)라고 기록하고 있다. 예수의 열두 제자 중에 '열혈당원 시몬'이 있는데(막 3:18) 그가 열심당원이라는 말인지, 가나안 사람이라는 말인지 또는 율법에 열성적인 사람이라는 말인지는 확실치 않다. 예수가 열심당과 관련이 있다는 주장이 끊이지 않고 제기되었으나 예수의 가르침이나 활동의 성격을 볼 때 열심당과의 연결고리를 찾기는 쉽지 않다.

8. 유대교 지도자

제사장

이스라엘의 제사장은 예언자와는 달리 하나님의 특별한 부르심을 받지는 않았다. 사사 시대로부터 왕국 초기에 이르기까지 남자라면 누구나 제사장의 역할을 수행할 수 있었다. 그러나 이후 민수기와 신명기는 제사장이 될 수 있는 자격을 엄격하게 제한한다. 레위 지파 사람만 성막에서 봉사할 수 있으며(민 3:5-8; 신 17:9; 24:8; 27:9), 그중에서도 아론과 그의 아들들만 제사장이 될 수 있다(민 3:10; 18:1-7). 에스라와 느헤미야 시대에는 사제직이 제사장과 레위 사람으로 나뉘었다(스 6:20; 느 12:1; 대상 13:2). 제사장은 레위 사람 중에서도 아론의 자손(또는 사독의 자손: 겔 44:15)이 될 수 있으며, 레위 사람은 제사장을 보좌해서 성전 일에 종사했다. 예언자 말라기와 이사야는 제사장들의 제의적, 도덕적 타락을 비판했다(말 1:6-13; 사 56:10-11). 하스몬 왕조의 요나단은 대제사장직을 맡음으로써 바리새파를 비롯한 율법 신봉자들의 반발을 샀지만 이를 무시하고 왕이 대제사장을 겸하는 선례를 남겼다. 하스몬 왕조를 끝내고 자신의 왕조를 연 헤롯 왕은 바빌로니아 출신인 아나넬을 대제사장으로 임명했고, 그 후 정략적으로 필요할 때마다 대제사장을 갈아치웠다. 예수 당시에는 가야바(서기 18~36년)가 대제사장으로 있었고(눅 3:2), 전 대제사장이자 가야바의 장인인 안나스(서기 6~15년)도 대제사장이라 불리며 권력을 장악하고 있었다.

제사장이 하는 일은 신탁(神託, oracle), 제사, 교육, 축복이 있다. 첫째, 제사장은 하나님의 뜻을 묻고 말씀을 받았다. 그러나 예언자들이 등장하여 하나님의 말씀을 전하게 되자 제사장의 입지는 좁아졌다. 둘째, 가장 중요한 업무인 제사드리는 일이었다. 제사장은 희생 제사로 바칠 동물의 검사, 도살, 제사, 분배와 분향, 기도, 독경, 찬송을 담당했다(출 30:1-8; 레 16:13; 사 56:7). 제사장은 레위인과 함께 성전을 관리하고 생산물의 십일조를 거두어들였다(느 10:37-38). 셋째, 포로기 이전 시대에 제사장의 중요 임무는 율법을 가르치는 일이었다. 예레미야서는 율법을 가르쳐 줄 제사장, 지혜를 가르쳐 줄 현자, 말씀을 전해 줄 예언자가 있다고 말한다(렘 18:18). 제사장은 백성에게 율법을 읽고 가르쳐서 지키도록 했으며(신 31:9-12), 거룩하고 정결하게 살도록 제의적 규정을 일러주거나 생활의 지침을 정해 주었고, 율법 지식과 해석을 바탕으로 법적 문제가 생겼을 때 심의하고 판정을 내렸다(신 21:5). 포로기 이후에 서기관이 등장해서 율법 관련 사항을 담당하게 되자 제사장의 역할은 줄어들었다. 넷째, 제사장은 하나님이 내려주시는 복을 백성에게 선포했다(신 10:8; 대상 23:13). 축복은 하나님이 아론의 자손 곧 제사장에게 맡기신 임무이다(민 6:22-27). 제사장은 성전에 와서 참배하는 사람들에게 이렇게 선포한다: "주님의 이름으로 오는 이에게 복이 있다. 주님의 집에서 우리가 너희를 축복하였다"(시 118:26). .

제사장은 하나님과 이스라엘 백성 사이를 연결하는 중간 역할을 했으며, 백성이 하나님 앞에서 바르게 설 수 있도록 신앙을 지켜주는 중요한 임무를 담당했다.

예수 당시 약 2만 명의 제사장과 레위인이 있었으며 조를 나누어 교대로 성전 일에 종사했다. 그들은 부유한 귀족층이 된 사두개파를 제외하고는 생계를 위해 세속 일을 했다. 곡물을 키우는 일은 할 수 없고 다른 일에 종사해야 했는데 학생 가르치는 일, 율법 해석, 서기관 일, 재판 관련 일 등을 했고, 어떤 사람은 돌이나 쇠붙이를 다루는 거친 일도 했다. 기름 부음을 받아 임명되는 삼대 직분인 왕, 제사장, 예언자 중에서 왕은 식민지 치하의 분봉왕으로서 종교적 의미가 없었고, 예언자는 말라기를 마지막으로 제2성전 시대에는 나타나지 않았다. 마지막 남은 제사장직도 예루살렘 성전의 파괴와 함께 역사에서 사라지고 말았다.

서기관(율법학자)

이스라엘에는 왕국이 시작되면서부터 궁정 서기가 있어서 왕명을 기록해서 보관하거나 해당 부서에 하달하고, 외교 문서를 작성하기도 했으며, 왕가의 계보를 기록하고, 왕의 자문 역할도 했다. 성전에서는 헌금·헌물을 계산하고 보관·분배할 때 이를 기록할 서기가 필요했으며, 군대에서도 문서를 작성하는 서기관이 있었다. 일찍이 다윗과 솔로몬의 신하 중에 궁정 서기관이 있었다(삼하 8:17; 20:25; 대상 18:16; 왕상 4:3). 예언자 예레미야는 서기를 시켜서 자신이 하나님으로부터 받은 말씀을 기록하게 했다(렘 36:4, 12). 오랜 세월이 지남에 따라 이전에 기록되었던 성서의 말씀이 없어지거나 손상되었고 이를 막기 위해 숙련된 서기가 원본을 복사하는 일을 했다(신 17:18). 요시아 왕 때는 율법 책이 발견되자 서기관이 읽고 왕에게 보고하는 중요한 역할을 했다(왕하 22:8-13). 서기관은 속담이나 격언 등 지혜의 말씀을 수집하고 정리해서 어록집을 만들었으며, 스스로 교훈이 되는 말씀을 작성하기도 했다(잠 25:1; 전 12:9-10). 서기관의 뛰어난 글솜씨와 높은 학식은 자고로 명성이 자자했다(시 45:2; 스 7:6).

서기관은 유대 귀환 이후 율법을 기록하고 해석하는 중요한 역할을 하는데 그것을 본격적으로 시작한 사람은 에스라이다. 그는 아론의 후손인 제사장이요 모세율법에 능통한 학자로서 포로 후기 유대교의 초석을 놓았다(스 7:1-10; 느 8:1-8). 율법 연구와 가르침이 성행할수록 서기관의 중요성과 영향력이 점차 커졌다. 서기관은 율법 학자로서 후에 랍비라고 불렸으며 유대인 마을 어디에나 있었고, 일상생활에 필요한 율법을 해설해 주고 제자를 육성했으며, 랍비 학교에서 어린이들을 가르쳤다. 벤 시라(Ben Sira)는 학생들을 가르치고 시락서(집회서)를 저술한 유명한 서기관이요 현자였다. 서기관의 가르침은 주로 성전과 회당에서 행해졌으며 학생들에게 구두 전승으로 내려오는 구절을 반복해서 암송하게 했다. 통찰력과 권위가 있는 예수의 가르침은 단순히 지나간 전승을 암송하는 서기관들의 가르침과는 다른 것이었다(막 1:22).

서기관으로는 레위인이 많았고, 제사장, 바리새인, 사두개인 중에서도 서기관 일을 했다. 서기관직은 제사장직과 달리 세습이 아닌 학식과 지혜로 얻는 것이었다. 서기관은 율법 학자이기도 했다. 학생들은 명망 있는 율법 학자에게 몰려들어 제자가 되고 스승을 중심으로 학파를 이루었다. 예수 당시 힐렐 학파와 샤마이 학파가 있었으며, 바울은 예루살렘의 존경 받는 랍비요 산헤드린 의원인 가말리엘의 제자였는데, 가말리엘은 힐렐의 손자였다. 신약성서는 율법 학자에 대해 부정적 태도를 보이면서 바리새인과 함께 형식주의자요 위선자라고 비난한다. 예수도 "율법 학자들과 바리새파 사람들은 모세의 자리에 앉은 사람들이다. 그러므로 그들이 너희에게 말하는 것은 무엇이든지 다 행하고 지켜라. 그러나 그들의 행실은 따르지 말아라. 그들은 말만 하고 행하지는 않는다"(마 23:2-3)고 비판했다. 그러나 다른 한편으로 "하늘나라를 위하여 훈련을 받은 율법 학자는 누구나 자기 곳간에서 새것과 낡은 것을 꺼내는 집주인과 같다"(마 13:52)고 말씀하시며 율법 학자의 역할을 긍정적으로 평가하기도 했다.

현자

고대 이스라엘에는 세 종류의 종교 지도자가 있었는데 제사장, 예언자, 현자(賢者)이다(렘 18:18). 구약성서에서 현자(sage)는 지혜로운 사람이나 특별한 기술과 능력을 지닌 사람을 일컫는 말이다(창 41:8; 출 7:11; 왕상 4:30; 전 12:11; 사 19:11-12; 29:14; 렘 50:35). 현자는 왕궁에서 왕의 고문 역할을 했는데(왕상 4:5; 12:6-8) 아마도 서기관 중에서 선발되었을 것이다. 현자는 교사로서 등록금을 받고 학생을 가르쳤으며(잠 5:13; 17:16), 왕궁에서 왕자들을 교육했고(왕하 10:1, 6), 성전에서 사제들을 육성하고, 율법 책을 가지고 전국을 다니면서 백성을 가르쳤다(대하 17:9). 각 성읍에서는 연륜이 있고 지혜로운 원로(장로, 겔 7:26)가 현자 역할을 했다. 원로는 마을의 지도자로 성문 앞이나 마을 입구에 앉아서 상담하거나 재판을 했다(신 21:18-21; 22:13-21; 25:5-10; 수 20:4; 룻 4:1-12;

잠 31:31). 장로는 제사장과 함께 백성에게 율법을 가르쳤다(신 27:1-9; 31:9-13). 이스라엘의 현자는 근본적으로 가르치는 사람이었다. 그는 도덕적 훈계를 하고, 생활 지침을 주고, 직업 훈련을 시키고, 신앙적 성찰을 하도록 가르쳤다. 잠언의 말씀대로 "지혜 있는 사람의 가르침은 생명의 샘이니, 죽음의 그물에서 벗어나게 한다"(잠 13:14).

이스라엘 전통에서 지혜로운 왕, 예언자, 제사장, 서기관, 원로는 현자라고 불리며 율법을 가르치고 신앙을 이끄는 지도자 역할을 했다. 제2성전 시대에는 후대에 랍비라고 불리는 현자들(rabbinic sages)이 율법, 특히 구전 율법(미쉬나)을 발전시키고 제자들을 양성하여 학파를 이루었다. 1세기에 활동했던 대표적인 랍비로는 힐렐(Hillel the Elder)과 샤마이(Shammai), 힐렐의 손자요 바울의 스승인 가말리엘(Gamaliel. 행 22:3) 그리고 힐렐의 제자로서 예루살렘 성전 붕괴 후 랍비 유대교 (Rabbinic Judaism)를 세운 사카이(Yohanan ben Zakkai)가 있다. 유대교 의 맥락에서는 나사렛 예수(Yeshua ha-Notzri, Jesus of Nazareth)도 이 시대 (탄나임 시대 또는 미쉬나 시대, 서기 10~220년. Tannaim은 선생님, 스승이라 는 뜻)의 랍비라고 할 수 있다.

힐렐(탈무드에 의하면 기원전 110년~서기 10년)은 바빌로니아에서 태 어나고 성장해서 헤롯 왕 통치 시절에 유대 땅으로 건너와 예루살렘에 살면서 율법을 배우고 후에 율법 교사로 활동했다(기원전 약 30년~서기 약 10년). 그의 아버지는 베냐민 지파 사람이고 어머니는 유다 지파 사람으로 다윗의 후손이라고 알려졌다. 힐렐은 매우 겸손하고 경건했 다. 에스라가 율법을 살렸듯이 힐렐도 율법을 살렸다고 해서 에스라의 진정한 제자라고도 불렸으며, 120년 산 그의 삶이 모세의 삶(신 34:7)과 도 비교되었다. "네가 싫어하는 일을 이웃에게 행하지 말라. 이것이 율법의 전부이다"라는 그의 가르침은 율법의 핵심을 밝힌 것이라고 평가된다. 힐렐은 성서를 문자적으로 해석하기보다는 상황에 따라 유연성 있게 해석하는 방법을 취했으며, 인간의 존엄성을 중시해서 "사람이 안식일을 위해 만들어진 것이 아니라, 안식일이 사람을 위해 만들어졌다"고 가르쳤고, 이방인에 대해 포용적이었다. 힐렐의 제자는 80명이나 되었고, 힐렐파는 향후 약 400년 동안 주도적으로 유대교를 이끌었다.

샤마이(기원전 50년~서기 30년)는 성격이나 율법 해석에 있어서 힐렐과 대조되는 랍비였다. "사람은 힐렐처럼 온유해야 하며, 샤마이처럼 성격이 급해서는 안 된다"는 말이 있을 정도였다. 샤마이는 율법을 가능한 한 문자 그대로 엄격하게 실천해야 한다고 가르쳤으며, 유대교 신앙이 이방 문화에 오염되지 않도록 전력을 다했다. 그는 이방인에 대해서 배타적인 태도를 취했다. 로마의 지배에 순응하지 않았으며, 로마에 협조하거나 헬라 문화에 호응하는 유대인들에 대해서도 비판적이었다. 헤롯 왕이 산헤드린에 나타났을 때 모두가 조용했지만 홀로 그에게 반발하며 소리친 사람이 있었는데 샤마이였다. 샤마이파가 열심당과 관련이 있었다는 흔적도 있다. 예수 당시 샤마이는 산헤드린 의장(Nasi, president)이었고, 그가 죽은 후 힐렐파의 가말리엘이 산헤드린 의장이 되지만 주도권은 의원 수가 많은 샤마이파가 가지고 있었다. 예수의 사역에 많이 등장하는 바리새파 사람 중에는 그와 율법 논쟁을 하며 적대적인 사람도 있었지만 반면에 그를 지지하며 따른 사람도 있었다. 아마 그들은 샤마이파 바리새인과 힐렐파 바리새인이었을 것이다. 예수가 십자가형을 당하도록 몰고 간 바리새파 사람들은 샤마이파라고 추정할 수 있다. 예수의 행동과 가르침은 힐렐파와 공통되는 점이 있었다. 골수 바리새인이었던 바울이 회심하여 그리스도의 사도가 된 데는 그가 힐렐파 사람이었기 때문이라고 생각할 수도 있다.

성자

이스라엘의 지도자 전통에 현자가 있다면 다른 한편으로는 성자(聖者, holy man)가 있다. 현자가 주로 제도권(성전과 율법) 내에서 활동한 학문적 엘리트라면, 성자는 재야에서 대중을 상대로 말씀을 선포하고 기적과 치유를 행한 은사의(charismatic) 사람이다. 은사(charisma, gift)는 하나님이 주시는 능력이다. 성서에서 모세, 사무엘, 엘리야, 엘리사는 하나님으로부터 능력을 받아 예언을 하고 놀라운 일을 행한 '은사의 예언자들'이었다. 예언은 대표적인 은사로서 하나님의 영이 함께 하며 역사하심을 나타낸다. 그러나 학개, 스가랴, 말라기 이후 예언은 끊어졌고 이스라엘 백성은 계속해서 예언을 갈망하며 하나님이 보내실 예언자를 기다렸다.

제2성전 시대에는 예언보다 질병의 치유가 하나님의 은사로 여겨졌다. 엘리야와 엘리사 같은 치유자, 치유 천사인 라파엘('하나님이 치유하셨다'는 뜻), 모세처럼 기적을 행하는 하나님의 사자 등이 유대교 문헌에 나타나며 질병의 치유가 죄의 용서와 연결되었다. 폼페이우스가 예루살렘을 정복할 당시(기원전 63년) '원 그리는 사람 호니'(Honi the cir-cle-drawer)와 후대에 나타난 갈릴리 성자 '하니나 벤 도사'(Hanina ben Dosa. 서기 1세기)는 엘리야처럼 비가 오게 하고 질병을 치유하며 놀라운 일을 행했다. 예수보다 조금 젊은 하니나 벤 도사는 요나단 벤 사카이 문하에서 율법을 공부했으며, 요나단의 아들과 가말리엘의 아들을 기도로 고쳤다고 알려졌다. 그는 특히 기도할 때 갈멜산에서 기도하던 엘리야(왕상 18:42)처럼 얼굴을 숙여 무릎 사이에 넣고 기도했다.

하니나가 병자를 만나지 않고 다른 장소에서 기도로만 치유한 이야기는 예수가 말씀만으로 로마 백부장의 종을 치유한 이야기(마 8:5-13; 눅 7:1-10)와 흡사한 점이 있다. 하니나가 독사로부터 동네 사람을 구한 이야기가 있는데, 이것은 뱀과 전갈이 너희를 해치지 못할 것이라는 예수의 말씀(눅 10:19; 막 16:18)과 통한다. 하니나는 악령의 여왕으로부터 유혹을 받지만 물리쳤으며, 밀가루가 없는 상황에서 빵을 굽고, 식초를 기름으로 바꾸는 기적을 행했는데 이 또한 예수가 사탄의 시험을 받았으나 물리쳤으며, 오병이어의 기적을 일으켜 사람들을 먹이고, 물을 포도주로 바꾼 놀라운 일과 내용이 흡사한 점이 있다.

호니나 하니나와 같은 성자의 치유와 기적은 대중에게는 환영과 칭송을 받았으나 제사장이나 서기관 같은 제도권 인사에게는 시기와 미움을 불러일으키는 것이었다. 그들의 행동은 제사장의 역할이나 성전 제사나 율법 준수를 외면하고 무시하는 것이었다. 예부터 예언자와 제사장 간의 갈등은 고질적인 문제였다. 아모스, 호세아, 이사야, 예레미야, 미가 등의 예언자들은 성전과 제사장을 비판했다(렘 7:1-11). 호니는 대제사장을 지지하지 않는다고 돌에 맞아 죽었다. 그러나 은사의 성자(charismatic holy man)는 하나님의 사람이다. 그는 하나님의 영으로부터 능력을 받고 인도를 받는 사람이다. 그와 만나고, 그의 말씀을 듣고, 그가 행하는 치유와 기적을 겪은 사람은 하나님을 만나고, 하나님의 역사를 체험하게 된다. 예수가 행한 놀라운 일을 보고 권위 있는 말씀을 들은 사람들은 그가 하나님이 보내신 그분 곧 메시아가 아닐까 하는 기대를 하게 되었다.

9. 유대교 문헌

요세푸스

요세푸스(Flavius Josephus, 서기 37년~약 100년)는 하스몬 왕가 출신의 제사장으로서 유대 전쟁 때 갈릴리의 장군으로 로마군과 싸우다 항복하고 포로가 되었으나 베스파시아누스 장군이 황제가 될 것을 예언하여 총애를 받게 된 사람이다. 그는 뛰어난 학자요 역사가였다. 요세푸스의 저서는 1세기 유대 역사와 유대 사회에 대한 정보를 제공하는 가장 중요한 자료이다. 그의 저서 중에서 『유대 고대사』(*Jewish Antiquities*)는 창세부터 자신의 시대에 이르기까지 유대인의 역사를 서술한 방대한 책이며, 『유대 전쟁』(*The Jewish War*)은 유대 전쟁의 발발과 전개 과정, 예루살렘의 함락에 대해 상세하게 기술했다.

사해사본

1947년 양치기 소년이 사해 근처 쿰란 지역의 동굴에서 두루마리를 발견한 후 학자들에 의해서 발굴되었는데, 두루마리에는 쿰란 공동체의 생활 규칙과 신앙 교리, 성서 해석 등이 기록되어 있다. 더욱 중요한 것은 히브리어로 기록된 구약성서 대부분이 보존되어 있다는 점이다. 사해사본(The Dead Sea Scrolls)이 발견되기 전까지 가장 오래된 구약성서 사본은 중세에 필사된 것이었다. 사해사본은 또한 외경과 위경을 포함한 유대교 문헌을 담고 있어서 제2성전 유대교와 에세네파에 관한 정보를 제공한다.

외경(아포크리파)

아포크리파(apocrypha)는 '숨겨진'(hidden)이라는 뜻이다. 외경(外經)은 제2성전 시대에 저술된 유대교 문헌으로 로마가톨릭교회와 동방정교회에서는 구약성서 안에 포함시킨다. 로마가톨릭교회는 이 책들을 '제2 정경'(deutero-canonical books)이라고 부르는데, 개신교회는 유대교와 마찬가지로 외경의 권위를 인정하지 않고 정경으로 받아들이지 않는다. 외경에는 신앙 소설인 '토비트', '유딧'이 있고, 잠언과 같은 지혜 문헌인 '솔로몬의 지혜', '집회서'('예수 벤 시라의 지혜서'라고도 불림), 역사 서술인 '마카비1서', '마카비2서', '에스드라1서', 예언과 묵시 문헌인 '바룩서', '예레미야 서신', '에스드라2서', 성서 부록으로 기록된 '에스더 부록', '다니엘 부록'('수산나', '아자리아의 기도', '세 젊은이의 노래', '벨과 용'이 수록되어 있다), 그밖에 시편 부록과 기도문(므낫세의 기도, 시편 151편) 등이 있다. 외경에는 역사적으로 부정확한 기술이 있고 구약성서의 본문과 상충하는 부분도 있지만, 복음서를 비롯한 신약성서를 연구하고 신구약 시대의 역사, 문화, 종교, 문헌을 연구하는 데 유용한 내용이 담겨 있다.

위경(슈데피그라파)

슈데피그라파(pseudepigrapha)는 '거짓 이름(僞名)으로 쓰인'이라는 뜻이다. 위경(僞經)은 제2성전 시대에 쓰인 책 중에서 외경에 포함되지 않은 문헌을 지칭한다. 위경에 속하는 문헌은 당시 유대교에 다양한 분파와 경향이 있었음을 보여 주며, 신약성서의 배경을 이해하는 데

도움을 준다. 위경 중에서 특히 묵시적이고 종말론적 성향을 지닌 '에녹1서', '에스라4서', '솔로몬의 시편'은 복음서에 기록된 예수의 종말론적 말씀, 예를 들면 마가복음 13장과 상통하는 내용을 지니고 있다. 그 밖에 창세기의 내용을 다시 기록해서 소창세기라고도 불리는 '희년서'(Jubilees), 유대인과 이방인의 화목을 강조한 '아리스테아스의 서신'이 있다. 이 서신에는 히브리어 구약성서의 그리스어 역본인 셉투아진트의 기원을 설명하는 내용이 있다.

랍비 문헌

예수 당시는 구전 문화의 시대였다. 율법 교사는 구두 전승(oral tradition)을 암송하고 기억해서 학생들과 다음 세대에 전해 주었다. 랍비들은 이 구전 율법이 모세가 시내산에서 기록 율법과 함께 받은 것이라고 믿었다. 예루살렘이 함락된 후 율법 교사들은 율법 연구와 저술에 매진했는데 이것이 '랍비 유대교'의 시작이다. 이전에 선생님을 지칭하는 말로 쓰이던 랍비('나의 주인님'[my master]. 학생이 존경하는 마음으로 스승을 부르는 말. 예수도 랍비라고 불렸다)는 이제 율법을 연구하는 학자의 공식 명칭이 되었다. 서기 200년경 랍비 유다 하나시(Rabbi Judah ha-Nasi)의 주도로 구전 율법을 모아 기록했는데 이것이 '미쉬나'(Mishnah, '반복'이라는 뜻)이다. 미쉬나는 율법을 일상생활에 적용하는 지침서이다. 랍비의 목표는 율법 주위에 울타리를 쳐서 경건한 유대인이 계명을 어기지 않도록 보호하는 것이다.

3세기에서 5세기에 걸쳐 랍비들은 미쉬나에 대한 해설을 덧붙였는데 이것이 '게마라'(Gemara, '완성'이라는 뜻)이다. 미쉬나와 게마라를 합친 것이 유대교 구전 율법의 완성본인 '탈무드'(Talmud, '배움'이라는 뜻)이다. 탈무드는 두 가지가 있는데, 400년경 편찬된 팔레스타인 탈무드(예루살렘 탈무드라고도 불리지만 사실 팔레스타인 북부에서 작성되었다)와 500년경 편찬된 바빌로니아 탈무드가 있다. 바빌로니아 탈무드는 5,894쪽에 2,500,000개의 단어가 담긴 방대한 저작으로서 랍비들은 이것을 권위 있는 표준본으로 인정한다.

미쉬나는 1세기 구전 율법을 포함하고 있어서 예수 당시 유대인의 신앙, 관습, 문화를 이해하는 자료가 되며, 예수의 가르침과 비교되는 랍비들의 가르침을 담고 있다. 이외에 미쉬나에 포함되지 않은 구전 율법의 모음집으로 토세프타(Tosefta, '부록', '추가'라는 뜻)가 있다. 그리고 성서의 각 책에 대한 랍비들의 주석 모음집이 있는데 '미드라쉼'(Midrashim은 Midrash의 복수형으로서 '해석' 또는 '찾아냄'이라는 뜻)이다. 각각의 미드라쉬는 랍비들의 어떻게 성서를 이해했는지 알 수 있는 중요한 자료이지만, 고대에서 중세에 걸친 긴 시간 동안 작성되었기 때문에 예수 당시의 미드라쉬를 분별하기는 쉽지 않다.

10. 유대교 절기

하나님은 모세에게 "거룩한 모임을 열어야 할 주의 절기"(레 23:2)를 정해 주고 이스라엘 백성에게 지킬 것을 명하셨다. 절기를 지키는 목적은 하나님 앞에서 거룩한 모임을 갖고, 거룩한 친교를 하면서 신성한 예배를 드리는 것이다.

안식일(레 23:3)

안식일(Sabbath)은 하나님이 지정하신 가장 중요한 때로서 반드시 지켜야 하는 절기이다. 안식일은 하나님이 엿새 동안 세상을 만드시고 일곱째 되는 날 쉬셨다는 창세기 말씀(창 2:1-3)에 근거한다. 이스라엘 백성이 이집트를 탈출해서 광야에 이르렀으나 먹을 것이 없어서 굶주리고 있을 때 하나님께서 만나와 메추라기를 내려주면서 엿새 동안 거두어 먹고 이렛날은 안식일이니 쉬라고 하셨다(출 16장). 하나님은 모세에게 십계명을 주면서 넷째 계명으로 "안식일을 기억하여 그날을 거룩하게 지켜라"(출 20:8)라고 명하셨다. 안식일은 하나님께서 축복하신 날이며, 기억하는 날이 아니라 지키는 날이다. 안식일의 의미를 바탕으로 안식년이 있는데, 여섯 해 동안 땅을 가꾸고 일곱째 해에는 땅도 쉬게 한다. 빚을 탕감해주고 노예에게는 자유를 준다(레 25:1-7). 안식년이 일곱 번 지나서 사십구 년이 끝나고 오십 년이 시작되는 해는 거룩한 희년(禧年/Jubilee)으로 정하고 전국의 모든 거주민에게 자유를 선포한다(레 25:8-13).

유월절(레 23:4-8)

유월절(Feast of Passover)이라는 말은 이스라엘 백성이 양의 피를 문틀에 발라 하나님의 죽음의 사자가 '지나갔다'(passed over)는 말에서 유래했다(출 12:1-14). 유월절은 무교절(Feast of Unleavened Bread)이라고도 하는데, 이스라엘 백성이 이집트를 탈출할 때 모세의 지시로 누룩을 넣지 않은 빵을 먹은 것을 기념하는 것이다(출 13:1-10). 유월절은 유대력의 첫째 달인 니산 달(Nisan/3~4월) 열넷째 날에 지키며, 이집트 탈출과 이스라엘 왕국의 수립이 하나님의 구원 사역으로 이루어졌음을 감사하며 축하한다. 유대인 남자는 매년 세 번 하나님 앞에 나와 제물을 바쳐야 하는데 그 절기는 유월절(무교절), 맥추절(칠칠절), 수장절(초막절)이다(출 23:14-17; 신 16:16). 예수가 예루살렘 성전을 정화하고 재판받고 십자가형을 당한 때가 유월절 기간이었다.

오순절(레 23:15-21)

오순절(Feast of Pentecost)은 칠칠절(Feast of Weeks) 또는 맥추절(Feast of Harvests)이라고도 불린다. 오순절이란 이름은 그리스어로 '오십째'(pentecostos, fiftieth)라는 말에서 왔는데 유월절 이후 오십째 되는 날이라는 뜻이며(신 16:9-12), 시반 달(Sivan, 5~6월) 여섯째 날 지킨다. 오순절은 밀 수확을 마치는 때인데 제사장은 방금 수확한 곡물로 만든 누룩 빵 두 조각을 하나님 앞에 흔들어 바치고(요제, 搖祭, wave offering. 레 7:30; 8:27), 이외에 처음 수확한 과일을 바친다. 또한 모세가 시내산에서 율법을 받은 것을 기념하는 절기이기도 하다. 오순절은 기독교의 추수감사절과 같은 성격의 절기이며, 예수의 제자들이 오순절에 마가의 다락방에 모여 기도하던 중에 성령 강림 사건이 일어나서 기독교에서는 성령강림절로 지킨다(행 2:1-4).

나팔절(레 23:23-25)

유대력으로 일곱째 달인 티쉬리 달(Tishiri, 9~10월) 첫날에 일하지 않고 쉬며 하나님께 태워 바치는 제물(번제, 燔祭, bumt offering)을 드리는 날이다. 이날은 유대인에게는 새해 첫날인 로쉬 하샤나(Rosh Hashanah, 9월 말~10월 초)이다. 아침부터 저녁까지 나팔을 불며 기뻐하고 사람들 앞에서 율법서를 읽는다.

속죄일(레 23:26-32)

속죄일(Yom Kippur, 욤 키푸르)은 티쉬리 달 열째 날로 한 해 동안 지은 죄를 하나님 앞에 고백하고 용서를 구하는 의식을 지낸다. 대제사장은 마을 사람들의 모든 죄를 고백하고 화해의 피를 가지고 대표로 지성소에 들어간다. 이때가 가장 엄숙한 순간으로 침통한 심정으로 죄를 회개하고 하나님의 자비를 간구한다. 속죄를 받은 사람들은 하나님의 계명을 실행할 것을 마음속 깊이 다짐한다.

초막절(레 23:33-43)

초막절(Sukkot, Feast of Tabernacles, Booths)은 수장절(Feast of Ingathering)이라고도 하며 속죄일로부터 닷새 후 시작해서 일곱 날 동안 진행된다. 추수를 마치고 광야 방황을 기념하는 절기이다. 초막에서 세우고 그 안에서 지내면서 선조들이 광야를 헤매며 어떻게 살았는지 상기한다. 매일 번제를 드리고 여덟째 날에는 대성회를 갖는다. 한 해 동안 거둔 곡식과 과일을 하나님께 드리고 이웃과 나눈다.

위의 절기는 포로기 이전에 하나님이 제정하신 것이며, 포로기 이후 생긴 절기가 추가로 두 개 있는데 부림절과 광명절이다.

부림절(에 9:24-32)

부림절(Feast of Purim)의 유래는 성서의 에스더 이야기를 바탕으로 하는데, 페르시아에 살던 유대인들이 모함을 받아 죽을 뻔하다가 살아남게 된 일을 축하하는 절기로서 그 이름은 '제비' 또는 '주사위'(pur, 복수형은 pirim)라는 말에서 유래했다. 페르시아의 아하수로 왕 시절에 하만이라는 신하가 유대인을 몰살하기 위해서 흉계를 꾸몄으나 유대인 모르드개와 그의 조카인 왕비 에스더의 지혜로운 대응으로 살아남았다. 하만은 주사위의 일종인 부르를 던져서 유대인들을 없앨 날을 받았다가 오히려 자신이 죽임을 당했다. 그래서 '부르'라는 말을 따라 부림절을 지키게 되었다(에 9:24-28). 부림절은 유대교의 절기라기보다는 국가 공휴일의 성격이 짙다. 유대인들은 기도하고 에스더를 읽으며, 친지와 음식을 나누고 가난한 사람에게 자선과 음식을 베푼다. 에스더가 읽힐 때 모르드개의 이름이 나오면 함성과 박수를 보내고, 하만의 이름이 나오면 적대적인 고함을 지른다. 사람들은 술을 마시며 "하만을 저주하라", "모르드개는 복되도다"라고 외친다. 부림절에는 술과 음악, 춤과 행진이 있고 특별한 절기 의상을 입기도 한다.

광명절(마카비1서 4:36-60; 마카비2서 1:18-36)

광명절(Hanukkah, Feast of Lights)은 성서에 근거를 둔 절기는 아니고 마카비1서와 2서에서 그 기원을 찾을 수 있다. 이스라엘을 지배하던 셀류코스 왕국의 안티오쿠스 에피파네스 4세가 예루살렘 성전에서 그리스 신들에게 제사를 지내고 돼지를 희생제물로 바치면서 이방 신전을 만들려고 하자 유다 마카비가 맞서 싸워서 기원전 164년 예루살렘을 탈환하여 성전을 정화하고, 키슬레브 달(Kislev, 12월) 스물다섯째 날에 성전을 다시 봉헌했다. 요세푸스는 이 사건으로 하나님을 섬기는 기회가 빛처럼 홀연히 왔다고 언급한다. 후대에 랍비들은 절기 중에 불을 밝혀놓아야 한다고 가르쳤다. 그래서 여드레 동안 불을 밝히는 예식이 절기를 지키는 전통이 되었고 광명절(빛의 절기)이라고 불리게 되었다. 광명절은 원래 성전을 바친다는 의미에서 봉헌절(Feast of Dedication)이라고 불렸는데, 예수도 성전 봉헌절(수전절) 중에 예루살렘 성전에 머문 적이 있다(요 10:22-23). 광명절은 기독교의 성탄절과 시기가 겹친다.

제 6 장
예수의 탄생

예수에 관한 역사적 연구에서 탄생과 부활은 다루지 않는 경우가 많다. 왜냐하면 자료가 희박해서 사건의 진위를 파악하기 어려울 뿐만 아니라, 처녀가 아이를 낳았다든가 죽은 사람이 살아났다는 등 자연법칙에 어긋나는 내용이 있기 때문이다. 교회는 전통적으로 하나님께서 일으키신 기적이니 그대로 믿어야 한다고 가르쳐왔다. 하지만 인간은 이성적 존재로서 합리적으로 생각하고 판단한다. 합리적 안목으로 복음서의 예수 탄생 이야기를 볼 때 이해하기 힘든 것은 당연한 일이다. 복음서에 기록된 예수 탄생 이야기는 사실일까? 예수는 진짜 베들레헴에서 태어났을까? 예수의 어머니 마리아는 정말로 처녀로 아이를 낳은 것일까? 예수의 족보는 사실일까? 왜 마태복음과 누가복음에는 서로 다른 족보 이야기가 나올까? 예수 탄생 이야기는 복음서의 저자가 임으로 꾸며낸 허구(fiction)가 아닐까? 수많은 질문이 쏟아진다. 복음서의 이야기를 어떻게 이해하는 것이 바른 방법일까?

복음서는 예수가 그리스도라는 것을 알리려고 기록된 변증서이다. 그렇다고 처음부터 있지도 않은 일을 거짓말로 또는 상상력을 동원해서 지어낸 책은 아니다. 예수에게 일어난 사건을 바탕으로 삼아 그 사건을 신앙으로 해석한 것이다. 복음서의 저자는 예수의 사건을 구약성서에 비추어 예언과 성취라는 맥락에서 유형적으로 해석했다. 그리고 복음서의 저자는 2천 년 전에 살았던 고대인이라는 사실을 염두에 두어야한다. 사건의 기술과 해석에 있어서 자연적인 것과 초자연적인 것, 신화와 역사에 대한 이해가 현대인과는 달랐다. 예수 탄생 이야기를 읽을 때 이런 점을 의식하면서 역사적 사실 규명을 넘어서 신앙적 의미를 추구하는 방향으로 나아가는 것이 바람직하다.

1. 탄생 시기와 장소

예수는 언제, 어디에서 태어났을까? 우선 탄생 시기를 알아보자. 예수 탄생 시기에 대한 언급은 마태복음과 누가복음에 있다. "헤롯왕 때에 예수께서 유대 베들레헴에서 나셨다"(마 2:1), "그때에 아우구스투스 황제가 칙령을 내려 온 세계가 호적 등록을 하게 되었는데, 이 첫 번째 호적 등록은 구레뇨가 시리아 총독으로 있을 때에 시행한 것이었다"(눅 2:1-2). 헤롯 왕의 통치 시기는 기원전 37년에서 기원전 4년 사이이고(헤롯은 기원전 4년 사망했다), 헤롯 왕이 죽은 후 이집트로 피신했던 아기 예수와 부모가 이스라엘 땅으로 돌아왔다(마 2:14-15, 19-21)는 말로 미루어보아 예수는 헤롯 왕 통치 말년(헤롯 왕이 죽기전)에 탄생했다.

그런데 누가복음의 진술에 문제가 있다. 구레뇨(퀴리니우스, Quirinius)가 시리아 총독이 된 때는 서기 6년이고, 그때 주민세를 징수하기 위해서 인구 조사(호적 등록)를 했다(참고, 행 5:37)는 것은 잘 알려진 사실이다. 그러므로 누가(누가복음의 저자가 누구인지는 알 수 없으나 편의상 누가로 부름)의 진술에 의하면 예수의 탄생이 서기 6년경이 된다.

그런데 누가는 예수와 비슷한 시기에 태어난 세례 요한의 출생 예고가 유대 왕 헤롯 때 있었다고 한다(눅 1:5). 예수 탄생의 시기가 10년 이상 차이가 난다. 예수는 헤롯 왕이 죽은 기원전 4년 이전에 태어났을까 아니면 그의 탄생이 구레뇨 총독이 인구 조사를 한 서기 6년경일까? 세 사건, 즉 헤롯 사망 연도, 아우구스투스의 호적 등록 칙령 시기, 구레뇨의 호적 등록 시행 시기를 살펴보자. 헤롯의 사망 연도는 분명히 기원전 4년이다. 아우구스투스 황제는 기원전 8년에 칙령을 내려 제국 내의 모든 로마 시민권자에게 등록하도록 했다. 그리고 헤롯 왕은 기원전 7/6년에 아우구스투스의 승인을 얻어 자신이 분봉왕으로 다스리던 유대 땅에서 호적 등록(유대 지역 거주민 중 12/14세~65세를 대상으로 아우구스투스 황제와 헤롯 왕에 대한 충성 서약과 세금 징수를 목적으로 함)을 실시했고, 그때 시리아 총독은 센티우스 사투르니누스(Sentius Saturninus, 기원전 9~7년)였다.

요셉과 마리아가 호적 등록하러 베들레헴으로 간 것은 호적 등록을 하라는 헤롯 왕의 명에 의한 것이었다. 요셉은 다윗 가문의 자손이므로 다윗의 동네인 베들레헴으로 마리아와 함께 등록하러 갔고, 그곳에서 예수가 태어났다(눅 2:4-7). 그렇다면 예수의 탄생 시기는 자연스럽게 기원전 7/6년이 된다. 그렇다면 누가는 왜 구레뇨가 시리아 총독일 때라고 했을까? 누가가 잘못 알고 있었을까? 누가는 누가복음뿐만 아니라 사도행전(두 책은 원래 한 권이었다)을 기록하면서 역사가로서 꼼꼼하고 정확하게 기록하는 자질을 보인 사람이다. 그런 누가가 사람들이 잘 알고 있는 구레뇨의 호적 등록 시기를 잘못 알았을 것 같지는 않다. 해답은 번역에 있다. 누가복음 2장 2절은 다음과 같이 번역할 수 있다: "이 호적 등록은 구레뇨가 시리아 총독으로 있을 때 시행한 것 이전의 것이었다." 구레뇨가 행한 호적 등록(서기 6년) 이전에 헤롯 왕이 행한 호적 등록(기원전 7/6년)을 말하는 것이다.

요세푸스의 『유대 고대사』(17.167; 17.213)에 의하면 헤롯 왕이 죽기 전에 월식이 있었고(기원전 4년 3월 12/13일), 그가 죽은 후 유월절이 있었다(기원전 4년 4월 11일 유월절 시작). 요셉과 마리아가 호적 등록하러 베들레헴에 갔을 때 사람이 많아서 여관에 그들이 들어갈 방이 없었다(눅 2:7)는 말로 미루어볼 때 그때는 여행객이 많은 유월절 기간이었을 것이다. 그런데 복음서에는 예수가 유월절 중에 태어났다는 언급이 없다. 그러므로 예수의 탄생 시기는 좀 넓게 잡으면 기원전 7~4년 사이, 좁게 잡으면 기원전 6년 봄 또는 5년 봄(유대력으로 니산 달 유월절 기간)이라고 추정할 수 있다.

* 예수의 주요 연보
  - (참고, Harold W. Hoehner, "The Chronology of Jesus," *HSHJ*, 2315-2360.)
  - 탄생(기원전 5/4년 봄)- 사역 시작(서기 29년 여름/가을)- 첫 번째 유월절(요 2:13, 서기 30년 4월 7일)- 두 번째 유월절(서기 31년 4월 25일)- 세 번째 유월절(요 6:4, 서기 32년 4월 13/14일)- 죽음(서기 33년 4월 3일 금요일)- 부활(서기 33년 4월 5일 일요일).
* 예수 관련 인물 연대표(통치 또는 임직 기간)
  - 로마 황제: 아우구스투스 황제(기원전 32년~서기 14년), 티베리우스 황제(서기 14~37년).
  - 유대 왕 또는 영주: 헤롯 대왕(기원전 37~4년), 헤롯 아켈라오(기원전 4년~서기 6년), 헤롯 안디바(기원전 4년~서기 39년), 헤롯 빌립(기원

전 4년~서기 33/4년).

- 로마 유대 총독: 본디오 빌라도(서기 26~36년).

- 로마 시리아 총독: 사투르니누스(기원전 9~7년), 바루스(기원전 7/6~4년), 퀴리니우스(구레뇨, 서기 6년).

- 대제사장: 안나스(서기 6~15년), 가야바(서기 18~36년).

* 연도 표기

- 종래에는 연도를 표기할 때 B.C.(Before Christ 주전)/A.D.(Anno Domini/in the year of our Lord/주후)를 썼으나 요즈음은 기독교 중심적인 표기를 지양해서 B.C.E.(Before Common Era/공통의 시대 이전)/C.E.(Common Era 공통의 시대)를 쓴다. 우리나라는 공식적으로 기원전/서기로 연대를 표기한다. 참고로 연도 표기에서 0년은 없다. 기원전 1년 12월 31일 다음 날은 서기 1년 1월 1일이다.

예수는 어디에서 태어났을까? 마태와 누가는 예수가 베들레헴에서 태어났다고 말한다(마 2:1; 눅 2:1-7). 베들레헴은 예루살렘에서 남쪽으로 약 10km 떨어진 인구 천 명 정도의 작은 마을이었다. 베들레헴은 다윗이 살던 마을이요(룻 4:9-22; 삼상 16:1; 요 7:42, 눅 2:4), 사무엘이 다윗을 왕으로 세우려고 그에게 기름을 부은 곳이다(삼상 16:1-13). 예수가 베들레헴에서 태어났다는 것이 사실일까 아니면 복음서 기자가 예수를 다윗의 자손으로 보이려고 꾸며낸 말일까? 왜냐하면 베들레헴에서 다윗처럼 이스라엘을 다스릴 자가 나올 것이라는 예언이 있기 때문이다(미 5:2). 그런데 사람들은 예수를 줄곧 나사렛 예수라고 불렀다(막 10:47; 16:6; 마 26:71; 눅 4:34; 24:19; 요 1:45; 18:5). 그래서 복음서 기자는 구약성서를 뒤져서 미가서를 찾아냈고, 예수가 장차 이스라엘을 다스릴 왕으로서 베들레헴에서 태어났다는 이야기를 만들어 낸 것이 아닌가?

그렇게 생각할 수도 있지만, 조금 다른 각도에서 생각할 수도 있다. 마태복음과 누가복음이 기록된 때는 예수가 태어난 지 약 80년이 지난 후이고, 예수를 그리스도로 믿는 사람들도 많이 생긴 때였다. 그들은 이미 예수 그리스도가 베들레헴에서 태어났다고 믿고 있었다. 그래서 마태는 미가서 5장 2절을 찾아내어 예수 탄생 이야기를 기록한 것이다. 마태와 누가의 베들레헴 탄생 이야기는 아무 근거 없이 미가서를 바탕으로 꾸며낸 이야기라기보다는 사람들이 이미 믿고 있는 예수의 베들레헴 탄생에 대한 성서적 근거를 제시하기 위한 것이라고 할 수 있다. 예수의 베들레헴 탄생은 복음서 기자의 허구적 상상으로 지어낸 이야기가 아니라 예수의 베들레헴 탄생에 대한 성서적 해석이다. 사건에 대한 진술이 신빙성이 있으려면 분명한 근거와 설득력 있는 논리가 있어야 한다. 만일 예수의 베들레헴 탄생을 부정하려면 예수가 다른 어느 곳에서 탄생했다는 대안적 근거와 논리를 제시해야 한다. 설득력 있는 다른 주장이 제기되지 않는 한, 복음서 기자의 진술대로 예수가 베들레헴에서 태어났고 나사렛에서 성장했다는 사실이 가장 자연스럽고 타당하게 보인다.

2. 동정녀 탄생

복음서는 처녀 마리아가 잉태하여 예수를 낳았다고 말한다(마 1:18-21; 눅 1:30-31). 그리고 이것은 하나님의 은혜로, 성령으로 이루어진 일이라고 한다. 흔히 처녀 탄생(virginal birth)이라고 하지만 정확히는 처녀 수태(virginal conception)이다. 어떻게 자연의 법칙을 거스르고 남자와의 관계없이 아이를 수태할 수 있을까? 처녀란 어떤 여자를 일컫는 말일까? 마태는 이사야 7장 14절을 인용한다. "보아라, 동정녀[처녀]가 잉태하여 아들을 낳을 것이니, 그의 이름을 임마누엘이라고 할 것이다"(마 1:23). 마태가 인용한 그리스어 성서 셉투아진트에는 '처녀'(parthnos, virgin)라고 나오지만, 원래 히브리 성서에는 '젊은 여인'(al-mah, young woman)이라고 표기되어 있다. 이사야 7-8장은 유대 왕국이 앗시리아 제국의 침략을 받아 재난을 당하겠지만, 이사야의 아들이 '임마누엘'(하나님이 우리와 함께 계신다)의 징표로 태어날 것이고 결국 하나님이 구해주실 것이라는 내용이다. 그러므로 이사야 7장 14절은 수백 년 뒤에 일어날 예수의 탄생에 대한 예언은 아니다. 마태가 예언과 성취라는 구도 안에서 구약성서 구절을 인용하여 예수의 탄생에 적용한 것이다.

마리아가 정혼자 요셉과의 동거 없이 임신한 것은 사실로 보이며, 이 일은 두 가지 각도에서 추리할 수 있다. 첫째, 마리아가 다른 남자와의 관계를 통해 임신했으나 요셉이 이 사실을 덮고 자기의 아들로 받아들였다는 것이다. 복음서를 보면 예수의 친아버지가 요셉이 아니라는 것을 시사하는 듯한 내용이 있다. 예를 들면 바리새파 사람들이 예수에게 "당신의 아버지가 어디에 계십니까?"라고 묻자 예수가 대답한다. "너희는 나도 모르고, 나의 아버지도 모른다. 너희가 나를 알았더라면 나의 아버지도 알았을 것이다"(요 8:19). 물론 이 말은 예수와 하나님의 관계를 말하는 것이지만 그 행간에는 예수에게 친아버지가 도대체 누구냐는 힐난성 추궁이 담겨 있다고도 생각할 수 있다. 그리고 그들은 "우리는 음행으로 태어나지 않았으며"(요 8:41)라고 말함으로써 은근히 예수가 아버지를 모르는 사생아라는 사실을 들추어내는 것이라고도 할 수 있다. 당시 사생아(Mamzer. '멀어진 자'라는 뜻)는 천대받았으며 유대 공동체의 일원이 될 수 없었다(신 23:2). 마가는 예수를 요셉의 아들이라고 부르지 않고 "마리아의 아들 목수"(막 6:3)라고 부른다. 혹시 요셉이 예수가 태어난 후 일찍 죽어서 아버지 대신 어머니 마리아의 아들이라고 불린 것은 아닐까?

둘째, 마태와 누가는 전혀 다른 각도에서 처녀 잉태를 조명한다. 마리아가 예수를 잉태한 것은 "성령으로 잉태된 것"(마 1:18; 눅 1:35)이며, 이것은 하나님이 역사하신 일로 "하나님께는 불가능한 일이 없다"(눅 1:37)고 말한다. 마리아가 어떻게 예수를 잉태했는지 그 진상을 규명하기는 매우 힘들다. 예수의 동정녀 탄생을 받아들이고 말고는 합리적 판단을 내리든지 아니면 신앙적 고백을 하든지에 달려 있다. 그리스도인의 신앙고백인 사도신경은 다음과 같이 말한다: "우리 주 예수 그리스도를 믿습니다. 그는 성령으로 잉태되어 동정녀 마리아에게서 나셨습니다."

3. 예수 탄생의 의미

기독교 신앙은 역사적 사건에서 출발하지만, 역사적 사실을 넘어서는 종교적 진리를 추구한다. 예수의 탄생은 어떤 의미가 있을까?

예수의 탄생은 하나님의 섭리와 계획에 의해 일어난 사건이다. 마태복음에 기록된 예수의 계보는 예수의 탄생이 하나님이 일으키신 놀라운 사건임을 암시하고 있다. 족보에는 다섯 명의 여자 이름이 나오는데, 그 이름을 좀 이상한 방법으로 기록한다. 예를 들면 "다윗은 우리야의 아내에게서 솔로몬을 낳고"(마 1:6)라고 기록하고 또 "야곱은 마리아의 남편 요셉을 낳았으니 마리아에게서 그리스도라 칭하는 예수가 나시니라"(마 1:16)라고 기록하고 있다. 왜 다른 사람들처럼 "다윗은 솔로몬을 낳고"라고 기록하지 않고 굳이 "우리야의 아내에게서"라는 말을 넣었을까? 또 왜 요셉을 굳이 마리아의 남편이라고 들러리처럼 기록했을까? 이 다섯 명의 여자들이 어떤 사람들인지를 알아봄으로써 예수님의 족보를 기록한 목적과 그 의미를 찾을 수 있다.

다말은 어떤 여자일까? 다말은 남편을 여의고 친정으로 돌아간 여인이다. 그녀는 어느 날 시아버지 유다가 자기 동네에 왔다는 소식을 듣자 너울로 얼굴을 가린 창기의 모습으로 유다 앞에 나타나서 며느리인지 모르는 시아버지와 동침을 하고 베레스와 세라라는 쌍둥이를 낳았다. 이 중 베레스가 예수의 조상이 되었다. 둘째로 나오는 라합은 가나안의 창기였는데 이스라엘 백성이 가나안 땅에 들어갈 때 그들을 도와서 여리고 성을 함락할 수 있도록 도운 사람이다. 셋째로 나오는 룻은 이방 사람으로 유대인과 결혼했으나 남편이 죽자 시어머니 나오미를 따라서 남편의 고향인 베들레헴으로 이주를 했고, 거기서 보아스라는 사람과 재혼을 해서 오벳을 낳았는데, 이 오벳은 다윗의 할아버지가 된다. 넷째 여인인 밧세바는 다윗의 장수인 우리야의 아내였는데 다윗 왕이 그녀의 아름다움에 반해서 우리야를 전쟁터에 보내 죽게 하고 자기의 아내로 삼은 사람이다. 다윗과 밧세바에게서 태어난 아들이 솔로몬이다. 마지막으로 마리아는 요셉과 약혼하고 같이 살기 전에 잉태했고 예수를 낳았다.

이 여인들의 이야기를 들으면 뭔가 꺼림직하고 이상한 느낌이 든다. 다섯 여자 모두 평범하지가 않고, 자식을 낳게 된 경위도 정상적이지 않고 오히려 불륜이라는 생각까지 든다. 왜 마태복음은 메시아인 예수의 족보를 기록하면서 굳이 이런 흠이 될만한 사연을 지닌 여인들을 감추려 하지 않고 기록했을까? 대답은 바로 그것이다. 다섯 사람 모두 출산의 과정에 무언가 남에게 드러내기 힘든 떳떳하지 못한 사연이 있었기 때문이다. 그러나 마태복음은 다섯 여인에게서 일어난 일을 정상적인 (normal) 것과 비정상적인(abnormal) 것으로 나누는 시각에서 보는 것이 아니라 범상한(ordinary) 것과 비상한(extraordinary) 것으로 나누는 시각에서 본다. 마리아가 처녀의 몸으로 예수를 잉태한 것은 비정상적인 일이 아니라 하나님에 의해서, 즉 성령으로 잉태된 특별하고 놀라운 일이라는 것이다.

마태복음이 첫 장부터 예수의 계보를 기록한 가장 큰 목적은 바로 마리아의 처녀 수태를 설명하기 위한 것이다. 마태복음은 먼저 1장 1절에서 예수가 아브라함과 다윗의 자손임을 분명히 한다. 예수가 정통 유대인이며 왕의 자손이라는 것이다. 그러나 이것만으로는 충분치 않다. 예수는 하나님이 보내신 메시아라는 사실을 보여 주어야 한다. 그리고 그것을 나타내는 사건이 마리아의 처녀 수태이다. 처녀의 수태는 우리 인간의 눈으로 볼 때 정상적인 것이 아니다. 그래서 그렇게 범상치 않은 사건을 예수의 조상 중에서 찾았고 다말과 라합과 룻과 밧세바가 등장하게 된 것이다. 반면에 사라나 리브가나 레아나 라헬 같은 정실부인들의 이름이 기록되지 않은 이유가 여기에 있다. 왜냐하면 그 사람들은 마리아와 같은 범상치 않은 출산을 하지 않았기 때문이다. 그래서 1장 6절에서 다윗이 솔로몬을 낳았다고 평범하게 기록하지 않고, 굳이 다윗이 우리야의 아내에게서 솔로몬을 낳았다 하고 또 요셉의 부인 마리아라고 하지 않고, 마리아의 남편 요셉이라고 기록한 것이다. 마태복음은 예수의 족보를 기록하면서 예수가 바로 하나님이 보내신 메시아이며 그래서 그분의 출생은 하나님이 개입해서 일으키신 놀라운 사건이라는 것을 변증하는 것이다.

하나님은 당신의 계획대로 인간의 일에 개입하신다. 사람을 변화시키기도 하고, 사람의 일을 바꾸기도 하신다. 그리고 그것은 전적으로 하나님의 뜻에 달려 있다. 애굽의 왕자였던 모세를 이스라엘 백성의 지도자가 되게 해서 출애굽 사건을 일으키셨고, 그리스도인들을 미워하고 탄압하던 바리새인 사울을 변화시켜서 그리스도의 복음을 전하는 사도 바울이 되게 하셨다. 하나님은 우리 각자의 삶에도 역사하신다. 우리의 눈으로 볼 때 보잘것없는 사람, 심지어는 죄인이라고 손가락질받는 사람일지라도 하나님의 계획을 이루시기 위해 택하고 쓰신다. 하나님이 하시는 일은 우리 인간의 이성이나 윤리를 넘어선다. 그리고 그 일은 우리를 구원으로 인도하려는 하나님의 선하고 깊은 뜻 안에서 이루어진다.

예수의 탄생은 구약성서에 나타나는 이스라엘 백성의 지도자들, 특히 아브라함, 모세, 다윗을 연상하게 한다. 먼저 모세는 하나님이 이스라엘을 이집트로부터 탈출시킬 때 이스라엘의 지도자로 세운 사람이다. 예수의 출생 이야기는 모세의 출생 이야기와 흡사하며, 아기 예수 가족이 헤롯 왕의 잔인한 손길을 피해서 이집트에 피신했다가 돌아오는 것을 호세아의 구절을 인용해서 "내가 이집트에서 내 아들을 불러냈다"(호 11:1)고 말한다. 모세는 예수의 예표(豫表)이며, 예수는 '새 모세'(New Moses)로서 이스라엘 백성의 '새 탈출'(New Exodus)을 이끌 것이다.

예수는 아브라함의 자손이요 다윗의 자손으로서 유대인의 왕으로 태어났다(마 1:1; 2:2, 6, 11; 막 10:47; 12:35; 눅 18:38; 20:41; 롬 1:3. 참고,

삼하 7:12-14; 시 45:7-9). 예수는 성령으로 잉태된 하나님의 아들이요(눅 3:23-38) 메시아이다. 그는 폭력적인 헤롯과 달리 양을 돌보는 목자처럼 이스라엘 백성을 보살필 것이다. 그는 힘이 있으나 겸손하고, 특히 가난하고 힘없는 사람들에게 자비를 베풀 것이다. 그는 "주린 사람들을 좋은 것으로 배부르게 하시고, 부한 사람들을 빈손으로 떠나보내셨습니다. 그는 자비를 기억하셔서, 자기의 종 이스라엘을 도우셨습니다"(눅 1:53-54). 누가복음에서 예수 탄생 이야기는 아브라함과 사라의 이삭 탄생 이야기와 맥을 같이 한다(창 17:15-18:19). 하나님은 아브라함에게 하신 약속을 예수를 통해 모두 이루어주실 것이다. "그의 자손이 아브라함에게 배운 대로 하면, 나는 아브라함에게 약속한 대로 다 이루어주겠다"(창 18:19).

주님의 천사가 요셉의 꿈에 나타나서 말한다. "마리아가 아들을 낳을 것이니, 너는 그 이름을 예수라고 하여라. 그가 자기 백성을 그들의 죄에서 구원하실 것이다"(마 1:21). 예수의 이름은 그가 누구인지 또 무엇을 할 것인지를 잘 말해 주고 있다. 예수(그리스어 Iesous, 라틴어 Iesus)는 히브리 이름 여호수아(Yehoshua, Yeshua)에서 온 이름이며 '야훼가 구원하신다'(Yahweh saves) 또는 '야훼는 구원이시다'(Yahweh is salvation)라는 뜻이다. 예언자들은 이렇게 말한다. "보아라, 동정녀가 잉태하여 아들을 낳을 것이니, 그의 이름을 임마누엘이라고 할 것이다" (마 1:23). 임마누엘(Immanuel)은 '하나님이 우리와 함께 계시다'(God is with us)는 뜻이다. 하나님은 예수를 통해 우리와 함께하시며, 우리를 구원하신다.

4. 예수의 가족

예수의 가족은 누구이며, 예수와는 어떤 사이였을까? 예수의 아버지 요셉에 대해서는 별로 알려진 바가 없다. 그는 다윗 가문의 자손이며(눅 1:27; 2:4), 조상 땅인 고향 베들레헴을 떠나 나사렛에서 살았고(눅 2:3-4), 직업은 목수였다. 요셉은 의로운 사람이요, 믿음이 굳건하고 신중한 사람이었다(마 1:18-25). 요셉은 예수 탄생과 예수가 열두 살 때 성전에 데리고 간 일 이후에는 전혀 언급되지 않고, 사람들이 예수를 가리켜 마리아의 아들(막 6:3)이라고 부르는 것으로 보아 일찍 죽었으리라고 추측하기도 한다. 반면에 어머니 마리아는 예수 생애에 계속 등장한다. 그녀는 나사렛 사람으로 요셉과 약혼할 때 십 대였으리라 추측된다(그 당시 여자는 일찍 약혼해서 십 대 중반에 결혼했다). 예수를 잉태할 때 마리아와 천사의 대화를 살펴보면 그녀는 정숙하고 신실한 사람임을 알 수 있다(눅 1:26-38). 마리아는 예수의 특출난 행동에 당황하고 때로는 그를 말리기도 했으나 아들의 곁을 떠나지 않았고, 첫 그리스도인이 되었다(행 1:12-14).

예수의 형제자매(야고보, 요셉, 유다, 시몬이라는 네 형제와 적어도 두 자매, 막 6:3; 마 12:46-49; 13:55-56; 눅 8:19-20; 요 2:12; 7:3, 10)에 대해서는 여러 의견이 있다. 첫째, 예수의 형제자매는 마리아가 예수를 탄생한 후 요셉과의 부부관계를 통해 낳은 이부(異父) 형제자매들이다. 둘째, 그들은 요셉과 전처와의 사이에서 난 자녀들이다. 그러므로 예수만을 낳은 마리아는 동정(童貞)을 잃지 않았다(동정녀 출생, virgin birth). 셋째, 그들은 예수의 사촌 형제자매들이다. 첫째 의견이 가장 자연스러우며 대부분의 개신교회에서는 이 해석을 따른다. 둘째 의견은 로마가톨릭교회에서 따르는 의견으로, 성모 마리아를 특별히 공경하여 '무염시태'(Immaculate Conception)와 '성모승천'(Assumption of Mary)의 교리가 형성되었다.

　예수의 가족은 예수를 어떻게 생각했을까? 예수가 사람들에게 말씀을 들려 주고 있을 때 가족들이 찾아와서 예수를 불러냈으나 예수는 순순히 나가지 않았다(막 3:31-35). 예수가 고향의 회당에서 가르칠 때 사람들은 그가 마리아의 아들 목수인 것을 알아보고 달갑지 않게 여겼다. 예수는 예언자가 자기 고향과 집에서는 존경을 받지 못한다고 말하며 그들이 믿지 않는 것에 놀랐다(막 6:1-6). 예수의 고향 사람들은 그가 자신들을 비난하는 말을 한다고 생각하고 예수를 산 벼랑까지 끌고 가서 거기에서 밀쳐 떨어뜨리려고 했다(눅 4:29). 예수의 형제들은 예수를 믿지 않았으며(요 7:1-5), 예수의 가족은 그가 미쳤다는 소문을 듣고 그를 붙잡으러 나서기도 했다(막 3:21). 예수는 어머니 마리아의 모정 외에는 형제자매의 인정과 지지를 받지 못했고, 고향 사람들도 그의 말과 행동을 제대로 알아주지 않은 것 같다. 예수는 가족을 떠나 유랑 생활을 하며 복음을 전했고, "여우도 굴이 있고, 하늘을 나는 새도 보금자리가 있으나, 인자는 머리 둘 곳이 없다"(눅 9:58)고 한탄스러운 말을 한다. 후대의 어떤 사람 말대로 구세주이신 예수가 아버지 없는 자식(fatherless child)이요 집 없는 노숙자(homeless)였다.

　예수는 가족을 어떻게 생각했을까? 자기의 뜻을 알아주지 않는 가족들에 대해서 안타깝기도 하고 섭섭하기도 했을 것이다. 그러나 그는 결코 가족을 미워하거나 소홀히 하지 않았다. 예수가 추구한 가족은 혈연과 지연에 얽매이지 않는 하나님의 가족, 즉 하나님의 뜻을 따르는 공동체였다: "누구든지 하나님의 뜻을 행하는 사람이 곧 내 형제요 자매요 어머니다"(막 3:35). 어떤 여자가 예수에게 당신을 낳아 키운 어머니는 복이 있다고 칭송하자 예수는 "오히려, 하나님의 말씀을 듣고 지키는 사람이 복이 있다"(눅 11:28)고 말한다. 진정한 아버지는 바로 하나님이며, 하나님의 뜻을 행하는 믿음의 공동체는 새로운 가정이다.

예수는 임박한 하나님 나라의 도래 앞에서 새로운 공동체, 즉 하나님의 가족이 되기 위한 즉각적인 결단과 참여를 촉구했다. 그래서 예수는 세상에 평화를 주러 온 것이 아니라 "칼을 주려고"(마 10:34; 눅 12:51 "분열을 일으키러") 또 가족들이 서로 원수가 되어 맞서게 하려고 왔다는 말을 한다. 이 말은 가족 사이에 분열을 일으켜 서로 싸우게 하겠다는 말이 아니라 예수를 따르거나 따르지 않거나, 즉 하나님 나라의 백성이 되느냐 되지 않느냐에 따라 서로 나뉘게 된다는 말이다(마 10:34-39; 눅 12:51-53). 예수를 따르려면 부모와 형제자매, 심지어 자기 목숨까지도 "미워해야 한다"(눅 14:26-27)는 말은 예수가 사용한 아람어로는 "덜 사랑해야 한다"(love... less, 마 10:37)라는 뜻이다.

예수의 형제들은 예루살렘 다락방에서 예수의 제자들과 함께 기도에 힘쓴 것으로 보아 그들이 그리스도를 믿게 되었음을 알 수 있다(행 1:14). 바울은 부활하신 예수가 야고보에게 나타났다고 말한다(고전 15:7). 예수의 형제자매 중에서 나중에 큰 활약을 하는 사람 둘이 있다. 야고보는 예루살렘 교회의 우두머리가 되어 바울로부터 "기둥으로 인정받는 야고보"(갈 2:9. 참고, 행 15:12-21; 21:17-18; 갈 1:18)라고 불렸으며, 후대에 예루살렘 교회의 초대 감독으로 인정받는다. 신약성서의 야고보서를 예수의 형제인 야고보가 썼는지에 대해서는 의견이 엇갈리는데, 만일 저자가 야고보라면 글의 문장이나 내용을 볼 때 수준 높은 그리스어를 구사했고, 깊은 학식이 있음을 알 수 있다. 야고보는 유대 귀족을 비난했다는 이유로 대제사장 아나누스 2세의 명으로 투석형을 받아 순교했다(서기 62년 또는 67년). 후대 사람들은 그를 '의인 야고보'(James the Just)라고 부른다.

유다는 그의 형제 야고보를 도와 초대교회의 목회와 선교에 힘쓴 것으로 보인다. 신약성서 유다서의 저자는 문안 인사를 하면서 자신을 "예수 그리스도의 종이요, 야고보의 동생인 유다"(유 1:1)라고 소개하는데, 예수의 형제인 유다가 실제로 이 서신을 썼는지는 확실하지 않다. 유다의 손자는 다윗의 자손이라는 이유로 로마 황제 하드리아누스 앞에서 문초를 받았으나 힘든 일로 거칠어진 손바닥을 보여 주며 역심이 없음을 호소하여 처벌을 받지 않았다. 그는 트라야누스 황제의 박해 때 순교했다. 유다의 증손자는 바코크바의 난(서기 132~135년)이 있기 전에 예루살렘 교회의 마지막 감독이 되었다.

제 7 장
예수의 성장

예수의 어린 시절이나 성장 과정에 관한 기록은 거의 없다. 복음서에도 오직 누가복음에만 간략하게 언급되어 있을 뿐이다(눅 2:39-52). 비정경 복음에 예수의 어린 시절 이야기가 있으나 역사적 신빙성은 희박하다. 예수의 탄생 때부터 그가 약 서른 살에 요한에게 세례를 받기까지 약 30년 동안 예수가 어떻게 성장했으며, 어떤 교육을 받았고, 어떤 언어를 구사했고, 성서는 어떻게 읽었는지, 어떻게 신앙이 형성되었는지, 어떤 일을 했는지, 혹시 결혼은 했는지 등 궁금한 점이 많다. 구체적인 정보는 없으나 당시 유대인 아이가 어떻게 자랐는지 알아보면 예수의 성장에 대해서도 어느 정도 윤곽을 잡을 수 있다. 그리고 이런 정보는 예수와 그의 활동을 이해하는 데 도움이 될 것이다.

1. 나사렛

예수가 자란 나사렛은 어떤 곳일까? 나사렛이라는 이름은 구약성서나 고대 유대 문헌 어디에도 나타나지 않는다. 그래서 원래 나사렛이라는 마을이 없었다고 생각하기도 했다. 그러나 근래의 고고학적 발굴에서 나사렛 이름이 새겨진 비석이 발견되고, 마을의 흔적과 유물이 나타남으로써 나사렛이 실제로 존재했던 마을이었음이 밝혀졌다. 나사렛에는 언덕과 벼랑(현재 수태고지 교회 서쪽)이 있어서 사람들이 예수를 밀쳐 떨어뜨리려고 했다는 복음서 기록과 일치한다(눅 4:29). 예수 당시 나사 렛은 면적 40km²에 인구 300~400명(오늘날에는 6만 명) 정도의 작은 마을 이었다. 학교나 회당이나 이방 신전이 있었던 흔적은 없으며, 마을 사람들은 거의 모두 유대인이었다고 추정된다.

나사렛의 생활은 궁핍하지 않았던 것으로 보인다. 집은 크지 않았으 나 방을 4개까지 갖춘 집도 있었고 테라스도 있었다. 집은 돌과 진흙으로 지었으며, 지붕은 나뭇가지로 받치고 갈대와 진흙을 개어 붙였다. 포도 밭과 포도즙 짜는 도구, 올리브유 짜는 도구, 가죽이나 돌 다듬는 도구, 농기구가 있었고 가축도 사육했다. 모자이크나 프레스코 같은 미술 작품은 출토되지 않았으며, 공공건물이나 포장도로도 없었다. 그렇다 고 나사렛이 동떨어진 곳에 위치한 한적한 마을은 아니었다. 나사렛 근처로는 가이사랴 마리티마(지중해 연안 도성)와 티베리우스(갈릴리 호수 주변 도성)를 잇는 교역로가 있어서 상인들이 다녔고, 6km 떨어진 곳에는 헤롯 안디바가 세운 큰 도성 세포리스가 있었다. 어쩌면 예수는 아버지 요셉과 함께 세포리스를 방문했거나 도성 건설 현장에서 일했을 가능성도 있다.

나사렛 사람들은 신앙적으로 보수적 성향을 지녔다고 보인다. 그들 은 율법을 준수하고, 할례를 받고, 예루살렘 성전 참배를 하는 전통적 유대교 신앙을 고수했다. 보수적 신앙을 가진 사람은 새로운 율법 해석에 대해서 경계심을 갖고 거부한다. 예수의 고향 사람들은 안식일에 회당에서 예수의 가르침을 듣기는 했지만 그를 달갑게 여기지 않고 권위를 인정하지 않았다. "이 사람이 어디에서 이런 모든 것을 얻었을까?

이 사람에게 있는 지혜는 어떤 것일까? 그가 어떻게 그 손으로 이런 기적들을 일으킬까? 이 사람은 마리아의 아들 목수가 아닌가?"(막 6:2-3).

예수가 나사렛을 떠나 갈릴리호숫가에 있는 가버나움에서 복음을 전하기 시작한 것이 어쩌면 나사렛 사람들의 외면과 배척 때문이 아니었을까?(마 4:13, 17). 나사렛 사람들과 예수의 가족은 그가 하나님 나라와 복음을 선포할 자격이 없다고 생각한 것 같다(요 7:5). 나다나엘이라는 사람도 예수가 나사렛 출신이라는 말을 듣고 "나사렛에서 무슨 선한 것이 나올 수 있겠소?"(요 1:46)라고 묻는다. 예수가 성전에서 가르치는 것을 들은 유대 사람들은 놀라서 "이 사람은 배우지도 않았는데 어떻게 저런 학식을 갖추었을까?"(요 7:15)라고 묻는다. 예루살렘과 같은 도성에 사는 사람이 무시할 정도로 나사렛은 작은 시골 마을이었고 예수는 시골 사람이었다. 예수는 시골 농촌에서 자라면서 농부와 어부, 노동자가 땀 흘려 일하는 모습을 보았고, 자연의 품에서 나무와 꽃, 새와 동물이 조화롭게 사는 광경을 보면서 하나님의 섭리와 손길을 느꼈을 것이다. 예수의 가르침에 많이 나오는 자연과 농사에 관한 이야기는 그가 자란 자연과 시골의 환경을 반영하고 있다.

2. 예수의 교육

예수는 어떤 교육을 받았을까? 사람들을 놀라게 한 그의 지혜는 어디서 얻은 것일까? 스스로 깨우친 것일까 아니면 알려지지 않은 어떤 현자로부터 가르침을 받은 것일까? 예수 당시 초등교육 제도나 학교는 없었다. 아이들은 가정에서 아버지로부터 신앙교육과 직업훈련을 받았다. 부유한 가정에서는 가정교사를 두어 자녀들을 가르쳤고,

우리나라의 서당처럼 학식 있는 사람 집에 가서 배우게 했다. 안식일에
는 회당 예배에 참석해서 성서 봉독과 강해 말씀을 들었다. 회당은
예배와 교육, 친교와 회의의 장소였다. 예수 당시 회당에 학교가 있었는
지에 대해서는 의견이 분분하다. 만일 학교가 있었다면, 초등학교(bet
sefer, 책의 집)와 중등학교(bet midrash, 배움의 집)가 있었을 것이다. 이
과정은 열두세 살에 마치게 된다. 이후 뛰어나고 경제적 여력이 있는
학생은 학식 높은 현자(랍비)의 문하에 들어가 학업을 계속하고, 나머지
대부분은 생업에 종사하게 된다.

　당시 회당에 공립 학교가 없었다고 해도 성서를 공부하는 모임이
있었을 것이다. 나사렛 같은 지방의 작은 마을에서는 회당 관리인
(hazzan)이 성서 공부를 지도하기도 했다. 갈릴리에는 바리새파 랍비들
이 활발하게 활동하고 있었다. 어린 예수가 스스로 깨우쳐 지혜를
얻은 것이 아니라 누군가의 가르침을 받았다면, 어쩌면 힐렐 학파와
관련된 바리새파 랍비의 가르침을 받았을지도 모른다(나중에 예수에게
시비를 걸고 논쟁을 하던 바리새파 사람은 아마 샤마이 학파 사람이었을 것이다).

　유대인은 '책의 사람들'(people of the book)이라고 불린다. 유대인의
교육은 전적으로 종교 교육, 즉 성서를 바탕으로 한 신앙 교육이었다.
율법을 배우는 것은 곧 예배를 드리는 것이었다. 유대 아이는 어려서부
터 쉐마(Shema)를 외우며 성서 말씀을 익혔다. 쉐마는 유대인의 신앙고
백으로서 성서의 세 부분(신 6:4-9; 11:13-21; 민 15:37-41)과 기도문으로
이루어지는데 아침기도와 저녁기도에 사용된다. 유대인 가정에서는
자녀가 어릴 때부터 쉐마를 가르치고, 손에 매어 표로 삼고, 이마에
붙여 기호로 삼고, 집 문설주와 대문에도 써서 붙이고, 반복해서 암송하
게 했다(신 6:7-9). 경건한 유대인은 그의 입술로 "주님은 우리의 하나님

이시오, 주님은 오직 한 분뿐이십니다"(신 6:4)라고 시작하는 쉐마를 암송하면서 죽기를 희망한다. 미쉬나에 의하면 어린이는 다섯 살이 되면 기록 율법, 즉 모세오경을 배우기 시작하며, 열 살에는 구전 율법, 열다섯 살에 실생활에 적용되는 율법 규정(halakhah 또는 halachot)을 배우게 된다(미쉬나 아봇 5:21).

성서의 말씀은 주로 두루마리에 기록되는데 전문가의 필사로 만들기 때문에 흔치 않았고 가격도 높았다. 성서 전체는 대략 스무 개의 두루마리에 담기는데, 예수 당시 한 가정에 한두 개의 두루마리 정도는 가지고 있었고 부유한 집에서는 더 많은 두루마리를 가지고 있었다. 읽을 줄 모르거나 읽을거리가 없는 사람은 귀로 들은 성서 구절을 암기하여 간직할 수밖에 없었다. 성서 공부는 주로 성서 구절을 반복해서 크게 낭송하는 것이었다. 그래서 "배운 것을 백 번 반복한 사람은 백 한 번 반복한 사람과 비교할 수 없다"든지, "율법을 배우고 그것을 계속해서 반복하지 않는 사람은 씨앗을 뿌리고 거두지 않는 사람과 같다"는 탈무드의 가르침이 있다.

당시 유대인들의 성서 암기는 놀라울 만큼 방대하고 정확했다. 어떤 랍비는 "필사보다 암기가 더 정확하다"고 주장할 정도였다. 어린 예수도 다른 유대 어린이처럼 기록 율법과 구전 율법의 가르침을 듣고, 반복해서 암송하면서 배웠을 것이다. 당시 웬만한 유대인 어린이는 (글을 쓸 줄 모르더라도) 성서 구절을 외우고 암송할 수 있었다. 어린 예수는 가정과 회당에서 성서를 배웠고, 성장하면서 율법을 해석하고 본뜻을 찾아내는 학문적 지식과 통찰력을 갖추어 나갔다. 예수의 지혜가 스스로 습득한 것인지, 누군가에게 배운 것인지는 알 수 없으나 선생님이라고 불리며 성서를 읽고 새롭게 해석해서 사람들을 놀라게 할 만한 경지에 오른 것은 분명하다.

3. 예수의 언어

예수 당시 팔레스타인은 히브리어, 아람어, 그리스어, 라틴어가 혼재하는 다중언어 사회였다. 예수는 어떤 언어를 사용했을까? 구약성서는 히브리어로 기록되었는데 왜 신약성서는 그리스어로 기록되었을까? 복음서에는 예수와 이방인이 대화하는 장면이 나오는데 어떤 언어로 의사소통을 했을까?

고대 메소포타미아, 시리아 등 서아시아에서 사용하던 아카드어, 히브리어, 아람어는 모두 셈어(Semitic language) 계통의 언어이다. 이스라엘 백성은 가나안에서 시작된 히브리어를 사용하게 되었고, 구약성서는 거의 전부 히브리어로 기록되었다. 예수 당시 히브리어는 주로 성전 제의나 회당 예배 그리고 제사장이나 율법 학자가 성서를 읽고 해석할 때 사용되었고, 일상생활에서는 아람어와 그리스어가 사용되었다. 아람어는 메소포타미아 북부에서 기원해서 시리아에 퍼진 언어이다. 앗시리아 제국이 주변국을 정복하여 주민을 이주시키고, 교역과 외교에 아람어를 사용하면서 서아시아 전역에 퍼지게 되었다. 앗시리아의 산헤립 왕이 예루살렘을 위협할 때 유다 히스기야 왕의 사자가 앗시리아의 장수에게 우리가 시리아 말(아람어)을 알아들으니 유다 말(히브리어)로 하지 말고 시리아 말로 해달라고 요청했다(왕하 18:26). 앗시리아를 정복한 바빌로니아 제국에서도 아람어를 사용하게 되었고, 페르시아 제국에서는 아람어가 공용어가 되었다. 아람어는 이슬람이 일어날 때까지 대부분의 서아시아 거주민이 사용하는 언어가 되었다.

이스라엘 백성은 바빌로니아 포로 시대부터 아람어를 일상생활의 언어
로 사용했다. 바빌로니아에서 유대 땅으로 돌아온 이스라엘 백성에게
에스라가 율법 책을 읽어 줄 때 레위 사람은 성서의 히브리어를 아람어로
통역해 주었다(느 8:8). 구약성서에서 에스라 일부(스 4:8-6:18)와 다니엘
일부(단 2:4-7:28)는 아람어로 기록되었다.

마케도니아 제국이 팔레스타인 지역을 정복해서 그리스어가 퍼진
후에도 아람어는 계속 사용되었다. 헬라 문화의 영향을 받은 도심
지역의 식자층과 부유층, 상인들은 그리스어를 사용했고, 헬라 문화의
영향을 받지 않은 지역에서는 일상생활에서 여전히 아람어를 사용했다.
기원전 2세기경 프톨레미 왕국의 알렉산드리아에서는 그리스어를 사용
하면서 히브리어를 모르는 유대인을 위해 구약성서를 그리스어로 번역
한 셉투아진트가 작성되었다. 점차 그리스어는 공적 서류나 거래 계약서
뿐만 아니라 학문 연구에도 사용되었다. 알렉산드리아의 저명한 유대교
학자인 필로는 대부분의 저술을 그리스어로 썼으며, 요세푸스는 유대
전쟁을 처음에는 아람어로 썼으나 마지막 본은 그리스어로 썼다. 로마제
국이 유대를 지배한 후에도 라틴어보다는 그리스어를 공용어로 사용했
다. 로마 병사는 라틴어를 했으나 장교, 총독과 같은 고위급 인사는
그리스어를 말할 수 있었다고 보인다. 신약성서가 그리스어로 기록된
것은 유대인뿐만 아니라 그리스어를 공용어로 사용하는 지중해 연안
사람들에게 널리 읽히게 하기 위한 것이었다.

예수는 아람어를 사용했다. 복음서에는 간혹 아람어가 나오는데,
예를 들면 '아빠', '엘로이 엘로이 레마 사박다니'(나의 하나님, 나의 하나님,
어찌하여 나를 버리셨습니까?, 막 15:34), '에바다'(열려라, 막 7:34), '게바'(바
위[그리스어로는 Petros, 베드로], 요 1:42), '고르반'(예물, 막 7:11), '라부니'

(선생님, 막 10:51), '달리다굼'(소녀야 일어나라, 막 5:41)이 있다. 그 밖에 '아멘'(진실로), '게헨나'(지옥), '호산나'(구하소서), '골고다'(해골의 장소) 도 아람어로 보인다. 사람 이름을 말할 때 흔히 누구'의 아들'(son of)이라고 하는데, 예를 들면 '바라바', '바요나', '바디매오', '바돌로매' 등 히브리어 '벤'(ben)이 아닌 아람어 '바'(bar)를 썼다(유명한 영화 속 주인공인 '유다 벤허'는 '허의 아들 유다'(Judas ben Hur)라는 히브리어이고, 요셉의 아들 예수를 아람어로 말하면 '예슈아 바요셉'[Yeshua bar Yoseph]이 된다). 바울서신에도 '마라나 타'(우리 주님, 오시옵소서, 고전 16:22)라는 아람어가 나온다. 복음서에 예수의 말씀이 나오지만, 아람어가 아닌 그리스어로 기록되어 있어서 번역상 오류가 있거나 원래의 의미와 차이가 있을 수 있다. 학자들은 예수의 원래 말씀을 아람어로 복원하는 시도를 했으나 아직 가설을 제시하는 데 그치고 있다.

경건한 유대교인인 예수는 성서 말씀을 듣고 읽었으며, 말씀을 묵상하고 숙고했을 것이다. 그렇다면 히브리어도 읽을 수 있었으리라고 추정된다. 예수는 회당에서 히브리어 성서를 읽고 가르쳤다(눅 4:16-22). 예수는 대중을 향해서는 "너희가 들었다"(마 5:21, 27, 33, 38, 43. 참고, 요 12:34)고 말하지만, 논쟁의 상대인 바리새인, 사두개인, 율법 교사, 제사장, 서기관 등, 소위 식자층에게는 "너희는 읽어보지 못하였느냐?" 고 꾸짖는듯한 질문을 한다(마 12:3, 5; 마 19:4; 마 22:31; 마 21:16). 어떤 율법 교사가 트집을 잡으려고 영생에 대해서 묻자 예수는 "율법에 무엇이라고 기록하였으며, 너는 그것을 어떻게 읽고 있느냐?"(눅 10:26) 라고 되묻는다. 예수의 이런 말과 태도는 자신이 히브리어 성서를 읽고 그 의미를 숙지하지 않고는 취할 수 없는 자신 있고 권위 있는 모습이다.

예수는 그리스어도 어느 정도 구사한 것으로 보인다. 갈릴리는 생산과 교역이 활발한 지역이었다. 당시 장사하거나 일감을 맡을 때는 그리스어로 계약서나 영수증을 작성했다. 예수는 목수 일을 하면서 필요한 경우 그리스어를 사용했을 것이다. 그리고 예수는 사역 중에 이방인도 만났다. 예수는 귀신 들린 딸을 고쳐 달라고 간청하는 시로페니키아 출생 그리스 여인과 대화를 했고(막 7:24-30), 예루살렘에 온 그리스 사람들과 대화를 했으며(요 12:20-26), 자기의 종을 고쳐 달라는 로마 백부장과 이야기를 했다(마 8:5-13). 로마 총독 빌라도가 예수를 심문하면서 "당신이 유대인의 왕이요?"라고 묻자 예수는 "당신이 그렇게 말하고 있소"라고 대답했다(마 27:11). 이 모든 대화가 어떻게 이루어졌을까? 아람어로 했을까 아니면 그리스어로 했을까? 예수와 빌라도와의 대화는 혹시 통역을 사이에 두고 대화를 했을까? 그리스어로 대화했으리라고 추측하는 것이 당시 상황에 가장 부합한다.

예수는 주 언어로 아람어를 사용했고, 히브리어 성서를 읽고 해석할 수 있었으며, 일상생활에 필요한 그리스어를 어느 정도 구사했으리라고 추정된다. 라틴어를 했다는 단서는 찾을 수 없다.

4. 예수의 문해력

문해력(文解力, literacy)이란 읽고 쓰는 능력을 말한다. 예수는 문해력이 있었을까? 읽고 쓸 뿐만 아니라 글을 이해하고 해석하는 능력이 있었을까? 복음서에는 예수가 글(히브리어 문장)을 읽었다는 언급이 있다. 예수는 안식일에 회당에서 두루마리에 적힌 이사야서를 읽었다(눅 4:16-20). 요한복음에는 예수가 성전에서 가르치니 유대 사람들이 듣고 놀라서 말했다. "이 사람은 배우지도 않았는데 어떻게 저런 학식을 갖추었을까?"(요 7:15). "어떻게 저런 학식을 갖추었을까?"를 문자적으로 읽으면 "어떻게 글을 알까?"이다. 그들 생각에는 예수가 배우지도 않았는데 어떻게 성서를 읽고 가르칠 수 있느냐는 말이다. 어쨌든 예수가 글을 읽을 줄 모른다든지, 더듬거리며 잘못 읽는다는 뜻을 풍기지는 않는다. 예수는 글을 읽을 줄 알았다. 그렇다면 쓰기는? 예수가 글을 써서 남긴 흔적은 없다. 복음서에 단 한 군데 뭔가를 썼다는 기록은 있다. "예수께서는 몸을 굽혀서, 땅에 무엇인가를 쓰셨다"(요 8:6). 하지만 이 말을 예수가 글을 쓸 수 있었다는 근거로 삼기는 어렵다.

예수와 그의 제자들은 특별히 누구에게 배운 경력은 없으나 성서에 대한 지식이 있었고 성서 구절을 해석하여 새로운 주장을 폈다. 예수는 추종자들에게나 적대자들에게나 "랍비"(Rabbi)라고 불렸으며(막 9:5; 11:21; 14:45) 또한 "선생님"(epistata, master 또는 didaskalos, teacher)이라고 불렸다. 예수 당시 랍비라는 말은 가르침을 주는 선생님을 부르는 호칭이었지만, 후에 예루살렘 성전 파괴 후 랍비 유대교가 시작되면서부터는 전문 교육과정을 거쳐서 임명을 받고 율법을 가르치는 학자에 대한 호칭이 되었다. 예수가 랍비라고 불리며 제자들을 양성하고, 성서를 해석하고, 율법 학자들과 논쟁했다는 사실은 그가 높은 수준의 문해력을 지니고 있음을 반영하는 것이다. 사람들은 예수의 가르침을 듣고 놀랐다. 왜냐하면 "예수께서 율법 학자들과는 달리 권위 있게 가르치셨기 때문이다"(막 1:22).

예수는 당시의 서기관이나 제사장처럼 정규 교육과 훈련은 받지 않았다. 그러나 그의 가르침에는 새로움과 권위가 있었다. 그의 말씀은 사람들에게 희망과 용기를 주었고, 반면에 권세를 누리는 오만한 지배층

인사에게는 당혹감과 시기심을 유발하는 것이었다. 예수가 글을 남기지 않은 것은 그 당시가 구술문화의 시대였고, 그의 사역에서 치유와 기적이 큰 비중을 차지했고, 어느 학파나 종파에 속해서 학문을 연구하고 저술하지 않았으며, 배운 것이 없어서 글을 모르는 사람들을 청중으로 삼아 가르침을 들려주었기 때문일 것이다. 비록 예수는 글을 남기지 않았으나 높은 수준의 문해력과 성서의 말씀을 꿰뚫어 보는 예리한 통찰력 그리고 무엇보다도 심오한 영감이 있었다. 예수는 자신의 가르침이 하나님이 주시는 것이라고 믿었다. "나의 가르침은 내 것이 아니라 나를 보내신 분의 것이다. 하나님의 뜻을 따르려는 사람은 누구든지, 이 가르침이 하나님에게서 난 것인지, 내가 내 마음대로 말하는 것인지를 알 것이다"(요 7:16-17). 예수의 제자들과 추종자들은 복음서와 서신 등 엄청난 양의 글을 써서 스승이자 주님이신 예수의 삶과 가르침을 전파했다.

5. 예수의 직업

마가복음은 예수의 직업이 목수였다고 말한다. "이 사람은 마리아의 아들 목수가 아닌가?"(막 6:3). 마태와 누가는 그리스도이신 예수가 목수였다는 사실이 꺼림직했는지 각기 "목수의 아들"(마 13:55) 또는 "요셉의 아들"(눅 4:22)이라고 표기한다. 놀라운 지혜로 은혜의 말씀을 들려주는 선생님이 목수라는 사실이 어울리지 않는다고 생각한 듯하다. 그러나 당시에는 제사장이나 서기관, 랍비가 생계를 꾸리기 위해서 다른 직업을 갖는 것은 흔히 있는 일이었다. 사도 바울도 천막 만드는 일을 했다. '목수'라고 번역되는 그리스어 '테크톤'(tekton)은 원래 기술자 또는 기능인으로서 나무, 돌, 뿔, 상아를 깎아서 제품을 만드는 사람(craftsman)을 말한다(tekton에서 technique, technician, technology라는 영어가 나왔다). 예수는 나무로 가구나 기구를 제작하는 목공(木工, woodworker)이었을 것이다. 복음서에는 예수가 무엇을 만들었는지 언급하지 않는다. 초대 교부 유스티누스는 예수가 '멍에와 쟁기'를 만들었다고 말한다. 예수는 맏아들로서 부모와 여러 명의 형제자매를 부양하기 위해서 열심히 일해야 했을 것이다.

예수는 사회의 어느 계층에 속했을까? 그는 가난한 목수로서 노예, 하인, 막노동자보다는 약간 위인 중산층 하부계급에 속했던 것으로 보인다. 어느 학자는 예수가 '지방 무산계급'(rural proletariat)에 속한 사람이라고 말한다. 예수는 자신의 신세를 가리켜 "머리 둘 곳이 없다"(눅 9:58)고 한탄스럽게 말하기도 하고, "재산을 가진 사람은 하나님의 나라에 들어가기가 참으로 어렵다"(막 10:23)고 부자에 대해서 부정적으로 말한다. 예수의 가르침에는 가난한 사람과 부자의 비교, 가진 자의 횡포, 빚진 자의 괴로움, 가난하고 병든 사람의 고통과 비애에 관한 이야기가 많다. 예수에게 모여들었던 사람들은 대부분 힘들게 먹고사는 사람들이었으며, 그중에는 사회에서 무시당하고 손가락질받는 병자, 죄인, 심지어는 창기도 있었다. 예수는 권세 있고 부유한 사람들이 많이 사는 도성(세포리스, 티베리아스, 데카폴리스 등)이 아닌 갈릴리 지방의 도읍과 마을(나사렛, 가버나움, 가나, 나인, 고라신 등)을 다니며 복음을 전하고 병자를 고쳤다.

6. 예수의 결혼?

복음서를 비롯한 신약성서와 초대 기독교 문헌 어디에도 예수가 결혼했다는 말은 없다. 비정경 문헌인 빌립복음에 예수가 마리아에게 입을 맞추곤 했다든지, 마리아복음에 예수가 다른 제자들보다 마리아를 더 사랑했다는 내용이 있기도 하지만 그래도 예수가 결혼했다는 말은 나오지 않는다. 그 당시 남자가 일반적으로 스무 살 이전에 결혼하는 관례를 보면 예수가 결혼하지 않은 것은 좀 예외적인 경우이다. 랍비 문헌에서는 이렇게 말한다. "열여덟 살이면 신부의 방에 들어갈 만하다"(아봇 5:21), "스무 살이 되었는데도 결혼하지 않는 남자는 하루종일 죄에 빠져 지낸다." 예수는 왜 결혼하지 않았을까?

예수가 결혼하지 않았다는 정황을 찾아보자. 첫째, 예수의 생애를 가장 상세하게 기록한 복음서는 그가 결혼했음을 시사하는 어떤 말도 하지 않는다. 둘째, 예수를 믿고 따르는 사람 중에는 독신인 사람들이 있었다. 예를 들면 바울은 결혼하지 않은 남자들과 과부들은 자기처럼 그냥 지내는 것이 좋다고 말한다(고전 7:8. 참고, 고전 9:5). 어쩌면 "하늘나라 때문에 스스로 고자가 된 사람도 있다"(마 19:12)는 예수의 말씀이 결혼하지 않고 독신의 삶을 살도록 영향을 끼쳤을 수도 있다. 셋째, 예수는 혈연과 지연에 얽매이는 가족에서 벗어나 하나님의 뜻을 행하는 사람들이 모여 공동체를 이루기 바랐다(막 3:35). 하나님의 가족을 이루려는 예수에게 결혼은 장애일 수밖에 없었다. 넷째, 예수에게 큰 영향을 끼친 예언자 중에 엘리야와 엘리사, 예레미야, 에스겔이 있다. 엘리사는 엘리야를 만나자마자 즉시 가족을 떠나 그의 제자가 되었다(왕상 19:19-21). 하나님은 예레미야에게 아내를 맞거나 자식을 낳지 말라고 명하셨다(렘 16:1-2). 하나님은 에스겔에게 아내가 죽어도 슬퍼하거나 울지 말라고 하셨고 에스겔은 지시받은 대로 했다(겔 24:15-18). 이들은 모두 하나님의 특별한 부름을 받은 '은사의 예언자들'(charismatic proph-ets)이었다. 예수는 예언자들이 부르심을 받자 재산과 가족을 버린 결연한 행동을 본받으려 했고, 제자들에게도 나를 따르려거든 모든 것을 포기하라고 요구했다. 예수가 결혼하지 않은 이유는 하나님 나라의 복음을 속히 전해야 한다는 긴박한 마음과 자신이 받은 사명을 수행하는 일에 전념하겠다는 결연한 의지가 있었기 때문이 아닐까?

7. 예수의 성서

예수가 읽은 히브리 성서는 기독교에서 말하는 구약성서이다. 예수 당시 히브리 성서는 아직 정경화(canonization) 작업이 완성되지 않았고 (정경 목록은 서기 1세기 말 얌니아 회의에서 결정됨), 예수는 모든 성서 두루마리에 접할 기회가 없어서 부분적으로 읽었거나 들었을 것이다. 예수는 성서를 일컬어 '율법과 예언서와 시편'(눅 24:44)이라고 한다. 아직 성문서 전체가 알려지지 않았음을 알 수 있다. 성서의 아람어 해석인 타르굼이 있었으나 아직 전체가 완성되지 않았기 때문에 구술에 의존해서 들어야 했다.

복음서에 보면 예수는 히브리 성서 36권의 책(사무엘, 열왕기, 역대기 는 상하 두 권으로 나뉘지 않았다) 중 23권의 책에 있는 구절을 인용하거나 시사했다. 그 책들은 5권의 모세오경, 3권의 대예언서(이사야, 예레미야, 에스겔), 12권의 소예언서 중 8권(호세아, 요엘, 아모스, 요나, 미가, 스바냐, 스가랴, 말라기), 성문서 중 5권(시편, 잠언 욥기, 다니엘, 역대기)이다. 각각의 책 별로 보면 예수는 신명기에서 약 15 또는 16회, 이사야에서 약 40회, 시편에서 약 13회 인용하거나 시사해서 이 세 권의 책에 집중했음을 알 수 있다. 그 외에 다니엘과 스가랴가 예수에게 알려진 책이었다.

복음서에서 예수는 총 56차례에 걸쳐 구약성서 구절을 인용했다. 창세기 1:27; 2:24; 5:2; 출애굽기 3:6; 12:46; 20:12-16; 20:12; 20:13; 20:14; 21:17; 21:24; 레위기 19:12; 19:18; 24:20; 민수기 30:2; 신명기 5:16; 5:17; 5:18; 6:4-5; 6:5; 6:13; 6:16; 8:3; 19:15; 19:21; 24:1-3; 시편 8:2; 22:1; 31:5; 35:19; 41:9; 69:4; 69:9; 78:2; 78:24; 82:6; 91:11-12; 110:1; 118:22; 118:23; 118:26; 이사야 6:9-10; 29:13; 53:12; 54:13; 56:7; 61:1; 61:1-2; 예레미야 7:11; 다니엘 7:13; 호세아 6:6; 10:8; 요나 1:17; 미가 7:6; 스가랴 13:7; 말라기 3:1. 예수는 하나님 나라의 도래, 하나님 나라 백성의 삶, 메시아 의식, 고난과 죽음 등 자신의 소명과 사명에 관한 모든 것을 구약성서를 통해 찾았다.

예수는 아람어를 사용했기 때문에 타르굼의 내용에 익숙했고, 그 당시 형성되고 있던 구전 율법(미쉬나)을 잘 알고 있었다. 예수는 공교육을 받거나 랍비 문하에서 전문적인 공부를 하지는 않았으나 성서에 대한 뛰어난 통찰력과 독창적인 해석 그리고 획기적인 논쟁의 기법은 당대의 어느 율법 학자와도 견줄 수 있는 수준이었다. 예수의 가르침을 들은 사람들은 놀라서 "이 사람은 배우지도 않았는데 어떻게 저런 학식을 갖추었을까?"(요 7:15)라고 묻는다. 그러자 예수는 "나의 가르침은 내 것이 아니라 나를 보내신 분의 것이다"(요 7:16)라고 대답한다. 예수는 "너희는 [이렇게] 들었다. 그러나 나는 [다르게] 말한다"(마 5:21-22; 27-28; 31-32; 33-34; 38-39; 43-44)고 자신의 성서 해석이 다른 랍비들의 해석과 다름을 강조했다.

예수는 구약성서에 담긴 메시아 예언과 구원의 약속이 자신을 통해 이루어지리라는 확신이 있었다. "모세의 율법과 예언서와 시편에 나를 두고 기록한 모든 일이 반드시 이루어져야 한다"(눅 24:44). 예언과 성취라는 구조 속에서 메시아에게 초점을 맞춘 예수의 성서 해석은 제자들에게 전해졌고, 이어서 신약성서 기자들을 비롯한 초대 기독교인들이 구약성서를 바탕으로 예수 그리스도의 사건을 이해하는 길잡이가 되었다.

8. 예수의 하나님

구약성서의 하나님은 우주 만물을 만드신 창조주, 역사를 주관하는 섭리자, 권능의 통치자, 악을 징계하는 심판자이시다. 이스라엘 백성은 하나님을 '아브라함과 이삭과 야곱의 하나님'이라고 부르면서 하나님은 이스라엘의 하나님이요, 이스라엘은 하나님의 백성임을 되새기고 다짐한다. 그리고 하나님은 거룩하신 분이며 이스라엘 백성도 하나님을 따라서 거룩해야 한다고 생각했다. "너희의 하나님인 나 주가 거룩하니 너희도 거룩해야 한다"(레 19:2), "너희가 자신을 부정하게 하여서는 안 된다"(레 11:44). 유대인들은 거룩하다는 것을 모든 부정하고 불결한 것으로부터 분리되는 것으로 이해했고, 거룩함이란 곧 정결을 의미하게 되었다. 그리고 거룩해지기 위해서 정결법을 발전시켰다. 정결법에 의해서 정결한 음식이나 동물, 정결한 장소와 시기가 생기게 되었고, 반대로 부정한 것들이 구별되었다. 정결법을 지키는 정도에 따라서 정결한 사람과 사회계층이 형성되었고, 반대로 부정한 사람과 계층이 생기게 되었다. 예를 들면 제사장이나 바리새인과 같은 정결한 사람들이 생겨나서 스스로를 의인이라고 부르게 되었고, 병자나 가난한 자나 이방인은 부정한 자로서 죄인이라고 여겨지고 사회적으로 냉대와 차별을 받게 되었다.

예수는 정결법으로 인해 소외당하고 고통당하는 사람들의 아픔을 보고 정결법 제도에 도전했다. 유대교 신앙의 핵심이라고 할 수 있는 레위기 19장 2절의 말씀을 바꾸어 말한다. "너희의 아버지께서 자비로우신 것 같이 너희도 자비로운 사람이 되어라"(눅 6:36). '하나님'을 '아버지'로, '거룩'을 '자비'로 바꾼 것이다. 여기서 사실 '자비로우신'(merciful)이라는 말보다 '애정이 있으신'(compassionate)이라는 말이 예수의 뜻을 더욱 잘 나타낸다고 할 수 있다. 'compassion'은 두 단어의 합성어인데, 'com'이라는 말은 with, together(같이, 함께)라는 뜻이고, 'passion'(pathos)이라는 말은 feeling, emotion(느낌, 감정)이라는 뜻이다. 이 두 말을 합한 'compassion'의 의미는 '함께 느끼는 것'(to feel with)이 된다. 그러므로 "하나님께서 애정이 있으신 것처럼 너희도 애정을 가져라"라는 말은 "하나님께서 함께 느끼시는 것처럼 너희도 함께 느껴라"라고 이해할 수 있다. 하나님은 우리와 함께 느끼시는 분이며, 따라서 하나님을 믿고 본받는 사람은 다른 사람과 함께 느끼며 살아야 한다. 예수는 정결법을 지키는 것보다 사랑을 베푸는 것이 더욱 중요하고, 그것이 하나님의 본 모습이요, 율법의 본뜻이라고 생각했다. 예수가 보여 주는 하나님은 거룩하고 근엄하고 심판하는 분이라기보다는 자애롭고 돌보고 용서하시는 분이다.

예수는 하나님을 '아버지'라고 부른다(마 11:25-27; 26:39-42; 눅 10:21; 22:42; 23:34; 요 11:41; 12:27; 17:24-25). 마가복음에는 '아빠'(abba)라는

아람어로 하나님을 부른다(막 14:36. 참고, 롬 8:15; 갈 4:6). 이 말에는 의미가 담겨있는데 아버지에 대한 '친밀감'과 '신뢰'와 '순종'이다. 하나님을 '아빠'라고 부른다는 것은 하나님을 친밀하게 느끼고, 하나님을 신뢰하며, 하나님의 뜻에 순종하겠다는 것을 의미한다. 고난을 앞둔 예수가 번민하며 겟세마네 동산에서 하나님께 기도를 드릴 때 이런 마음이 잘 나타난다. "아빠, 아버지, 아버지께서는 모든 일을 하실 수 있으시니, 내게서 이 잔을 거두어 주십시오. 그러나 내 뜻대로 하지 마시고 아버지의 뜻대로 하여 주십시오"(막 14:36). 예수의 하나님은 자애로우신 분이지만, 동시에 당신의 뜻을 관철하는 분이다.

예수가 믿는 하나님은 세상과 인간을 만드신 창조주 하나님이시다. 하나님은 생명을 주시는 분이요 생명을 살리시는 분이다. "주 하나님이 땅의 흙으로 사람을 지으시고, 그의 코에 생명을 불어넣으시니, 사람이 생명체가 되었다"(창 2:7), "하나님의 영이 나를 만드시고, 전능하신 분의 입김이 내게 생명을 주셨습니다"(욥 33:4), "주님께서는 이 모든 것에게 생명을 주십니다. 하늘의 별들이 주님께 경배합니다"(느 9:6). 시편은 생명의 샘이 주님께 있다고 노래한다(시 36:9). 하나님의 말씀을 선포하고, 하나님 나라의 복음을 전하는 모든 일이 생명을 살리기 위한 것이다. 생명을 살리는 일은 낙심한 사람에게 용기를 북돋워 주고, 절망한 사람에게 희망을 주고, 병든 사람의 아픔을 낫게 하고, 죽은 영혼을 소생시키는 일이다. 그러므로 복음을 전하는 것은 생명을 살리는 것이고, 생명을 살리는 것은 복음을 전하는 것이다.

하나님은 영을 통해 역사하신다. 하나님의 영으로 생명을 주시고, 이스라엘 백성을 인도하셨으며, 새롭게 하시고, 지혜를 주신다. 예수의 삶은 철저하게 하나님의 영을 따르는 삶이었다. 예수는 성령으로 잉태되었고, 세례를 받을 때 성령의 임재를 체험했고, 성령의 인도로 광야에서 시험을 받았다. 예수는 성령의 능력으로 병을 고치고 기적을 행했으며, 진리의 영인 성령이 함께 하심으로 진리를 가르쳤다. 예수는 성령을 통해 역사하시는 하나님이 이제 곧 역사에 개입하시리라는 것을 확신했다. 하나님이 모세를 통해 이스라엘을 이집트의 속박에서 구해내셨듯이 예수를 통해 구원의 역사를 펼치실 것이다. 예수는 자신에게 하나님의 통치가 임박했다는 기쁜 소식을 선포하는 사명이 있다고 확신했다. 예수의 복음 전파 사역은 요한에게 세례를 받으면서 시작했다.

제 8 장
예수의 세례

1. 세례 요한

요한이 유대 광야에 나타나 요단강에서 세례를 주었다. 광야는
하나님의 구원이 임하는 상징적인 장소이다. 모세가 백성을 이끌고
광야를 지날 때 하나님은 구름 기둥과 불기둥으로 길을 인도하고,
만나와 메추라기를 내려주어 먹게 하셨다. 그리고 광야는 예언자 또는
메시아가 출현하여 주님의 길을 예비하는 장소이다(사 40:3-5). 요한은
"회개하여라. 하늘나라가 가까이 왔다"(마 3:2)고 선포했다. 그가 주는
세례는 죄를 용서받게 하는 회개의 세례였다(물에 몸을 담갔다가 나오므로
침례라고 할 수 있다). 요한의 세례는 개종 세례(proselyte baptism 이방인이
유대교에 입교할 때 할례와 침례를 받고 희생 제사를 지냈는데, 서기 70년 이후
생김)는 아니었다. 세례받고 회개하는 사람은 죄의 용서를 받고, 부정했
던 몸과 마음이 정화되며, 하나님의 백성으로서 새로운 삶을 살게
된다(겔 36:24-28). 세례를 받은 사람 중 몇몇은 요한의 제자가 되어
금식과 기도를 하며 함께 세례 활동을 했다.

요한은 낙타 털 옷을 입고, 허리에는 가죽 띠를 둘렀으며, 음식은
메뚜기와 들꿀(석청)이었다. 요한의 모습은 엘리야를 연상하게 한다(왕

후 1:8. 참고, 슥 13:4; 히 11:37). 엘리야는 우상을 숭배하는 이스라엘 백성
에게 회개를 촉구한 예언자이다. 요한도 마찬가지로 회개하고 하나님의
심판에 대비할 것을 촉구했다. 그는 바리새파 사람들과 사두개파 사람들
이 세례를 받으러 오는 것을 보고 "독사의 자식들아, 누가 너희에게
닥쳐올 징벌을 피하라고 일러주더냐? 회개에 알맞은 열매를 맺어라"(마
3:7-8)라고 외쳤다.

백성들은 메시아를 고대하고 있던 터라 혹시 요한이 메시아가 아닐
까 하고 생각했다(눅 3:15). 요한은 자신보다 더 능력 있는 분이 와서
심판할 것이라고 예고한다. "나는 너희를 회개시키려고 물로 세례를
준다. 내 뒤에 오시는 분은 나보다 더 능력이 있는 분이시다. … 그는
너희에게 성령과 불로 세례를 주실 것이다. … 알곡은 곳간에 모아들이
고, 쭉정이는 꺼지지 않는 불에 태우실 것이다"(마 3:11-12). 요한이
말하는 '오실 그분'은 누구일까? 하나님일까, 메시아일까, 인자(人子,
Son of Man)일까 아니면 엘리야의 현현(顯現, redivivus)일까?

하나님은 예언자 말라기를 통해 말씀하신다. "내가 나의 특사를
보내겠다. 그가 나의 갈 길을 닦을 것이다. 너희가 오랫동안 기다린
주가 문득 자기의 궁궐에 이를 것이다. 너희가 오랫동안 기다린 그
언약의 특사가 이를 것이다. 나 만군의 주가 말한다"(말 3:1), "주의
크고 두려운 날이 이르기 전에, 내가 너희에게 엘리야 예언자를 보내겠
다"(말 4:5). 오래전에 모세는 하나님이 이스라엘 백성에게 예언자를
보내주실 것이라고 말한 바 있다. "주 당신들의 하나님은 당신들의
동족 가운데서 나와 같은 예언자 한 사람을 일으켜 세워주실 것이니,
당신들은 그의 말을 들어야 합니다"(신 18:15). 요한의 역할은 예언자
엘리야처럼 주님이 오실 길을 미리 준비하는 것이다. "광야에서 외치는

이의 소리가 있다. '너희는 주님의 길을 예비하고, 그의 길을 곧게 하여라'"(사 40:3). '오실 그분'은 주님(kyrios)이시다.

요한의 세례 활동은 대중의 호응을 받았으나 성전 제사장의 입장에서 볼 때 제사도 드리지 않고 함부로 죄를 용서하는 것은 율법을 어기는 행위였다. 그리고 통치자 헤롯이나 로마군에서 볼 때 요한은 백성을 모아서 선동하는 위험한 인물이었다. 요한은 헤롯 안디바가 형제 빌립의 아내 헤로디아를 아내로 맞는 것을 비난했다(참고, 레 18:16; 신 25:5; 24:1). 헤롯은 요한을 잡아 감옥에 가두었고 결국에는 그의 목을 베고 말았다(막 6:17-29). 유대 역사가 요세푸스에 의하면 요한은 유대인들이 덕스럽게 살고, 서로 정의를 실천하며, 하나님 앞에서 경건하게 살도록 독려한 '선한 사람'이었다(『유대 고대사』 18.116-119). 세례 요한은 임박한 하늘나라와 하나님의 심판을 예고한 종말론적 예언자였다. 그는 도끼와 키(풍구)와 불을 예로 들어서 하나님의 심판이 얼마나 준엄하고 무서운지 말한다(참고, 사 47:14; 나 1:9-10; 렘 21:14; 말 4:1). 심판을 피하는 길은 회개하여 세례를 받고, 정의롭고 선한 삶을 사는 것이다.

2. 예수의 세례

요한이 세례 활동을 하는 중에 예수가 나사렛으로부터 와서 세례를 받았다. 그때 예수는 하나님의 계시를 체험했다: "예수께서 물속에서 막 올라오시는데, 하늘이 갈라지고 성령이 비둘기같이 자기에게 내려오는 것을 보셨다. 그리고 하늘로부터 소리가 났다. '너는 내 사랑하는 아들이다. 내가 너를 좋아한다'"(막 1:10-11). 예수의 체험은 구약성서의 두 구절에 근거를 두고 있다. 첫째, 예수에게 성령이 임하셨다. 하나님

이 이사야를 통해서 말씀하신다. "나의 종을 보아라. 그는 내가 붙들어
주는 사람이다. 내가 택한 사람, 내가 마음으로 기뻐하는 사람이다.
내가 그에게 나의 영을 주었으니, 그가 뭇 민족에게 공의를 베풀 것이다"
(사 42:1). 그는 온 백성의 구원을 위해 하나님이 선택하여 보내시는
'고난받는 하나님의 종'(the suffering servant of God)이다. 둘째, 시편의
말씀이다. "내가 나의 거룩한 산 시온 산에 '나의 왕을 세웠다'. … 너는
내 아들, 내가 오늘 너를 낳았다"(시 2:6-7). 예수는 '종'과 '왕'의 직분을
동시에 받은 것이다.

예수는 성령의 능력에 힘입어 병을 고치고 하나님의 통치가 임했음
을 선포했다(막 12:9-21). 그리고 묵묵히 고난의 길을 걸었다. 그것이
자신이 받은 사명이기 때문이다. 다른 한편으로 예수는 자신이 특별한
하나님의 아들이요 하나님이 세우신 왕, 즉 메시아라는 의식이 있었다.
그의 말과 행동에는 권위가 있고 자신감이 있었다. 예수의 권위와
능력은 그가 세례 시에 받은 소명감에서 비롯되었다. 예수는 자신이
하나님과 특별한 관계에 있음을 확신했다.

예수가 세례 시에 체험한 하나님의 음성, 성령의 임재, 아들 의식,
이 셋은 서로 조화를 이루며 하나로 결합하여 메시아를 등장시켰다(초대
기독교 미술에 보면, 하늘에 나타난 하나님의 손, 비둘기처럼 강림하는 성령,
물에서 나오는 예수를 그려서 삼위일체의 모습을 나타냈다). 부활하신 예수는
제자들을 파송하면서 이렇게 말한다. "'아버지께서 나를 보내신 것같이
나도 너희를 보낸다.' 이렇게 말씀하신 다음에, 그들에게 숨을 불어넣으
시고 말씀하셨다. '성령을 받아라. 너희가 누구의 죄든지 용서해주면
그 죄가 용서될 것이요, 용서해주지 않으면 그대로 남아 있을 것이다"(요
20:21-23). 예수가 제자들에게 지상명령(至上命令)을 내린다. "그러므로

너희는 가서 모든 민족을 제자로 삼아 아버지와 아들과 성령의 이름으로 세례를 베풀고 내가 너희에게 분부한 모든 것을 가르쳐 지키게 하라"(마 28:19-20). 이렇게 예수의 소명 체험은 그의 선교 활동의 근거와 출발점이 되었다.

3. 세례 요한과 예수

예수는 세례 요한에게 세례를 받았고, 그의 세례 활동을 따라 자신도 요단강 건너편에서 세례 활동을 했다. 그러나 예수는 곧 세례 활동을 그만두고 치유 활동을 시작했다. 그 이유는 무엇일까? 요한과 예수 사이에 의견 대립이나 갈등이 있었을까? 요한과 예수의 공통점과 차이점은 무엇일까? 먼저 공통점을 살펴보자. 요한과 예수는 같은 시기에 같은 지역에서 세례 활동을 했다. 예수가 요한의 뜻을 따랐고, 그에게 동조했다는 것을 의미한다. 예수는 자신과 요한이 회개하고 세례받을 것을 촉구했지만 응하지 않는 사람들, 특히 바리새파 사람들과 율법 학자들을 향해 "우리가 너희에게 피리를 불어도 너희는 춤추지 않았고, 우리가 애곡을 하여도 너희는 울지 않았다"(눅 7:32)고 나무랐다.

요한과 예수는 선포하는 메시지가 같았다. "회개하여라. 하늘나라가 가까이 왔다"(마 3:2 요한의 메시지; 마 4:17 예수의 메시지). 요한과 예수는 바리새파 사람이나 율법 학자처럼 집안이나 마을이 아닌 야외에서 활동했다. 그것은 기존 질서와 체제에 도전하는 행위라고 볼 수 있다. 특히 개인적으로 죄를 용서하는 행위는 제사장들을 분노하게 했고, 하나님의 말씀을 임의로 해석하여 발설하는 것은 율법 학자와 서기관의 반발을 일으켰다. 두 사람 다 기득권 세력의 경계와 질시를 받을만한 일을 했다. 요한과 예수는 가르침에 공통점이 있었다. 바리새파 사람들을 독사의 자식들이라고 불렀고(마 3:7; 12:34), 좋지 않은 나무는 찍어서 불에 태운다고 경고했고(마 3:10; 7:19), 가라지와 알곡을 나눈다고 했다(마 3:12; 13:29-30).

두 사람은 같이 헤롯과 적대 관계였다. 예수는 요한이 잡힌 뒤에 갈릴리에 와서 하나님의 복음을 선포했고(막 1:14), 헤롯은 예수의 소문을 듣자 세례 요한이 살아났다고 겁을 먹었다(마 14:1-2). 예수는 헤롯이 자신을 요한의 화신으로 생각한다는 말을 듣자 제자들을 데리고 벳새다로 물러갔다(눅 9:7-10). 예수는 헤롯이 자신을 죽이려 한다는 소식을 듣자 그를 여우라고 부르며 내가 귀신을 내쫓고 병을 고치는 일을 계속할 것이라고 말했다(눅 13:31-32).

반면에 요한과 예수는 차이점이 있었다. 요한은 세례 활동만 했지만, 예수는 세례 활동을 멈추고 치유 활동을 했다. 요한은 하나님의 심판과 징벌을 강조했으나 예수는 하나님의 통치와 구원을 강조했다. 예수가 전하는 소식은 복음 곧 기쁜 소식이며, 하나님 나라는 잔치와 같이 즐거운 자리였다. 요한은 금욕적이고 탈속적인 데 반해 예수는 세상 속에서 사람들과 함께 식사하며 어울렸다. 예수가 말한다. "세례 요한이 와서 빵도 먹지 않고 포도주도 마시지 않으니, 너희가 말하기를 '그는 귀신이 들렸다' 하고, 인자는 와서 먹기도 하고 마시기도 하니, 너희가 말하기를 '보아라, 저 사람은 마구 먹어대는 자요, 포도주를 마시는 자요, 세리와 죄인의 친구다' 한다"(눅 7:33-34). 요한이 풍기는 분위기는 기본적으로 분노와 슬픔이었다. 닥쳐올 하나님의 심판 앞에서 두렵고 떨리는 마음이다. 그러나 예수가 나타내는 분위기는 희망과 기쁨이었다. 그것은 하나님 나라가 오기를 기대하며 설레는 마음이다.

예수는 세례 요한을 누구라고 생각했을까? 스승, 동역자, 경쟁자? 예수는 세례 요한을 존경하고 높게 평가했다. 그래서 그에게서 세례를 받았다. 요한의 세례는 하나님에게서 온 것이다(막 11:30). 요한은 예언 자들보다 더 훌륭한 사람이요 가장 위대한 사람이다. "여자가 낳은 사람 가운데서 세례자 요한보다 더 큰 인물은 없었다"(마 11:7-11). "요한, 바로 그 사람이 오기로 되어 있는 엘리야이다"(마 11:14). 그러나 요한은 옛 시대와 새 시대의 사이에 있는 '과도적 인물'(transitional figure)이다. 옛 시대가 율법과 예언자의 시대였다면, 새 시대는 하나님 나라의 시대이다. 옛 시대가 하나님이 오실 것을 기다리던 시대였다면, 새 시대는 하나님이 오셔서 직접 다스리시는 시대이다. 예언자와 율법의 시대는 요한을 마지막으로 종말을 고하고(눅 16:16), 이제 메시아의 시대가 펼쳐질 것이다. 그러므로 "하나님 나라에서는 가장 작은 자라도 요한보다 더 크다"(마 11:11; 눅 7:28).

세례 요한은 예수를 누구라고 생각했을까? 제자, 동역자, 경쟁자? 요한은 예수에게 세례를 주었으나 그가 결코 범상한 사람이 아니었음을 알았을 것이다. 요한은 예수가 지나가는 것을 보고 "보아라, 하나님의 어린 양이다"(요 1:36)라고 제자들에게 말한다. 요한의 제자 중 한 사람인 안드레는 그 말을 듣고 예수를 따라가 제자가 되었다. 그리고 그는 자기 형 시몬에게 메시아를 만났다고 하면서 예수에게로 데려왔고, 예수는 그를 제자로 삼으며 게바(베드로)라는 이름을 지어주었다(요 1:37-42). 요한은 옥에서 예수의 소문을 듣고 제자들을 보내어 묻는다. "오실 그분이 당신이십니까? 그렇지 않으면, 우리가 다른 분을 기다려야 합니까?"(마 11:3) 예수는 이사야의 예언으로 대답한다. "눈먼 사람이 보고, 다리 저는 사람이 걸으며, 나병 환자가 깨끗하게 되며, 듣지 못하는 사람이 들으며, 죽은 사람이 살아나며, 가난한 사람이 복음을 듣는다. 나에게 걸려 넘어지지 않는 사람은 복이 있다"(마 11:5-6. 참고, 사 26:19; 29:18-19; 35:5-6; 42:7, 18; 61:1). 예수는 자신을 통해 하나님의 통치가 시작되었음을 선포하는 것이다.

요한과 예수의 관계는 엘리야와 엘리사의 관계를 떠올리게 한다(왕하 2:1-15). 엘리사는 엘리야의 부름으로 제자가 되었고, 결코 스승의 곁을 떠나지 않겠다고 맹세했다. 엘리야가 하나님께 들려 올리기 전에 엘리사에게 무엇을 원하느냐고 묻자 엘리사는 "스승님이 갖고 계신 능력을 제가 갑절로 받기를 바랍니다"(왕하 2:9)라고 대답했다. 그때 엘리야가 하늘로 올려졌고, 스승을 잃은 엘리사가 슬퍼하며 찾는 중에 물을 치니 강물이 좌우로 갈라졌다(왕하 2:14). 엘리사는 그 후 과부의 기름병을 채우고, 죽은 아이를 살리고, 시리아 군사령관 나아만의 나병을 고치고, 시리아 군대를 물리치는 등 수많은 기적을 행했다. 사실 하나님은 엘리야에게 뒤를 이을 예언자를 기름을 부어 세우라고 이미 명하신 바 있었고(왕상 19:16), 엘리사의 능력은 그가 바랐던 대로 스승 엘리야를 능가하는 것이었다. 세례 요한은 처음에 예수를 제자로 여겼을지도 모른다. 그러나 예수에게 제자가 생기고 사람들이 몰려들자 그가 누구인지 판단하기 혼란스러웠고 궁금했을 것이다. 예수가 요한보다 더 알려지게 된 것은 아마 병을 고치고 기적을 행하는 능력 때문이었을 것이다. 예수의 능력은 그가 세례받을 때 아니면 이미 그 이전에 하나님께서 성령을 통해 주신 은사였다.

예수의 사역은 요한에게 세례를 받음으로써 시작되었다. 요한의 세례 활동은 예수의 선교 활동의 전초가 되었고, 임박한 하늘나라 앞에서 회개하고 세례를 받으라는 요한의 메시지는 예수가 선포하는 복음이 열매를 맺기 위한 밀알이 되었다(참고, 행 10:36-38). 세례 요한이 말한다: "그(예수)는 흥하여야 하고, 나(요한)는 쇠하여야 한다"(요 3:30). 예수의 말씀이 요한의 헌신적인 역할을 잘 나타내고 있다: "밀알 하나가 땅에 떨어져 죽지 않으면 한 알 그대로 있고, 죽으면 열매를 많이 맺는다"(요 12:24). 세례 요한의 삶과 죽음은 복음의 씨앗이 헌신과 희생의 토양에 뿌려질 때 줄기가 자라고 가지가 뻗고 잎이 생겨서 풍성한 열매를 맺는다는 교훈을 준다.

제 9 장
예수의 시험

1. 시험

예수의 세례와 시험은 모두 성령의 주도로 이루어졌다. 요한으로부터 세례를 받을 때 예수에게 임하신 성령은 그를 인도하여 광야에 나가 사탄으로부터 시험을 받게 하셨다(막 1:12-13; 마 4:1-11; 눅 4:1-13). 정확하게 말하자면 하나님이 사탄에게 예수를 유혹하도록 허락하여 행하신 것이므로 하나님이 시험하신 것이다. 시험의 주제는 '하나님의 뜻에 대한 순종'이다. 하나님이 인간을 시험하는 목적은 하나님을 신뢰하고, 하나님의 뜻에 순종하는지 알아봄으로써 그 사람의 믿음의 분량을 확인하려는 것이다. 하나님은 광야를 헤매며 굶주리던 이스라엘 백성이 하나님의 지시를 따르는지 시험하셨고(출 16:4), 아브라함에게 아들 이삭을 바치라고 명하시고 이를 따르는지 시험하셨고(창 22:1-19), 사탄에게 욥을 시험하도록 허락하셨다(욥 1:12; 2:6).

하나님은 인간에게 악을 행하게 하려고 시험하지는 않으신다. 오히려 믿음을 더욱 강하게 하고, 시험을 이겨낼 수 있는 능력을 함께 주신다(고전 10:13). 그러나 사람의 마음속에는 악을 향해 기울고 죄를 지으려는 성향이 있음을 부인할 수 없다. 그래서 우리는 시험을 받지 않기를 바랄 것이 아니라, 시험을 받을 때 그것을 이겨낼 능력이 있기를 바라야 한다. 주기도문에 나오는 "시험에 들지 않게 하시고"(마 6:13)라는 말은 "시험을 받지 않게 하시고"가 아니라 "시험을 이겨낼 수 있게 하시고"라고 이해할 수 있다.

2. 사탄

복음서에서 '사탄'(satanas, satan) 또는 '악마'(마귀, diabolos, devil)는 '악한 자', '시험하는 자', '대적하는 자'라고도 불리며, '바알세불'(히브리어로 '집주인'이란 말로 '귀신의 두목'을 일컫는다. 막 3:22), '세상의 통치자'(요 12:31; 16:11)라고도 한다. '귀신'(악령, daiminion, demon. 마 8:28)은 '악한 귀신'(마 12:45), '더러운 귀신'(막 1:23)이라고도 불린다. 사탄의 세력은 하나님 나라에 대적하고, 하나님 나라가 커지지 않도록 방해한다. 하나님의 말씀이 뿌려졌을 때 사탄이 와서 말씀을 빼앗는다(막 4:15). 밀을 심으면 사탄은 몰래 와서 가라지를 뿌리고 간다(마 13:25): "좋은 씨를 뿌리는 이는 인자요, 밭은 세상이다. 좋은 씨는 그 나라의 자녀들이요, 가라지는 악한 자의 자녀들이다. 가라지를 뿌린 원수는 악마요, 추수 때는 세상 끝 날이요, 추수꾼은 천사들이다"(마 13:37-39).

사탄은 사람에게 충동질하여 나쁜 마음을 품게 하거나 나쁜 행동을 하게 한다. 사탄은 유다에게 들어가서 예수를 배신하게 했고(눅 22:3), 사탄이 베드로에게 들어가서 예수를 모른다고 부인하게 했다(눅 22:31. 참고, 행 5:3; 고전 7:5). 사탄은 사람의 몸을 병들게 하고 파괴한다(눅 13:16. 참고, 고전 5:5). 사탄은 무엇보다도 복음의 전파를 방해한다(막 4:15). 바울의 말대로 사탄은 "믿지 않는 자들의 마음을 어둡게 하여서,

하나님의 형상이신 그리스도의 영광을 선포하는 복음의 빛을 보지 못하게 한 것입니다"(고후 4:4).

3. 예수의 시험

예수는 시험받기 전에 밤낮으로 40일을 금식했다. 구약성서에서 40이라는 수는 철저한 시련과 고난을 상징한다. 노아의 홍수는 40일 동안 진행되었고(창 7:12), 이스라엘 백성은 40년 동안 광야를 헤맸고(신 8:2), 모세는 하나님의 계명을 받기 전에 시내산에서 40일 동안 금식했고(출 34:28; 신 9:9), 블레셋 사람들이 이스라엘을 40년간 지배했으며(삿 13:10), 엘리사는 호렙산을 향해 40일 밤낮으로 여행했다(왕상 19:8). 사탄은 예수가 누구인지 알고 있었다. 그래서 "네가 하나님의 아들이거든"이란 말을 내세우며 도전한다. 사탄은 예수가 하나님의 아들로서 어떤 메시아인지 알고 싶었다. 만일 예수가 인간적인 야심이 있어서 정치적 메시아가 되려 한다면 그것을 이용해서 하나님의 기대를 저버리게 하고 자신의 손아귀에 넣으려는 것이다. 하나님으로서는 사랑하는 아들이 사탄을 이기고, 하나님이 계획한 구원의 사역을 감당하는 메시아가 될 자격이 있는지 보시려는 것이다.

사탄의 첫째 유혹은 "돌들을 빵이 되게 하라"는 것이었다. 만나의 기적을 일으킨 모세처럼 제2의 모세가 되라는 유혹이다. 예수가 오병이어의 기적을 일으켰을 때 사람들은 그를 왕으로 세우려 했다(요 6:13-15). 예수는 신명기 말씀으로 대답한다. "사람이 빵으로만 살 것이 아니라 하나님의 입에서 나오는 모든 말씀으로 살 것이다"(신 8:3). 이 말은 모세가 이스라엘 백성에게 굶주렸다가 만나를 먹은 일을 상기시키며,

사람이 먹는 것으로만 살 것이 아니라 하나님의 계명을 지키며 살아야 한다고 훈계한 것이다. 예수는 자신이 누구인지 과시하기 위해서 또는 자신의 배고픔을 해결하기 위해서 돌을 빵이 되게 하지 않았다.

둘째 유혹은 예수에게 성전 꼭대기에서 뛰어내려 보라는 것이다. 사탄은 시편(시 91:11-12)을 인용해 하나님이 천사들을 시켜서 발이 돌에 부딪치지 않게 떠받칠 것이라고 한다. 기적을 일으켜서 그것을 표적으로 활동의 권위를 세우라는 것이다. 사탄도 성서를 읽는다. 그러나 본뜻을 제대로 알지 못하고 왜곡한다. 사탄에 대적하는 예수의 무기는 역시 진리의 성서 말씀이다. 예수가 응수한다. "'주 너의 하나님을 시험하지 말아라' 하였다"(신 6:16). 예수는 체포되기 전에 아버지께 청하면 열두 군단 이상의 천사를 보내주실 것이라고 말한다(마 26:53). 바리새파 사람들이 예수를 시험하느라고 하늘로부터 내리는 표징을 보여달라고 요구하자 예수는 깊이 탄식하며 말한다. "어찌하여 이 세대가 표징을 요구하는가! 내가 진정으로 너희에게 말한다. 이 세대는 아무 표징도 받지 못할 것이다"(막 8:11-12). 예수의 말과 행동, 그의 삶 자체가 하나님의 아들이요 메시아라는 표징인데, 바리새파 사람들은 그것을 알아차리지 못했다.

셋째로 사탄은 예수를 높은 산으로 데리고 가서 세상의 모든 나라와 그 영광을 보여 주고, "네가 나에게 엎드려서 절을 하면 이 모든 것을 너에게 주겠다"라고 제의한다. 예수는 "사탄아 물러가라. 성경에 기록하기를, '주 너의 하나님께 경배하고, 그분만을 섬겨라' 하였다"(마 4:10)라고 말하며 사탄을 물리쳤다. 사탄은 하나님을 배신하고 자신과 손잡고 세상의 왕이 되라, 즉 정치적 메시아가 되라고 유혹했으나 예수는 단호하게 거부했다. 예수가 고난을 받고 죽임을 당하리라고 말하자 베드로가 그런 말씀하지 말라고 항의했다. 그러자 예수는 "사탄아, 내 뒤로 물러가라. 너는 하나님의 일을 생각하지 않고 사람의 일만 생각하는구나"(막 8:33)라고 베드로를 꾸짖었다. 시험은 세상의 욕망과 자랑에서 비롯된다. "세상에 있는 모든 것, 곧 육체의 욕망과 눈의 욕망과 세상 살림에 대한 자랑은 모두 하늘 아버지에게서 온 것이 아니라 세상에서 온 것이기 때문입니다"(요일 2:16). 예수는 오직 하나님만을 바라보았고, 하나님만을 사랑했다. 어떤 유혹과 방해도, 심지어는 고난과 죽음의 두려움까지도 하나님의 길을 가려는 예수를 막을 수는 없었다.

시험을 마친 예수는 들짐승들과 함께 있었고, 천사들이 와서 예수에게 시중을 들었다. 들짐승들과 함께 있었다는 것은 위험한 상태에 있었다기보다는 낙원에 있었다는 말이라고 할 수 있다. 하나님은 에덴동산에서 흙으로 모든 짐승과 새를 만드시고 사람에게 데려와서 이름을 짓게 하셨다(창 2:19). 낙원에서는 모든 피조물이 조화와 평화의 질서 안에서 어울렸다. 그러나 인간의 불순종으로 인한 타락으로 말미암아 창조세계의 질서가 깨졌다. 예수가 하나님을 신뢰하고 하나님의 뜻에 순종해서 사탄을 물리침으로써 인간의 타락으로 인해서 무너졌던 원래의 창조 질서는 회복하기 시작했다. 예언자 이사야는 하나님의 거룩한 산에 이루어지는 평화의 나라를 그렸다. 그곳에서는 사나운 맹수와 온순한 동물이 함께 어울려 놀고, 어린아이가 무서운 뱀 옆에서 장난해도 해를 입지 않는다(사 11:6-8; 65:25).

천사가 시중을 든다는 말은 멀어졌던 하나님과 인간의 관계가 회복됨을 의미한다. 예수는 사탄의 유혹을 물리치고 낙원을 재건해서 하나님과 인간을 화해시켰다. 예수는 제2의 아담이다. 아담의 불순종으로 말미암아 죄와 죽음이 들어왔으나 예수의 순종으로 말미암아 은혜와 생명이 들어왔다(롬 5:12, 15, 19). 예수는 물질적 세계뿐만 아니라 영적 세계, 보이는 것뿐만 아니라 보이지 않는 모든 것들의 질서를 회복시키고 하나님과 화해시켰다. "그분으로 말미암아 만물을, 곧 땅에 있는 것들이나 하늘에 있는 것들이나 다, 자기와 기꺼이 화해시켰습니다"(골 1:20). 하나님은 사탄에 대한 예수의 승리를 보시고 창조세계에 내렸던 징계를 거둬들이셨다.

예수의 시험은 아담의 타락을 연상하게 한다. 하나님의 첫째 아들이라고 할 수 있는 아담은 뱀의 유혹에 빠져 선악과를 먹고 하나님의 명을 어기는 죄를 짓게 되었다. 반면에 예수는 사탄의 유혹에 넘어가지 않았고 하나님에 대한 믿음이 흔들리지 않았다. 아담이 지은 죄의 결과로 죽음이 세상에 들어왔지만, 예수의 고난과 죽음의 결과로는 죄의 용서와 구원이 이루어졌다. 예수의 시험은 또한 광야를 헤매던 이스라엘 백성을 생각나게 한다. 하나님의 자녀인 그들은 광야에서 받은 시험을 통과하지 못했고, 모세는 약속의 땅 가나안에 들어가지 못하고 죽어서 모압 땅에 묻혔다.

반면에 하나님의 아들 예수는 사탄의 모든 유혹을 물리치고 백성을 죄에서 자유롭게 하는 새 모세가 되었다. 예수는 시험을 이겨냄으로써 하나님의 사랑하는 아들로서의 정체성과 사명을 공고히 했다. 예수가 시험을 이겨낸 것은 죽음을 앞두고도 "내 뜻대로 하지 마시고, 아버지의 뜻대로 하여 주십시오"(막 14:36)라고 겟세마네 동산에서 기도한 것처럼 하나님에 대한 절대적인 신뢰와 순종이 있었기 때문이다. 사탄은 예수를 유혹하여 하나님에게 불순종하게 하여 죄를 짓게 하려 했으나 실패하고 말았다. 사탄은 모든 시험을 끝마치고 물러가서 기회가 오기까지 예수를 떠나 있었다(눅 4:13).

4. 예수와 사탄의 대결

예수의 생애는 시험의 연속이었고 그 이면에는 사탄이 자리 잡고 있었다. 사탄은 사람들을 부추겨 예수를 시험하고 괴롭혔으며, 선교 활동을 방해했다. 바리새파 사람들과 사두개파 사람들은 하늘로부터 내리는 표징을 보여달라고 요구했고(마 16:1), 어떤 바리새파 사람들은 예수가 귀신 두목의 힘을 빌려서 귀신을 쫓아낸다고 말했다(마 9:32-34). 제자 베드로는 고난을 받으리라는 예수의 말에 항의하다가 '사탄아, 물러가라'는 꾸중을 듣기도 했다(막 8:33). 예수는 열두 제자에게 '너희 가운데 하나는 악마'라고 한다. 사탄이 유다의 마음속에 들어가서 마음을 움직여 그가 예수를 배신하고 적대자들에게 넘겨줄 것이기 때문이다(요 6:70-71; 13:2, 27). 사탄은 베드로의 마음에도 들어가 그가 스승 예수를 모른다고 부인하게 했다(눅 22:31). 예수는 체포될 때, 지금은 어둠의 권세가 판을 치는 때라고 말했다(눅 22:53).

예수의 세례가 그의 선교 활동의 근거와 출발점이라면, 시험은 선교 활동의 내용과 방향을 나타낸다. 예수의 선교 활동은 하나님 나라 복음을 선포하고, 이 세상을 사로잡고 복음 전파를 방해하는 사탄과 싸워 물리치는 것이었다. 예수는 하나님의 손을 힘입어 귀신을 쫓아내면서 하나님의 나라가 이미 임했음을 선포했다(눅 11:20). 그리고 제자들에게 "사탄이 하늘에서 번갯불처럼 떨어지는 것을 내가 보았다"(눅 10:18)고 말한다. 예수는 열두 제자를 불러모아 귀신을 제어하고 병을 고치는 능력과 권위를 주시고, 하나님 나라를 전파하고 앓는 사람을 고치라고 보냈다(눅 9:1-2).

하나님의 아들 예수가 나타난 목적은 사탄의 일을 멸하려는 것이었다(요일 3:8). 예수와 사탄의 대결은 예수의 십자가 죽음과 부활에서 절정을 이룬다. 사탄은 예수를 십자가의 죽음으로 몰아가는 데는 성공했으나 그가 다시 살아나리라고는 예상하지 못했다. 예수의 부활로 사탄은 돌이킬 수 없는 패망의 구렁텅이에 빠지고 말았다.

제 1 0 장
예수의 치유

1. 질병과 치료

복음서에 보면 예수 당시 수많은 질병과 병자가 있었음을 알 수 있다. 질병의 종류로는 먼저 열병이 있는데 장티푸스, 학질, 풍토병이다(막 1:30-31; 요 4:46-53). 성서에는 나병(문둥병)에 걸린 사람이 많이 나오는데 소위 말하는 한센병이 아니라 다양한 종류의 피부병이다(막 1:40-42; 눅 17:11-19). 당시 팔레스타인에 나병이 있었다는 근거는 희박하며, 레위기 13장에 문둥병이라고 열거된 병의 증세를 살펴보면 건선, 백선, 윤선, 황선, 홍반성낭창 등의 피부병이었다. 안질로는 트라코마, 백내장 등이 있었다(막 8:22-26; 마 9:27-30; 요 9:1-12). 그 밖에 중풍, 수족마비(막 2:3-12; 3:1-5; 요 5:2-9), 척추 장애(눅 13:10-17), 수종병(눅 14:2-4), 혈우병(막 5:24-34), 청각장애, 언어장애(막 7:32; 마 12:22), 간질(막 9:17-18), 정신병(막 1:23-26; 5:1-20)이 있다. 몸에 큰 물리적 충격을 가하면 기절하는 수가 있다. 견딜 수 없는 고통이 올 때 몸 스스로 잠시 의식을 끊어주어 고통을 느끼지 않게 하려는 것이다. 정신적으로 견디기 힘든 일을 겪거나 충격을 받았을 때 미치는 경우가 있는데, 이는 정신적 고통에서 벗어나기 위해 생긴 증세라고 할 수 있다. 그래서 그것을 '미침에 의한 구원'(salvation by madness)이라고 말하기도 한다. 예수 당시의 질병들은 육체적 질병, 정신적 질병, 정신적 원인으로 생긴 육체적 질병(心身症, psychosomatic illness)이다.

질병의 원인으로는 영양실조, 불결한 위생, 정치적 탄압과 경제적 착취로 인한 압박감과 박탈감, 율법을 지키지 못한다는 죄의식과 멸시당한다는 치욕감, 급변하는 문화, 전통과 관습의 차이에서 오는 정체성의 위기, 자아 상실을 들 수 있다. 당시에는 질병의 원인을 귀신이 들렸다든지(막 5:1-20; 9:14-29; 마 12:22), 사탄에게 붙잡혔다든지(눅 13:16), 지은 죄에 대한 벌이라든지(요 9:1-3) 또는 하나님의 시험을 받는 것(욥의 경우)이라고 생각했다. 병자는 죄인 취급을 받았으며, 특히 문둥병자는 마을에 들어오지 못하고 다 나았을 때는 제사장에게 보이고 인정을 받아야 했다(레 13-14장; 막 1:44; 눅 17:14).

질병의 치료 방법은 별로 없었는데 무화과 반죽이나 유향이 치료제로 언급된 내용이 있다(왕하 20:7; 렘 46:11). 성서에 의사에 대해서 말하는 구절이 있지만, 의사가 어떻게 치료하는지에 대한 언급은 없으며 의사를 그렇게 높이 평가하지도 않는다(대하 16:12; 욥 13:4; 렘 8:22; 눅 4:23; 8:43). 그래서 예수의 말씀대로 "의사야, 네 병이나 고쳐라"(막 4:23)라는 속담이 있을 정도였다. 열두 해 동안 혈루증을 앓아온 어느 여자는 여러 의사에게 보이면서 고생도 많이 하고 재산도 다 없앴으나 아무 효력이 없었고 상태가 더욱 악화되었다(막 25-26). 사람들은 낮은 의료 수준으로 인해 의사에게 의존하지 않고 하나님께서 치료해 주시기를 바랐다(출 15:26; 시 103:3; 렘 30:17). 야고보서는 이렇게 권면한다. "여러분 가운데 병든 사람이 있습니까? 그런 사람은 교회의 장로들을 부르십시오 그리고 그 장로들은 주님의 이름으로 그에게 기름을 바르고, 그를 위하여

기도하여 주십시오. 믿음으로 간절히 드리는 기도는 병든 사람을 낫게 할 것이니, 주님께서 그를 일으켜 주실 것입니다. 또 그가 죄를 지은 것이 있으면, 용서를 받을 것입니다"(약 5:14-15). 예수의 제자들이 병을 고친다는 소문이 나자 많은 사람이 병자들을 데리고 와서 고침을 받았다(행 5:16). 제자들은 "수많은 병자에게 기름을 발라서 병을 고쳐 주었다"(막 6:13). 당시 전문적인 의료 기술이 없었기 때문에 병자에게 기름을 바르는 것이 가장 널리 쓰이는 치료 방법이었다.

그리스·로마 사회에서 '구원한다'(sozo, to save), 구원(soteria, salvation), 구원자(soter, savior)라는 말은 불행으로부터 구한다는 말이지만 질병을 치유한다는 의미도 지니고 있다. 유대 사회에서 병은 죄로 인한 것이라고 여겨졌기 때문에(요 9:1-2) 병의 치유는 곧 죄의 용서와 구원을 의미했다. 예수도 병을 고치면서 "네 죄가 용서받았다"(막 2:5)고 말씀하신다. 병의 치유자는 궁극적으로 하나님이시다: "나는 주 곧 너희를 치료하는 하나님이다"(출 15:26. 참고, 왕하 20:5), "주님은 너의 모든 죄를 용서해주시는 분, 모든 병을 고쳐 주시는 분"(시 103:3), 하나님은 "마음이 상한 사람을 고치시고, 그 아픈 곳을 싸매어 주신다"(시 147:3).

하나님으로부터 권위와 능력을 부여받은 사람도 병을 고칠 수 있다. 고대 사회에서는 왕, 예언자, 현자, 성자가 하나님의 은사(charisma, gift)를 받아 치유의 능력이 있다고 알려졌다. 1세기에 은사의 치유자(charismatic healer)인 유대교 랍비 하니나 벤 도사(Hanina ben Dosa)나 '원 그리는 호니'(Honi the circle-drawer 또는 '비 오게 하는 호니' Honi the rain-maker)가 있었다. 일찍이 그리스에는 '의학의 시조'라 불리는 히포크라테스가 있어서 의학 발전에 큰 영향을 끼쳤다. 아폴로의 아들이며 치유의 신인 아스클레피우스(Asclepius)가 있었고, 이방인 철학자요 신비주의자인 티아나의 아폴로니우스(Apollonius of Tyana)는 성자로 추앙받으며 치유 활동을 했다.

이방 신전은 병을 고치는 역할도 했는데, 유대교 성전의 제사장은 병을 고치지는 않고, 병을 고친 사람이 오면 확인해 주었다. 병자는 많은데 의사는 찾기 힘든 상황에서 예수가 나타나 사람들을 고치기 시작했고 그 소문은 갈릴리를 넘어 유대 전역으로 퍼져나갔다. "예수께서는 모든 도시와 마을을 두루 다니시면서, 유대 사람의 여러 회당에서 가르치며, 하늘나라의 복음을 선포하며, 온갖 질병과 온갖 아픔을 고쳐 주셨다"(마 9:35). 예수에게 많은 사람이 모여든 가장 큰 이유는 그에게 귀신을 쫓아내고 병을 고치는 능력이 있었기 때문이었다.

2. 예수의 치유

예수는 귀신을 쫓고 병을 고치는 치유자로 소문이 나서 많은 사람이 몰려들었다(막 3:7-10). 훗날 베드로가 이 사실을 증언한다. "하나님께서 나사렛 예수에게 성령과 능력을 부어주셨습니다. 이 예수는 두루 다니시면서 선한 일을 행하시고, 마귀에게 억눌린 사람들을 모두 고쳐 주셨습니다. 그것은 하나님께서 그와 함께하셨기 때문입니다"(행 10:38). 예수는 세례 요한을 따라 세례 활동을 하다가 그것을 멈추고 치유 활동을 시작했다. 예수의 치유 능력은 성령의 은사이다. 그를 의심하고 적대시하는 바리새파나 사두개파도 그에게 병을 고치는 능력이 있다는 사실을 부인하지 않았다. 예수 이후 작성된 유대교 문헌에 예수를 비난하는 내용이 많이 나오지만, 그에게 특별한 능력이 있다는 사실은 인정한다.

바빌로니아 탈무드는 이렇게 말한다: "나사렛 예수는 마술을 행하고 이스라엘 백성을 속여 잘못된 길로 이끌었다"(산헤드린 107). 역사가 요세푸스는 "예수는 이적을 행한 현자였다"(『유대 고대사』 18.63-64)고 높이 평가한다.

예수는 어떻게 치유했을까? 예수는 자기 과시가 아닌 연민과 자비심으로 치유했다. 병자를 "불쌍히 여기시고" 또는 "가엽게 여기시고" 고쳐 주었다(막 1:41; 마 20:34; 눅 7:13). 예수는 주술을 외우거나 특별한 약을 사용하지 않고 침이나 진흙 등 평범한 물질을 이용해 말씀과 단순한 접촉으로 치유했다. 귀먹고 말 더듬는 사람을 고칠 때 손가락을 병자의 귀에 넣고, 침을 뱉어서 그의 손에 댔다. 그리고 '에바다'(열려라) 라고 말했다. 그러자 곧 그의 귀가 열리고 혀가 풀려서 말을 똑바로 했다(막 7:31-37). 눈먼 사람에게는 그 두 눈에 침을 뱉고, 그에게 손을 얹고 물었다. "무엇이 보이느냐?" 그가 대답했다. "사람들이 보입니다. 나무 같은 것이 걸어가는 것 같습니다." 예수는 다시 그 사람의 두 눈에 손을 얹었다. 그러자 그 사람은 시력을 회복하여 모든 것을 똑똑하게 보게 되었다(막 8:22-26). 나면서부터 눈먼 사람을 고칠 때는 땅에 침을 뱉어서 그것으로 진흙을 개어 그의 눈에 바르고, 실로암 못에 가서 씻으라고 말했다. 그 눈먼 사람은 가서 씻고 눈이 밝아져서 돌아갔다(요 9:1-12). 혈루증을 앓고 있는 어떤 여자는 예수의 옷에 손을 대기만 했는데도 몸이 나은 것을 느꼈고, 그 순간 예수는 자기에게서 능력이 나간 것을 느꼈다(막 5:25-30). 병자들은 예수에게 손이라도 대보려고 몰려와서(막 3:10) 간청했고, 손을 댄 사람은 모두 병이 나았다(막 6:56).

예수는 오해와 의심을 받기도 했다. 말을 하지 못하는 사람의 귀신을 쫓아내서 고쳐 주자 바리새파 사람들은 "그는 귀신의 두목의 힘을 빌어서 귀신을 쫓아낸다"고 말했다(마 9:32-34). 귀신이 들려서 눈이 멀고 말을 하지 못하는 사람을 고쳐 주자 "이 사람이 귀신의 두목 바알세불의 힘을 빌지 않고서는 귀신을 쫓아내지 못할 것이다"라고 말했다(마 12:22-24). 사람들은 예수가 귀신 들렸다고 수군거렸으며(막 3:30), 자기네 지역을 떠나 달라고 간청했고(막 5:17), 그러자 예수는 다만 몇몇 병자에게 손을 얹어서 고쳐 주었을 뿐이고 그 밖에 아무 기적도 행할 수 없었다(막 6:5).

예수는 자신이 알려지기를 원하지 않았다. 나병 환자에게 손을 대고 고쳐 준 후 "아무에게도 아무 말도 하지 말아라"(막 1:44)라고 당부했다. 예수가 많은 사람을 고쳐 주었기 때문에 병자들이 그에게 손을 대려고 몰려들었다. 악한 귀신들은 예수를 보기만 하면 그 앞에 엎드려서 "당신은 하나님의 아들입니다"라고 외쳤다. 그러자 예수는 "나를 세상에 드러내지 말아라"고 그들을 엄하게 꾸짖었다(막 3:7-12). 예수는 죽은 소녀를 살리고서도 이 일을 아무에게도 알리지 말라고 엄하게 명했다(막 5:43). 눈먼 두 사람을 고치고 이 일을 아무에게도 알리지 말라고 다짐했으나 그들은 나가서 예수의 소문을 온 지역에 퍼뜨렸다(마 9:27-31). 왜 예수는 자신이 알려지는 것을 원하지 않았을까? 왜 어떤 사람들은 병을 고쳐 주는 예수에게 자기네 마을을 떠나 달라고 했을까? 복음서, 특히 마가복음에 담겨있는 '메시아의 비밀'이다.

예수는 죽은 자를 살리기도 했다. 정확히 말하면 이것은 부활 (resurrection)이 아니라 소생(resuscitation)이다. 부활한 몸은 영적이고 영생을 누리는 몸이지만, 소생한 몸은 육체적이고 죽는 몸이다. 열두 살 된 회당장의 딸이 죽었는데, 예수가 아이의 손을 잡고 "달리다굼"(소녀야, 일어나라)이라고 말하자 소녀가 곧 일어나서 걸어 다녔다(막

5:35-43). 나인 성읍에 사는 과부의 아들이 죽어서 사람들이 관을 메고 나올 때 예수가 관에 손을 대고 "젊은이야, 내가 네게 말한다. 일어나라" 라고 말했다. 그러자 죽은 사람이 일어나 앉아서 말을 하기 시작했다(눅 7:11-17). 예수가 사랑하던 나사로가 죽어서 무덤에 누인 지 나흘이 지났을 때 예수가 무덤 앞에서 하나님께 기도하고 "나사로야, 나오너라" 하고 외치니 죽었던 사람이 나왔다. 그의 손발은 천으로 감겨 있고, 얼굴은 수건으로 싸매어 있었다(요 11:1-44). 예수의 이야기는 온 유대와 그 주위에 있는 모든 지역에 퍼졌다. 예수의 치유 소문이 퍼지자 심지어는 예수의 제자가 아닌 사람이 예수의 이름으로 귀신을 쫓아내는 일도 있었다(요 9:38).

　예수의 제자들은 귀신을 제어하는 권능을 받아서, 더러운 귀신을 쫓아내고 온갖 질병과 온갖 허약함을 고쳤다(마 10:1; 눅 10:17). 제자들은 병자에게 기름을 발라서 병을 고쳐 주었고(막 6:13), 병자들을 고치며 "하나님 나라가 너희에게 가까이 왔다"고 복음을 전했다(눅 10:9). 베드로는 태어나면서부터 걷지 못해서 구걸로 먹고사는 앉은뱅이에게 "은과 금은 내게 없으나 내게 있는 것을 그대에게 주니, 나사렛 예수의 이름으로 일어나 걸으시오"라고 말하며 손을 잡아 일으키자 그는 벌떡 일어나서 걷기도 하고 뛰기도 했다(행 3:1-10). 그러자 많은 병자가 베드로에게 몰려왔고 그들은 모두 고침을 받았다. 사도들의 손을 거쳐서 많은 표징과 놀라운 일이 일어났고, 이로 인해 신도들이 늘어나 큰 무리를 이루게 되었다(행 5:12-16). 바울은 나면서부터 걷지 못하는 지체장애인에게 일어서라고 말하여 일어나 걷게 했다(행 14:8-10). 바울은 점치는 여자에게 들어간 귀신에게 명하여 쫓아내기도 했다(행 16:16-18). 초대 교회의 선교에서 병을 고치고 귀신을 쫓아내는 일은 핵심적인 사역

중의 하나였다.

3. 치유의 의미

복음서에 기록된 예수와 제자들의 치유 이야기는 현대의학으로 설명하거나 인정하기 어려운 부분이 있는 것이 사실이다. 그러나 당시 사람들과 복음서 기자들은 그들의 생각과 언어로 치유의 과정과 내용을 표현했다. 그리고 분명한 사실은 예수가 치유 능력으로 많은 병자를 고쳤고, 그것이 성령의 역사로 이루어진 것이라고 믿었다는 점이다. 예수의 치유는 어떤 의미가 있을까?

첫째, 예수는 하나님의 권능(dynamis, power)으로 치유했다. 하나님은 천지 만물을 지으신 전능하신 주님이시다(막 14:62. 참고, 출 8:19; 15:6; 신 3:24; 사 40:26; 렘 32:17). 하나님은 병자를 권능으로 고치는 '치유의 하나님'이시다. 예수는 하나님의 권능으로, 하나님의 영을 힘입어 병을 고치고 귀신을 쫓아냈다(마 12:28; 눅 5:17).

둘째, 예수는 율법에 얽매이지 않고, 사람을 차별하지 않고 병으로 고통당하는 사람들을 고쳤다. 예수는 안식일에 회당에서 손이 오그라든 사람을 보았다. 사람들은 예수가 안식일법을 어기고 병을 고치는 일을 한다면 고발하려고 지켜보고 있었다. 안식일에는 아무 일도 할 수 없고, 위태로운 생명을 구하는 급한 일만 예외적으로 할 수 있기 때문이다. 그러자 예수가 말한다. "안식일에 선한 일을 하는 것이 옳으냐? 악한 일을 하는 것이 옳으냐? 목숨을 구하는 것이 옳으냐? 죽이는 것이 옳으냐?"(막 3:4). 예수는 그들의 마음이 굳어졌음을 탄식하며 병자의 손을 고쳐 주었다. 예수는 열여덟 해 동안 허리가 굽어 있어서 병마에 시달리고 있는 여자를 안식일에 고쳐 주었고(눅 13:10-17), 수종병 환자를 안식일에 고쳐 주었다(눅 14:1-6). 예수에게는 안식일법을 지키는 것보다 병을 고치고 고통을 덜어주는 것이 더 중요했다. 예수는 죄인이라고 손가락질받는 사람이나 이방인이나 여자를 막론하고 병을 고쳐 주었다. 나병 환자의 몸을 손으로 만져서 고쳤고(막 1:40-42), 이방인인 시로페니키아 여자의 귀신 들린 딸을 고쳐 주었고(막 7:24-30), 사마리아 사람의 나병을 고쳐 주었다(눅 17:11-19).

셋째, 예수의 치유는 그가 하나님의 아들이요 특별한 사명을 지닌 메시아임을 나타낸다. 병자들뿐만 아니라 악한 귀신들도 예수를 보기만 하면 "당신은 하나님의 아들입니다"(막 3:11)라고 소리쳤다. 예수는 하나님의 영의 인도를 받는 하나님의 아들이요(참고, 롬 8:14) 메시아이다.

넷째, 예수의 치유는 곧 사탄과의 투쟁이다. 사탄이 하는 일은 사람을 해치고 죽이는 것이다. 하나님은 생명을 주시고, 생명을 살리시는 분이시다. 하나님의 아들인 예수는 병자를 고치고 새 생명을 주었다. 그 말은 곧 병자를 사로잡고 있는 귀신을 쫓아내고 사탄을 물리치는 것이다.

다섯째, 믿음을 통해서 치유 받는다(막 9:23-24; 10:52; 마 8:10; 15:28; 눅 17:19). 예수는 중풍병 환자를 데리고 온 사람들의 믿음을 보고 "네 죄가 용서받았다"(막 2:5)고 말하며 고쳐 주었다. 예수는 오랫동안 혈루증을 앓아온 여자에게 "딸아, 네 믿음이 너를 구원하였다. 안심하고 가거라. 그리고 이 병에서 벗어나서 건강하여라"(막 5:34)라고 말하며 병을 고쳐 주었다. 병 고침을 받는 것은 곧 구원을 받는 것이며, 이것은 믿음을 통해 이루어진다. 믿음은 하나님에 대한 절대적 신뢰와 의존이다.

여섯째, 병 고침을 받은 사람은 다시 공동체와 사회의 일원이 될 수 있다. 병자 중에서 정결법에 저촉되는 사람은 공동체에서 축출되어 사회에서 소외되었고 성전에도 갈 수 없었다. 병자는 불결한 자요 죄인이라고 손가락질과 냉대를 받았다. 그러나 병이 치유되었다고 확인되면 명예를 회복하고 정상적인 삶을 영위할 수 있었다.

일곱째, 예수의 치유는 곧 하나님 나라가 왔다는 것을 나타낸다. 예수가 분명하게 말한다. "내가 하나님의 영을 힘입어서 귀신을 쫓아내는 것이면, 하나님의 나라는 너희에게 왔다"(마 12:28). 하나님 나라가 왔다는 말은 하나님이 역사에 직접 개입해서 권능으로 통치하신다는 것이다.

제 11 장
예수의 기적

1. 기적

복음서에 기록된 예수의 행적을 읽으면서 가장 이해하기 힘들고 때로는 황당하게 느껴지는 내용이 기적 이야기이다. 물을 포도주로 바꾸고, 은전을 물고 있는 고기를 낚게 하고, 몇 개의 빵과 생선으로 수천 명을 먹이고, 말 한마디로 무화과나무를 말라 죽게 하고, 물 위를 걷고, 바람에게 명령하여 잠잠하게 하는 등 합리적이고 과학적인 사고를 하는 사람이라면 이런 기이한 일이 실제로 일어난 사건이라고 인정하기가 어렵다. 그렇다면 복음서의 기적 이야기는 예수의 초자연적 능력을 보여 주기 위해 지어낸 이야기일까? 그 반대로, 실제로 일어난 사건일까? 기적이란 무엇인가?

과학적으로 정의하자면 기적은 자연의 법칙을 벗어나는 초자연적 사건이다. 그러나 종교적으로 정의하자면 기적은 신 또는 초월적 힘에 의해 일어난 놀라운 사건이다. 복음서 기자들에게 예수가 일으킨 사건은 일어날 수 없는 일이 일어난 기적이라기보다 하나님이 예수를 통해 일으키신 굉장한 사건이다. 그 사건은 예수가 놀라운 일을 일으킬 때 그것을 보고 겪은 사람들의 눈에 비치고 마음에 새겨진 사건이다.

당시 사람들에게 예수는 '기적을 행하는 사람'(miracle-worker) 또는 '이적을 행하는 사람'(wonder-worker)으로 가장 많이 기억되었다(막 9:38-39). 사람들은 소문을 듣고 예수에게 치료를 받으려고 또는 그가 행하는 기적을 보려고 사방에서 모여들었다(막 1:45; 3:7-10; 마 4:23-25; 눅 7:17; 요 6:1-2; 12:9, 18-19). 예수도 자신이 병을 고치고 기적을 행하는 능력이 있음을 밝혔으며(마 11:4-6; 눅 7:22-23), 자신이 행한 기적을 보고 다가온 하나님 나라 앞에서 회개할 것을 촉구했다(마 11:20-21). 반면에 예수의 기적으로 소문이 나고 사람들이 따르게 되자 기존 세력권으로부터 경계의 눈초리를 받게 되었고, 결국에는 그를 해치려는 음모에 말려들게 되었다(눅 5:17-21; 막 3:1-6).

예수의 기적을 복음서는 주로 '권능의 행위'(dynameis, deeds of power)라고 표기한다(마 11:20-21, 23; 13:54, 58; 14:2; 막 6:2, 5, 14; 눅 10:13; 19:37). 누가는 '신기한 일'(paradoxa, strange things, 눅 5:26), '놀라운 일'(terata, wonders, 행 2:22), '선한 일'(euergeton, doing good, 행 10:38)이라고도 한다. 요한은 주로 '표징'(semeion, sign)이라고 표기한다(요 2:11, 23; 3:2; 4:48, 54; 6:2, 14, 26; 7:31; 9:16; 11:47; 12:18, 37; 20:30). 예수가 행한 기적은 하나님이 일으키신 신기하고 놀라운 일이며, 예수가 권능을 지닌 메시아라는 사실을 나타내는 표징이라는 것이다. 예수의 기적과 예수의 비유는 일맥상통하는 점이 있다. 예수가 기적으로 하나님 나라를 보여 주었다면, 비유로 하나님 나라를 들려주었다. 기적(치유를 포함해서)과 비유는 예수의 행동과 말씀이요, 하나님 나라로 안내하는 두 개의 통로이다.

기적에 대한 해석은 관점에 따라 여러 가지가 있다.

첫째, 초자연주의적 해석으로서, 복음서의 나오는 기적을 문자적,

변증적으로 이해하는 것이다. 기적은 창조주요 전지전능하신 하나님이 초자연적 권능으로 일으킨 사건이다. 하나님은 어떤 일도 하실 수 있다. 하나님이 우주 만물을 만드셨음을 믿는다면 바로 그 하나님이 기적을 일으키신다는 것도 믿을 수밖에 없다. 그러므로 복음서에 기록된 기적 이야기를 문자 그대로 일어났다고 믿어야 한다는 것이다.

둘째, 합리주의적 해석이다. 모든 일은 자연의 법칙 안에서 일어나고, 자연의 법칙에서 벗어나는 일은 일어날 수 없다. 이 입장은 서로 다른 두 가지 해석으로 나뉜다. 하나는 예수의 기적을 부정하는 것이다. 복음서에 나오는 기적은 실제로 일어난 사건이 아니라, 예수의 능력과 권위를 부각하기 위해서 복음서 기자가 지어낸 허구라는 것이다. 또 하나는 기적 사건을 자연의 법칙 안에서 합리적으로 설명하는 것이다. 예수의 기적은 원래 자연적 사건인데, 보는 사람이 오해했거나 전래 과정에서 변형이나 과장이 되었다는 것이다.

셋째, 신학적 해석이다. 기적을 역사적 사실성에 초점을 맞추어 이해하려는 사실주의(factualism)의 접근 방법으로는 예수의 기적을 바르게 이해할 수 없다. 복음서 기자들은 예수의 기적을 하나님 나라의 도래와 연결하고, 예수가 하나님으로부터 권능을 부여받은 메시아임을 나타내려고 했다. 그들은 구약성서에서 예표(豫表)를 찾아 이야기에 살을 붙였고, 관련된 성서 구절을 인용하거나 시사해서 근거로 삼았다. 예수의 기적 이야기는 편집과 전승 과정에서 가필과 정정이 이루어지기는 했으나 본질적으로 역사적 핵을 지니고 있다. 그러나 사건의 진상을 역사 연구의 방법으로 일어났던 그대로 재구성한다는 것은 불가능한 일이다. 기적 사건의 역사적 사실성 규명에 집착하기보다는 신앙적 의미와 교훈을 추구하는 것이 바람직한 해석이다.

2. 예수가 행한 기적

물이 포도주가 되게 하심(요 2:1-11)

예수가 가나의 혼인 잔치에 갔는데 포도주가 떨어졌다. 예수는 항아리마다 물을 채우게 하고 그 물이 포도주로 바뀌게 했다. 이 일을 합리적으로 설명하려는 시도가 있었다. 물이 포도주가 되는 발효 과정을 단시간 내에 일으켰다고도 하고, 사실 포도주를 선물로 가져가서 주었는데 마침 포도주가 떨어져서 새 포도주를 내어놓을 수 있게 되었다는 것이다. 어떤 사람은 예수가 사람들에게 최면을 걸어서 그들이 물을 마시면서도 포도주로 느꼈을 것이라고 한다.

이 이야기의 신앙적 의미는 무엇일까? 이 사건은 예수가 권능을 지닌 메시아라는 표징이다. 그리고 이 일은 장차 있을 하나님 나라 잔치의 예표이다: "만군의 주님께서 이 세상 모든 민족을 여기 시온 산으로 부르셔서, 풍성한 잔치를 베푸실 것이다. 기름진 것들과 오래된 포도주, 제일 좋은 살코기와 잘 익은 포도주로 잔치를 베푸실 것이다"(사 25:6). 잔칫집에 본래 있던 포도주는 유대교의 형식적인 율법주의를 가리키며, 예수가 만든 새 포도주는 하나님 나라를 의미한다. 예수는 새 포도주는 새 가죽 부대에 담아야 한다고 말한다(막 2:22). 낡은 율법주의로는 혁신적인 하나님 나라의 복음을 담을 수 없다. 그것은 낡은 가죽 부대가 찢어지듯이 깨질 것이다. 예수의 포도주 기적은 낡은 율법주의를 새로운 하나님 나라의 복음으로 바꿔야 한다는 주장을 담고 있다. 예수는 자신을 혼인 잔치의 신랑에 비유한다(막 2:19-20; 마 25:1-13; 요 3:29). 잔치는 신랑, 신부와 하객이 서로 어울리는 즐거운 자리이다.

하나님 나라도 이렇게 메시아와 함께 기뻐하는 잔치와 같다.

오천 명/사천 명을 먹이심(막 6:30-44; 마 14:13-21; 눅 9:10-17; 요 6:1-14/ 막 8:1-10; 마 15:32-39)

오병이어의 기적이라고 불리는 이야기이다. 예수의 말씀을 들으려고 많은 사람이 모였는데 날이 저물어서 식사 때가 되었다. 음식 있는 것을 알아보니 어린이가 가져온 빵 다섯 개와 물고기 두 마리가 있었다. 예수가 하늘을 보며 축복한 다음 사람들에게 나누어 주게 했다. 모두 배불리 먹고도 남은 빵과 물고기가 열두 광주리에 가득 찼다. 빵을 먹은 사람은 남자 어른만도 오천 명이었다. 이 일을 하나님이 광야에서 메추라기와 만나를 내려 주셨듯이(출 16장) 실제로 일어난 초자연적 사건이라고 해석하기도 한다. 합리적으로 설명하자면 어린아이가 선뜻 음식을 내어놓는 것을 본 사람들이 저마다 음식을 내놓아 주위 사람들과 나누어 먹었고, 오히려 음식이 남았다는 것이다. 그래서 이 사건을 공동체 정신과 나눔을 실천한 모범적 사례라고 본다. 그리고 사람들이 빵을 나누어 먹은 것은 나중에 성만찬에서 그리스도의 몸을 상징하는 빵을 받아먹는 의식의 예표라고 해석하기도 한다.

구약성서에 보면 엘리야가 사르밧 과부의 뒤주에 밀가루가 떨어지지 않고 병에 기름이 마르지 않게 하는 기적을 행한 일이 있었고(왕상 17:8-16), 그의 제자 엘리사도 가난한 과부의 병에 기름을 채워 주는 기적을 행했다(왕하 4:1-7). 그리고 엘리사는 오병이어의 기적과 비슷한 일을 했다. 어떤 사람이 보리빵 스무 덩이와 한 자루의 햇곡식을 엘리사에게 가지고 왔다. 엘리사가 그것을 백 명이나 되는 사람들에게 내놓으니 모두가 배불리 먹고도 남았다(왕하 4:42-44). 오병이어의 기적은 복음서 기자가 엘리야와 엘리사가 행한 기적을 사례로 들어 만들어 낸 이야기라고도 하고, 먹을 것이 별로 없었는데 예수가 음식을 들고 축복하자 많은 사람이 먹고도 남은 사건이 있었고 이것을 엘리사의 기적과 연결했다고도 한다. 예수의 모든 말씀과 행위는 하나님 나라에 초점을 맞추고 있다. 가나의 포도주 기적과 마찬가지로 오병이어의 기적은 하나님 나라의 잔치를 미리 체험한 사건이다.

많은 물고기를 잡게 하심(눅 5:1-11; 요 21:1-14)

예수가 게네사렛(갈릴리)호수에서 시몬 베드로에게 그물 내릴 곳을 알려주었고, 그곳에서 그물이 찢어지고 배가 가라앉을 정도로 많은 물고기가 잡혔다는 이야기이다. 이 이야기는 예수가 놀라운 능력을 지닌 분이라는 것을 보여 준다. 그리고 이 일로 인해 물고기를 낚던 사람이 예수의 제자가 되어 많은 사람을 낚는 일 곧 복음을 전하는 일꾼이 되었다는 것을 나타낸다.

물 위로 걸어오심(막 6:45-52; 마 14:22-33; 요 6:16-21)

제자들이 배를 타고 바다 한가운데 있을 때 뭍에 있던 예수가 바다 위를 걸어서 그들에게 다가왔다. 제자들은 바다 위를 걸어오는 예수를 보자 유령이라고 생각하고 놀랐다. 어떻게 사람이 물 위를 걸을 수 있을까? 복음서 기자가 허풍선이라는 생각까지 든다. 하지만 예수가 초자연적 능력을 지녔다면 그럴 수도 있다. 예수가 사실은 물가를

걸어왔는데 날이 저물어서 제자들은 그가 물 위로 걸어온다고 착각했다
고도 생각할 수 있다. 그것은 실제로 일어난 사건이 아니라 제자들의
마음속에 그려진 환상이라고 보기도 한다. 또는 구약성서의 말씀을
바탕으로 꾸며진 이야기라는 등 여러 가지 설명이 있다. 구약성서에
보면 하나님의 영이 물 위에서 움직이고 계시고(창 1:2), 주님께서 큰
물을 치시고(시 29:3), 주님의 길은 바다에도 있다(시 77:19)는 구절이
있다. 예수가 물 위로 걸어왔다는 것은 모세가 홍해를 가르고 백성을
물 사이로 건너가게 했던 것처럼 사람들을 구원의 길로 인도하시는
분임을 나타낸다.

풍랑을 잔잔하게 하심(막 4:35-41; 마 8:23-27; 눅 8:22-25)

예수와 제자들이 배를 타고 가는데 거센 바람이 불어오고 파도가
배 안으로 덮쳐 들어왔다. 제자들이 잠자고 있던 예수를 깨우며 우리가
죽게 되었다고 소리쳤다. 그러자 예수가 바다를 향해 "고요하고 잠잠하
여라"라고 말하자 바람이 그치고 고요해졌다는 이야기이다. 이것은
실제로 일어난 사건일까? 아니면 우연의 일치일까? 예수는 자연까지도
지배하는 권능을 지닌 분임을 나타낸다. 잠잠하라는 말은 풍랑을 향해
한 것이 아니라 공포에 사로잡혔던 제자들에게 한 것이다. 복음서
기자가 어려운 처지에 있는 교인들에게 평안과 용기를 주기 위한 말이다.
구약성서에서 바다는 하나님의 적대세력을 나타낸다. 예를 들면
주님께서는 바다의 노호와 파도 소리를 그치게 하셨다(시 65:7), 주님은
소용돌이치는 바다를 다스리시며, 뛰노는 파도도 진정시키신다(시
89:9), 주님은 바다의 괴물 리워야단을 죽이실 것이다(사 27:1), 주님의

팔은 라합(전설적인 바다 괴물)을 토막 내시고 용을 찌르셨다(사 51:9)는 내용이 있다. 풍랑을 잔잔하게 하신 일은 예수가 하나님의 적대세력, 즉 사탄의 세력을 제압하는 권능이 있는 분임을 나타낸다. 예수가 바다를 잠잠하게 하고 제자들을 안심시켰듯이 하나님은 당신의 백성을 자연의 위험과 영적 시련으로부터 보호하신다. 예수는 하나님의 백성을 돌보는 "능력 있는 구원자"(눅 1:69)이다.

동전이 든 고기를 낚게 하심(마 17:24-27)

예수는 베드로에게 바다로 가서 낚시를 던져 맨 먼저 올라오는 고기의 입을 벌려보면 은전 한 닢이 있을 것이니 그것으로 성전세를 내라고 했다. 실제로 있었던 일일까? 아니면 고기를 낚아 팔아서 성전세를 내라고 한 것이 와전된 것일까? 마태복음의 내용으로는 예수가 고기를 잡으라고 지시한 것만 알 수 있지, 베드로가 바다로 가서 고기를 잡았는지는 알 수 없다. 예수의 의도는 제자 베드로가 자신을 신뢰하고 지시한 대로 따르는지 시험한 것일 수도 있다. 또는 성전세를 내지 않음으로써 물의를 일으키지는 않겠다는 의사를 밝힌 것이라고 할 수도 있다.

무화과나무를 저주하여 마르게 하심(막 11:12-14, 20-21; 마 21:18-19)

예수가 길가에 있는 무화과나무를 보고 그 나무로 갔으나 아무것도 없고 잎사귀만 있었다. 예수가 "이제부터 너는 영원히 열매를 맺지 못할 것이다"라고 말하자 무화과나무가 곧 말라버렸다. 진짜로 예수의 저주를 받고 나무가 말라버렸을까? 저주한 것이 아니라 열매가 없는 무화과나무를 보고 이 나무는 열매를 맺지 못하리라고 예견한 것이다. 죽음을 앞둔 예수가 앞으로는 무화과를 먹을 기회가 없다는 말이다. 비슷한 무화과나무의 비유가 누가복음에 있다(눅 13:6-9). 어떤 사람이 무화과나무를 심었는데 열매를 맺지 못하자 찍어 버리라고 했다는 이야기이다.

구약성서에도 비슷한 내용이 있다. 예를 들면 예레미야는 하나님의 뜻에 순종하지 않고 죄를 짓는 유다 백성이 벌을 받으리라고 하면서 하나님의 말씀을 전한다: "나 주의 말이다. 그들이 거둘 것을 내가 말끔히 거두어 치우리니, 포도덩굴에 포도송이도 없고, 무화과나무에 무화과도 없고, 잎까지 모두 시들어버릴 것이다"(렘 8:13. 참고, 렘 24:1-10). 미가는 이스라엘의 부패를 꾸짖으면서 "포도알이 하나도 없고, 내가 그렇게도 좋아하는 무화과 열매가 하나도 남지 않고 다 없어졌구나. 이 땅에 신실한 사람은 하나도 남지 않았다"(미 7:1-2)라고 한탄한다. 호세아도 이스라엘에 대한 하나님의 심판을 선포한다: "에브라임은 그 밑동이 찍혀서 뿌리가 말라버렸으니 열매를 맺지 못할 것이다"(호 9:16). 예수의 말씀에서 열매 없는 무화과나무는 믿음의 결실을 맺지 않는 지도자들, 특히 성전의 제사장들을 말한다. 그리고 '마르게 하다'라는 말과 '찍어버리다'라는 말은 같은 뜻을 지닌다. 예수는 믿음의 열매를 맺지 못하는 유대인에게 하나님의 심판이 임할 것을 선포한 것이다.

3. 예수가 행한 기적의 의미

예수가 행한 기적은 단지 자신의 능력을 과시하거나 정체를 드러내기 위한 것이 아니다. 예수의 기적은 하나님이 자연과 인간에게 권능으로 역사하신다는 것을 나타낸다. 예수는 성령의 역사를 통해 하나님으로부터 권능을 받았다. 그는 권능으로 기적을 행함으로써 하나님이 직접 역사하심을 보여 주었다. "나사렛 예수는 하나님께서 기적과 놀라운 일과 표징으로 여러분에게 증명해 보이신 분입니다. 하나님께서는 그를 통하여 여러분 가운데서 이 모든 일을 행하셨습니다"(행 2:22. 참고, 신 3:24). 예수는 모세나 엘리야나 엘리사처럼 능력을 행하며 하나님의 뜻을 전했고, 하나님의 통치가 가까이 왔음을 선포한 종말론적 예언자이다. 예수의 기적은 하나님 나라가 임하는 표징이다. 그러나 하나님 나라의 표징은 예수의 기적에 국한되는 것이 아니라 예수의 삶과 가르침 전체, 즉 그의 탄생과 성장, 복음 전파 활동, 죽음과 부활 등 모든 것이 하나님이 역사하신다는 표징이다. 나아가서 복음을 받아들이고 하나님 나라의 백성이 되는 것 또한 하나님 나라의 표징이다.

제 1 2 장
예수를 따르는 사람들

1. 예수를 따르는 사람들

사람들은 예수의 소문을 듣고 그의 말씀을 들으려고 또는 그의 병 고침과 기적을 보려고 몰려들었다. 그들은 누구였을까? 복음서는 그들을 '군중'(ochlos, crowd), '사람들'(laos, people), '무리'(plethos, multitude)라고 말한다. 요한복음은 그들을 흔히 유대인(hoi Ioudaioi, the Jews)이라고 부른다. 이 사람들은 대부분 '땅의 사람들'(am ha'aretz, people of the land, 암하아레츠)이라고 불리는 가난한 소작농, 장인, 어부와 같은 '민중'으로 그중에는 여자와 어린아이도 있었다. 무리는 대부분 유대인이었으나 간혹 이방인도 섞여 있었다. 그들은 갈릴리에서뿐만 아니라 유대와 예루살렘과 이두매와 요단강 건너편과 두로와 시돈 근처에서도 몰려왔다(막 3:7-9; 마 4:25).

너무 많은 무리가 몰려왔기 때문에 예수는 배에 올라가서 앉으시고 그들은 물가에 서서 말씀을 듣기도 했다(마 13:1-2). 사람들은 예수의 가르침과 그가 행하는 치유와 기적에 놀랐고(마 12:22-23), 논쟁으로 종교 지도자들을 부끄럽게 할 때 감탄하며 기뻐했다(막 12:35-37; 눅 13:17). 그러나 그들이 항상 예수의 말에 수긍하고 그를 지지하는 것은 아니었다. 때로는 회의적이기도 했고(요 7:20), 의견이 갈리기도 했고(요 7:12), 죽이라고 소리치기도 했다(마 27:23-25).

　예수를 따르는 사람들을 복음서에 나오는 대로 열거하면 다음과 같다: 가난한 자, 눈먼 자, 절름발이, 장애인, 문둥병자, 굶주린 자, 불쌍한 자, 귀신들린 자, 박해받는 자, 억눌린 자, 수고하고 무거운 짐 진 자, 무식한 자, 미미한 자, 보잘것없는 자, 낮은 자, 어린아이와 같은 자, 잃은 양, 과부, 막노동자, 죄인, 창녀, 세리. 이들은 가난과 질병뿐만 아니라 죄의식과 소외감으로 마음 아파하는 힘없고 불쌍한 사람들이었다. 이들은 가난과 무지로 인해 율법을 제대로 지킬 수 없었고, 생계를 위해 불결하고 부도덕한 직업에 종사할 수밖에 없었다. 이런 딱한 처지에 있는 사람들을 따뜻하게 대해 주고, 먹을 것을 주고, 병을 고쳐 주고, 가르침을 주는 예수는 그야말로 구세주였다. 그들은 예수를 율법 교사나 성자 이상으로 보았고, 혹시 이분이 하나님이 보내신 그분 곧 메시아가 아닌가 하는 기대를 하게 되었다. 오병이어의 기적을 본 사람들은 예수를 모셔다가 왕으로 삼으려 했고, 이를 안 예수는 혼자서 다시 산으로 물러갔다(요 6:14-15). 이들이 기대한 메시아는 권능으로 로마를 물리치고 이스라엘을 회복할 정치적 메시아였다.

　예수는 자신에게 모여든 사람들을 애정으로 대했다: "예수께서 무리를 보시고, 그들을 불쌍히 여기셨다. 그들은 마치 목자 없는 양과 같이 고생에 지쳐서 기운이 빠져 있었기 때문이다"(마 9:36). 오병이어의 기적을 일으킨 것도 그들의 굶주림을 보고 측은히 여겼기 때문이다. 예수가 제자들에게 말했다: "저 무리가 나와 함께 있은 지가 벌써 사흘이나 되었는데 먹을 것이 없으니 가엽다. 그들을 굶주린 채로 돌려보내고 싶지 않다. 가다가 길에서 쓰러질지도 모른다"(마 15:32).

예수는 그들을 불쌍하게 여기며 위로하고, 아픔을 없애주고, 용기와 희망을 주었다(막 1:41; 8:2-3; 마 9:35-36; 14:14; 20:34; 눅 7:13).

예수는 사회적으로 무시당하고 소외된 사람들과 함께 식사했다. 그 당시 신분이 다르거나 친한 사이가 아니면 함께 어울리거나 식사하지 않았다. 더욱이 죄인이라고 멸시받는 사람과 함께 식사하는 것은 부도덕하고 수치스러운 일이며, 무엇보다도 정결법을 어기는 것이었다. 예수가 세관에서 일하는 레위를 제자로 부르시고 그의 집에서 식사하는데, 이를 본 바리새파의 율법학자들이 "저 사람은 세리들과 죄인들과 어울려서 음식을 먹습니까?"(막 2:14-16)라고 비난 섞인 질문을 한다. 그들은 예수를 가리켜 "저 사람은 마구 먹어대는 자요, 포도주를 마시는 자요, 세리와 죄인의 친구다"(마 11:19)라고 한다. 그러나 예수는 그들의 말에 개의치 않는다.

예수는 혈연과 신분과 계급을 뛰어넘어 하나님의 은혜 안에서 사랑의 공동체를 이루려 했다. 예수의 '밥상 친교'(table fellowship)는 의인과 죄인, 주인과 종, 남자와 여자, 유대인과 이방인을 구별하지 않는다. 예수의 잔치는 혼인 잔치와 같이 즐거운 자리이며, 용서받고 구원받는 '메시아의 잔치'(Messianic Banquet)이다. 그것은 이 세상 모든 민족을 불러모으고 잔치를 베푸시는 '하나님 잔치'(사 25:6)의 예표이다.

예수는 낮고 천한 사람들과 어울리는 자신을 비난하는 사람들에게 "나는 의인을 부르러 온 것이 아니라 죄인을 부르러 왔다"(막 2:17)고 대응한다. 예수는 가난하고 억눌린 사람들을 해방시키러 왔다. "주님의 영이 내게 내리셨다. 주님께서 내게 기름을 부으셔서, 가난한 사람에게 기쁜 소식을 전하게 하셨다. 주님께서 나를 보내셔서, 포로 된 사람들에게 해방을 선포하고, 눈먼 사람들에게 눈 뜸을 선포하고, 억눌린 사람들

을 풀어주고, 주님의 은혜의 해를 선포하게 하셨다"(눅 4:18-19. 참고,
사 61:1-2; 29:18-20; 58:6-7; 겔 34:16). 아기 예수를 잉태한 마리아가 주님을
찬양하며 부른 노래와 비슷한 내용이다(눅 1:46-55: Magnificat, 마리아
찬가).

예수는 가난하고 힘없는 사람들이 하나님의 용서와 자비를 받으며
(눅 15:11-32), 하나님 나라의 백성이 된다고 선포한다: "너희 가난한
사람들은 복이 있다. 하나님의 나라가 너희의 것이다"(눅 6:20), "세리와
창녀들이 오히려 너희보다 먼저 하나님의 나라에 들어간다"(마 21:31).
최후의 심판 때에 지극히 보잘것없는 사람 하나를 도운 사람이 구원받고
영원한 생명을 얻을 것이다(마 25:31-46).

2. 예수를 따르는 여인들

예수 당시 유대 사회는 남자 중심의 가부장적 사회였다. 특히 종교나
정치 분야에는 여성의 진출이 철저하게 제한되었다. 그렇다고 여자의
활동이 가정에만 국한되지는 않았다. 여자가 사제가 될 수는 없었으나
회당에서 지도적 위치에 오를 수 있었으며, 여성 예언자나 여성 현자도
있었고, 점포를 운영하거나 교역을 하는 등 활발한 경제 활동도 할
수 있었다. 루디아는 자색 옷감 장사를 했고(행 16:14-16), 브리스길라는
남편 아굴라와 함께 천막을 만들었다(행 18:1-3). 여자들은 남자들과
마찬가지로 예수에게 와서 말씀을 듣고, 병 고침을 받고, 그를 따라다니
면서 복음 전파 사역에 동참했다. 그들은 일곱 귀신이 떨어져 나간
막달라 마리아, 헤롯의 청지기인 구사의 아내 요안나, 수산나, 그 밖에
여러 다른 여자들이었다(눅 8:2-4). 예수를 따른 여자들은 어떤 역할을

했을까?

첫째, 그들은 자기들의 재산으로 예수의 일행을 섬겼다(눅 8:3). 여기서 '섬겼다'(diekonoun)는 말의 명사형(diakonos)은 '섬기는 자'(servant), '일꾼'(사역자, minister), '집사'(deacon)를 가리키는 말로 쓰인다. 예를 들면 바울은 말하기를 "우리는 무슨 일에나 '하나님의 일꾼[들]'(Theou diakonoi/ministers of God)답게 처신합니다"(고후 6:4)라고 한다. 그리고 바울과 그의 일행이 진정한 '그리스도의 일꾼[들]'(diakonoi Christou, ministers of Christ)이라고 말한다(고후 11:23). 그러므로 여자들이 섬겼다는 말은 단순히 재물로 뒷바라지했다기보다는 복음 전파의 사역자로 일했다는 말이라고 해석할 수 있다.

둘째, 여자들은 예수의 제자가 되었다. 예수의 제자는 열두 명에 국한되지 않는다. 예수에게는 특별히 택한 열두 명의 제자(이스라엘의 열두 지파 상징) 외에 더 많은 제자가 있었다(참고, 눅 10:1, 17; 마 21:1). '따른다'(akoloutheo)는 말은 '제자가 된다'는 의미도 있다(참고, 막 10:28; 마 8:22). 여자들이 예수를 따랐다는 말은 넓은 의미에서 제자가 되었다는 말로 이해할 수 있다.

셋째, 여자들은 예수의 가르침을 받았다. 마르다의 동생 마리아는 예수의 발 곁에 앉아서 말씀을 들었고, 예수도 "마리아는 좋은 몫을 택하였다. 그러니 아무도 그것을 그에게서 빼앗지 못할 것이다"라고 말한다(눅 10:38-42).

넷째, 어떤 여자(또는 베다니의 마리아)는 예수에게 향유를 발랐다(눅 7:36-50; 요 12:1-8). 예수에게 기름을 부었다는 것은 상징적인 의미가 있다. 예수가 '기름 부음을 받은 자'(the anointed one), 즉 메시아임을 고백하는 것이라고 할 수 있다. 그리고 예수의 죽음과 장사를 예비한 행동이라고 할 수 있다(참고, 막 16:1-2).

다섯째, 마르다는 예수를 그리스도라고 고백했다. 흔히 예수를 그리스도라고 처음으로 고백한 사람이 누구냐고 물으면 베드로라고 대답한다. 예수가 제자들에게 "너희는 나를 누구라고 하느냐"라고 묻자 베드로가 대답했다. "선생님은 살아 계신 하나님의 아들 그리스도십니다"(마 16:16). 베드로의 이 말은 '최초의 기독론적 고백'이라고 높이 평가된다. 그런데 베드로와 거의 똑같은 고백을 한 여자가 있다. 베다니의 마르다이다. "마르다가 예수께 말하였다. '예, 주님! 주님은 세상에 오실 그리스도이시며, 하나님의 아들이심을 내가 믿습니다'"(요 11:27). 베드로의 고백보다 더 절실한 것 같다.

여섯째, 여자들은 예수의 죽음을 끝까지 지켜보았다(마 27:55-56). 예수가 체포되자 제자들은 붙잡힐까 두려워서 모두 도망갔다. 베드로는 자기를 알아보는 어느 하녀에게 예수를 알지 못한다고 세 번이나 부인했다. 그러나 여자들은 예수를 떠나지 않고 십자가의 죽음과 무덤에 매장하는 장면을 끝까지 지켜봄으로써 믿음의 절개와 용기를 보여 주었다.

일곱째, 막달라 마리아는 예수 부활의 첫 증인이 되었다(요 20:11-18). 막달라 마리아는 부활하신 예수를 처음으로 만났고, 부활의 소식을 처음으로 전한 사람이다. 그녀는 예수의 훌륭한 제자였으며, 초대 교부 히폴리투스는 부활하신 예수가 막달라 마리아에게 사도의 칭호를 주었다고 하면서 그녀를 '사도 중의 사도'(apostola apostolorum, the apostle of the apostles)라고 불렀다. 여자들은 그저 예수를 따라다니며 시중을 드는 데서 머무르지 않았다. 그녀들은 예수의 가르침을 받고, 예수를 그리스도라고 고백하고, 하나님 나라의 복음을 전파하고, 예수의 죽음을 끝까지 지켜보고, 예수의 부활을 처음으로 증언한 진정한 제자들이었다.

　여자들에 대한 예수의 태도와 가르침은 어땠을까? 예수는 현대적 의미의 '여성주의자'(feminist)는 아니다. 그러나 당시 남성 중심적이고 남녀 차별적인 사고와 제도에 부응하지는 않았다. 오히려 여자를 비롯한 모든 사람을 차별 없이 대했고, 어려운 처지에 있는 여자에게는 각별한 애정을 가지고 도와주었다. 예수는 여자들의 병을 고쳐 주었다. 열병 걸린 베드로 장모(막 1:29-31), 12년 동안 혈루증을 앓은 야이로의 딸(막 5:21-43), 귀신 들린 가나안 여인의 딸(마 15:21-28), 18년간 허리 굽은 여인(눅 13:11-17)을 고쳐 주었다. 예수는 창녀들을 서슴없이 대하셨고(눅 7:36-39), 간음하다 잡힌 여자에게 "나도 너를 정죄하지 않는다. 가서, 이제부터 다시는 죄를 짓지 말아라"(요 8:11)고 하며 용서해 주었다. 예수는 위선과 자만에 빠진 바리새파 사람에게 창녀가 먼저 하나님 나라에 들어가리라고 선포했다(마 21:31).

　예수는 여러 번 여자들의 믿음을 칭찬했다. 예수는 딸의 병을 고쳐 달라고 간절히 요청하는 가나안 여인에게 "여자여, 참으로 네 믿음이 크다. 네 소원대로 되어라"라고 말하고 고쳐 준다. 예수의 옷에 손을 대기만 해도 병이 나으리라고 믿은 혈루증 여자에게도 "딸아, 네 믿음이 너를 구원하였다. 안심하고 가거라. 그리고 이 병에서 벗어나서 건강하여라"(막 5:34)라고 안심시키고 고쳐 주었다. 예수는 과부와 재판관의 비유를 들려주면서 재판관에게 권리를 찾아달라고 끈질기게 매달리는 과부의 믿음을 칭찬했다(눅 18:1-8). 예수는 이혼에 대해서 질문을 받았을 때, 아내가 음행했을 때를 제외하고는 버려서는 안 된다고 가르쳤다(마 19:3-9). 예수는 포용적인 하나님 가족을 이루려 했고(막 3:35), 남녀 차별 없는 '평등한 제자직'(discipleship of equality)을 펼쳤다.

3. 열두 제자

율법 학파에서는 학생이 랍비를 찾아가서 제자가 되는 것이 보통 있는 일이었는데, 예수는 자신이 불러서 제자로 삼았다. 그는 제자를 뽑을 때 장벽을 두거나 차별하지 않았다. 정결한 사람과 부정한 사람, 의인과 죄인, 학식 있는 사람과 없는 사람, 부자와 가난한 사람을 구별하지 않았다. 예수의 제자가 된 사람 중에는 거칠고 학식 없는 어부도 있었고, 죄인이라고 손가락질받는 세리도 있었고, 무력 독립단체의 일원인 열심당원도 있었다. 예수는 자신을 따르는 사람 중에서 특별히 열두 명을 선택했다(막 3:13-14). 열두 제자는 이스라엘의 열두 지파를 상징적으로 나타낸다(마 19:28).

예수의 열두 제자(막 3:13-19; 마 10:1-4; 눅 6:12-16)는 누구이며, 어떤 사람들일까? 열두 제자는 유대 출신인 가롯 유다를 제외하고는 모두 갈릴리 사람들이다. 그들은 중산층 이하의 계층에 속했고, 대부분 배움이 많지 않았다. 베드로는 원래 시몬 바요나(Simon bar Yonah, 요나의 아들 시몬. 히브리어로는 시므온. 행 15:14)라고 불렸는데, 예수가 '게바'(아람어 Cephas, 그리스어로는 Petros. 반석, 바위)라는 이름을 지어 주었다(마 16:17-18; 요 1:42). 그는 가버나움에 거주하는 어부였고 결혼한 사람이었다(막 1:30; 고전 9:5).

안드레는 세례 요한의 제자였다가 예수를 따르는 제자가 되었고, 형 시몬 베드로를 예수에게 인도해서 제자가 되게 했다(요 1:35-42). 세베대의 아들들인 요한과 야고보는 베드로의 동료 어부였다(눅 5:10-11). 예수는 요한과 야고보에게 '보아너게'(천둥의 아들, 막 3:17; 눅 9:51-55)라는 이름을 덧붙여 주었다(참고, 눅 9:51-56). 이들 네 사람 중 베드로, 야고보, 요한은 예수가 중요한 일이 있을 때마다 따로 데리고 다니던 제자들이었다(막 5:37; 9:2; 13:3; 14:33). 아마 예수가 가버나움에서 사역을 시작하면서 처음 부른 제자들이었기에 각별하게 생각한 듯하다.

빌립은 벳새다 출신으로 안드레와 베드로와 한 고향이었다. 빌립은 갈릴리 가나 사람 나다나엘을 예수에게 인도해서 제자가 되게 했다(요 1:43-51; 21:2). 나다나엘을 바돌로매(마 10:3; 눅 6:14)와 동일인으로 보기도 하는데 확실하지는 않다. 마태는 레위라고도 불리며 세리 출신이었다(막 2:14-15; 눅 5:27-29). 도마는 예수의 사역 중에는 나타나지 않는데, 부활하신 예수를 의심해서(요 20:24-29) 직접 확인하지 않고는 믿지 않는 회의론자를 가리켜 '의심하는 도마'(doubting Thomas)라고 부르기도 한다. 도마가 인도에 가서 선교했다는 전설이 남아 있다.

그 외에 요한의 형제가 아닌 알패오의 아들 야고보가 있고, 야고보의 아들 유다(행 1:13)라고도 불리는 다대오가 있다. 무력으로 독립을 쟁취하려는 열심당원(zealot) 시몬이 예수의 제자가 되었다는 것은 흥미로운 일이다(막 3:18; 눅 6:15). 어쩌면 열심당원이라는 말이 '가나안 사람'(마 10:4) 또는 '율법에 열심인 사람'을 뜻하는지도 모른다. 마지막으로 가룟 유다가 있다. 회계 일을 맡았으며, 나중에 예수를 배반했다(요 12:6; 13:29).

제자들은 예수를 누구라고 생각했을까? 그들은 예수를 랍비라고 불렀지만, 그들의 스승이 랍비 이상의 능력과 권위가 있다는 것을 알게 되었다. 그들은 예수가 병을 고치고 기적을 행하는 성자(예를 들면 하니나 벤 도사) 같지만, 그것보다 더한 분 곧 메시아라고 생각했다. 그러나 제자들이 기대한 메시아는 권세 있고 영광스러운 왕과 같은 정치적 메시아였다. 그래서 나중에 차지할 자리를 두고 서로 다투기도 했고(막 10:35-44), 자기들의 기대를 저버리려는 스승에게 대들기도 했다(마 16:21-22). 그들은 예수를 통해 자신의 욕심과 야망을 이루려고 했다. 예수의 말대로 제자들은 하나님의 일을 생각하지 않고 사람의 일만 생각하고 있었다(마 16:23). 그들은 예수의 부활 사건을 겪은 후에야 비로소 그가 어떤 분인지 깨닫게 되었다.

4. 제자들의 사명

예수의 선교 목적은 '이스라엘의 회복'이었다. 그는 하나님과 점점 멀어져서 쇠락과 멸망의 길을 가고 있는 이스라엘을 돌이켜 다시 하나님과 가까워지게 하는 것이 자신의 사명이라고 믿었다. 예수는 하나님이 역사에 개입해서 직접 다스리는 순간이 곧 오리라고 믿었고, 이 화급한 소식을 빨리 사람들에게 전해야 한다는 긴박한 마음을 갖고 있었다. 예수는 종말론적 공동체를 이루어서 다가온 하나님을 맞으려 했다. 그는 제자들을 불러모아 가르치고 파송해서 하나님 나라의 복음을 전하게 했고, 그 소식을 들은 이스라엘 백성이 임박한 하나님의 통치 앞에서 회개하고 하나님 나라의 백성이 되기를 간절히 원했다.

예수의 제자가 되려면 즉각적으로 결단하고 모든 것을 버려야 한다. 예수가 따라오라고 했을 때 뒤를 돌아보거나 망설이는 사람은 하나님 나라에 합당하지 않다(눅 9:57-62). 예수의 제자가 되려는 사람은 자기 가족이나 심지어 자기 목숨보다도 예수를 더 사랑해야 하고, 자기의 재산까지도 다 버려야 한다(눅 14:25-33). 어떤 부자 젊은이는 재산을 다 팔아서 가난한 사람들에게 주고 나를 따르라는 예수의 말에 울상을 짓고 근심하면서 떠났다(막 10:21-22). 그래서 예수가 말한다. "재물을 가진 사람이 하나님 나라에 들어가기는 참으로 어렵다. 부자가 하나님의 나라에 들어가는 것보다 낙타가 바늘귀로 들어가는 것이 더 쉽다"(눅 18:24-25). 예수를 따르는 사람은 고난, 심지어는 죽음까지도 감당할 각오를 해야 한다. "나를 따라오려는 사람은 자기를 부인하고, 날마다 자기 십자가를 지고 나를 따라오너라. 누구든지 제 목숨을 구하려고 하는 사람은 잃을 것이요, 누구든지 나를 위하여 제 목숨을 잃는 사람은 목숨을 구할 것이다"(마 9:23-24).

예수는 군중에게는 비유로 가르침을 주었지만, 제자들에게는 따로 비유를 자세하게 설명해 주었다(마 13:10-13, 34-43). 그는 하나님 나라의 비밀을 설명해 주면서 제자들을 가르치고 훈련해서 열두 제자와 일흔두 사람을 파송했다(막 6:7-11; 눅 10:1-12, 17-20. 참고, 출 24:1; 민 11:16, 24). 하나님 나라의 복음을 전하는 일은 화급하게 이루어져야 한다. 그러므로 돈도 지니지 말고, 옷도 챙겨서는 안 된다. 언제 하나님의 심판이 들이닥칠지 모른다. "내가 진정으로 너희에게 말한다. 너희가 이스라엘의 고을들을 다 돌기 전에 인자가 올 것이다"(마 10:23).

제자들은 이 마을 저 마을 돌아다니면서 "하나님 나라가 가까이 왔다. 회개하라"고 선포하면서 귀신을 쫓아내고, 수많은 병자에게 기름을 발라서 병을 고쳐 주었다(막 6:12-13; 눅 10:9). 부활하신 예수는 제자들에게 지상명령(至上命令)을 내린다. "너희는 가서 모든 민족을 제자로 삼아 아버지와 아들과 성령의 이름으로 세례를 베풀고, 내가 너희에게 분부한 모든 것을 가르쳐 지키게 하라"(마 28:19-20). 하나님 나라의 복음은 유대 땅뿐만 아니라 온 세상에 전파되어야 한다. 그것이 예수의 제자들이 수행해야 하는 사명이다.

하나님 나라

1. 하나님 나라의 실체

예수의 활동과 가르침의 핵심은 하나님 나라이다. 그가 병을 고치고, 기적을 행하고, 비유로 가르치는 모든 일은 하나님 나라의 복음을 선포하는 것이다. "때가 찼다. 하나님의 나라가 가까이 왔다. 회개하여라. 복음을 믿어라"(막 1:15). 예수 자신이 말한다. "나는 다른 동네에서도 하나님 나라의 복음을 전해야 한다. 나는 이 일을 위하여 보내심을 받았기 때문이다"(눅 4:43). 하나님 나라는 어떤 나라인가? 어떤 왕국 같은 것인가 아니면 어떤 세력인가? 언제 오나? 벌써 왔나 아니면 장차 올 것인가? 하나님 나라는 어떻게 들어갈 수 있나?

복음서에 하나님 나라를 가리키는 말이 총 108회 나타나는데, '하나님 나라'(basileia tou Theou, Kingdom of God) 53회(막 14회, 마 5회, 눅 32회, 요 2회), '하늘나라'(basileia ton ouranon, Kingdom of heaven) 32회(막 0회, 마 32회, 눅 0회, 요 0회), '나라'(basileia, Kingdom) 23회(막 0회, 마 13회, 눅 7회, 요 3회)이다. 마태복음은 유대인이 하나님이라는 말을 입에 올리는 것이 불경하다고 생각하는 것을 고려해서 '하나님 나라'보다 '하늘나라'나 '하늘'로 많이 표기했고, 요한복음에는 '하나님 나라'

라는 말보다는 '생명'(zoe)이라는 말을 많이 사용한다. 하나님 '나라'(ba-sileia, 아람어로는 malkuth)는 '공간적 실체'(spacial entity)가 아니라 '역동적 실체'(dynamic entity)이며, '장소'(place)가 아니라 '활동'(activity)을 나타내는 말로서 '하나님의 왕권적 통치'(kingly rule)를 의미한다.

'하나님 나라'와 '하늘'(shamayim, ouranos, heaven)은 구별된다. 예를 들어 주기도문에 보면 "하늘에(ouranois) 계신 우리 아버지"(마 6:9), "그 나라(basileia)를 오게 하여 주시며, 그 뜻을 하늘에서(ourano) 이루심 같이 땅에서도 이루어 주십시오"(마 6:10)라고 표기한다(참고, 마 7:21). '하늘나라'는 '천국', '하늘'은 '천당' 또는 '천상'이라고 쓰기도 한다. 하나님 나라는 '하나님 통치'(rule, reign of God)를 뜻하며, 하나님의 뜻이 이루어지고(마 6:10), 하나님이 초대하신 잔치에 참석한 것처럼 기쁨과 영광이 넘치는 상태이다(눅 14:15-24). 하나님 나라의 비밀은 믿음으로 예수의 제자가 될 때 알 수 있다(마 13:11-13).

2. 하나님 나라의 도래

복음서에서 예수는 하나님 나라가 장차 '올 것이다'(will come)라고도 하고, 이미 '왔다'(has come)고도 한다. 또 다른 곳에서는 마음속에 있다고도 하고, 너희들 가운데 있다고도 한다. 예수가 말하는 하나님 나라는 여러 가지로 이해할 수 있다. 하나님 나라를 시간과 관계없이 비종말론적으로 해석하기도 하고, 다른 한편으로 하나님 나라를 시간의 흐름과 연관해서 종말론적으로 해석하기도 한다.

비종말론적 해석

내면적 나라(inner kingdom)는 하나님의 뜻을 따르는 마음의 상태이다. 바리새파 사람들이 예수에게 하나님 나라가 언제 오느냐고 묻자 예수는 "하나님 나라는 눈으로 볼 수 있는 모습으로 오지 않는다. 또 '보아라, 여기에 있다' 또는 '저기에 있다' 하고 말할 수도 없다. 보아라, 하나님 나라는 너희 가운데 있다"(눅 17:20-21). 여기서 '너희 가운데'(among you)라는 그리스어 '엔토스 휘몬'(entos hymon)은 '네 안에'(within you)라고도 번역할 수 있다. 그렇다면 하나님 나라는 하나님의 뜻을 따르는 마음의 내면적 상태라고 이해할 수 있다.

이상적 사회(utopia, ideal society)는 하나님의 뜻을 따라 이루는 사랑과 평화의 공동체이다. 누가복음 17장 21절의 '엔토스 휘몬'을 '너희 가운데'(among you)라고 번역하면, 하나님 나라는 유토피아 같은 이상적 세상을 말하는 것이라고 할 수 있다. 라우쉔부쉬(Walter Rauschenbush)가 일으킨 사회복음 운동(social gospel movement)에서는 하나님 나라를 이상적 사회와 동일시했다.

종말론적 해석

미래적 나라(future kingdom, apocalyptic kingdom)는 하나님의 섭리로 장차 이 땅에 홀연히 오는 나라이다. 예수가 말한다: "하나님의 나라가 가까이 왔다"(막 1:15), "여기에 서 있는 사람들 가운데는, 죽기 전에 하나님의 나라가 권능을 떨치며 와있는 것을 볼 사람들도 있다"(막 9:1). 하나님의 통치가 아직 임하지는 않았지만 임박했으며 곧 이루어지리라고 믿는 것이다.

현재적 나라(present kingdom, realized kingdom)는 예수의 활동과 함께 이미 이 땅에 임한 나라이다. 병을 고치고 귀신을 쫓아내는 예수의 활동은 이미 하나님이 역사에 개입해서 역사하신다는 표징이다. "내가 하나님의 능력을 힘입어 귀신들을 내쫓으면, 하나님 나라가 이미 너희에게 온 것이다"(눅 11:20). 하나님 나라는 눈으로 볼 수 없어서 여기 있다 또는 저기 있다고 말할 수 없지만, 이미 우리 가운데 있다(눅 17:21).

시작된 나라(inaugurated kingdom)는 예수의 활동과 함께 이미 시작되었으며, 장차 그 도래와 함께 완성되는 나라이다. 시작된 나라는 현재 또는 미래의 어느 순간에 임하는 것이 아니라 현재성(already now)과 미래성(not yet)을 지니고 시작에서 완성으로 진행하는 과정이다. 하나님 나라는 겨자씨와 같다. 겨자씨를 정원에 심었더니 자라서 나무가 되어 새들이 그 가지에 깃들였다. 또 하나님 나라는 누룩 넣은 가루와 같다. 어떤 여자가 누룩을 가루 속에 섞었더니 마침내 온통 부풀어 올랐다(눅 13:18-21).

하나님 나라는 언제 오는가? 하나님 나라의 도래 시기는 아무도 모른다. "그날과 그때는 아무도 모른다. 하늘의 천사들도 모르고, 아들도 모르고, 오직 아버지만 아신다. 조심하고 깨어 있어라. 그때가 언제인지를 너희가 모르기 때문이다"(막 13:32-33). 하나님 나라의 도래는 한밤중에 갑자기 신랑이 오는 것과 같다. 슬기로운 처녀들은 등잔과 기름을 준비하고 있다가 신랑을 맞지만, 미련한 처녀들은 등잔이 있어도 기름을 준비하지 않아서 불을 켜고 신랑을 맞을 수가 없다. 그러므로 깨어서 언제라도 신랑을 맞을 수 있도록 준비해야 한다(마 25:1-13). 예수는 하나님 나라의 도래 시기가 언제인지에 대해서 가르친 것이 아니라,

임박한 하나님 나라 앞에서 언제라도 맞을 수 있도록 깨어 있는 자세와 회개하는 마음을 촉구했다.

하나님 나라는 정확히 말하자면 하나님의 통치이다. 하나님의 통치는 생명력 있는 바람과 같다. 하나님은 성령을 통해서 역사하시며, 성령은 하나님의 영이다. 성령은 하나님의 숨이요 생명의 기운이요 바람이다. 예수가 말한다. "바람은 불고 싶은 대로 분다. 너는 그 소리는 듣지만, 어디에서 와서 어디로 가는지는 모른다. 성령으로 태어난 사람은 다 이와 같다"(요 3:8). 태풍 같은 강력한 바람이 불어오면 멀리 있어도 바람의 기운이 느껴지고, 태풍이 가까이 오면 올수록 보이지는 않아도 점점 더 강한 기운을 느끼게 된다. 하나님의 통치도 바람과 같이 보이지 않아서 여기 있다 또는 저기 있다고 말할 수는 없으나 성령의 권능으로 놀라운 일, 즉 병자가 고침을 받고 기적이 일어난다. 하나님 말씀으로 마음이 움직이고 삶이 바뀐다. 현실의 역경 속에서 용기를 내고 미래에 대한 소망을 갖는다. 예수는 성령의 바람을 따라 유랑하는 사람 곧 '바람의 나그네'와 같다. 예수는 하나님 나라 곧 하나님의 통치가 성령의 인도를 받는 자신의 활동을 통해서 이미 시작되었으며, 그것이 장차 완성될 것이라는 확고한 믿음이 있었다.

3. 하나님 나라의 백성

하나님 나라의 백성이 되려면 어떻게 해야 할까? 하나님 나라 백성이 된다는 것은 구원을 받고, 영생을 얻는 것이다(눅 18:18, 24, 26). 그러기 위해서는 먼저 회개해야 한다. 회개(metanoia)는 '돌아서는 것'을 뜻한다. 아버지를 떠났던 탕자가 돌아오듯이(눅 15:11-21) 하나님을 떠났던 삶을 돌이켜 하나님께 돌아가는 것이다. 하나님은 심판하기보다 용서하는 자비로우신 분이다. 회개할 필요가 없는 의인 아흔아홉보다 회개하는 죄인 한 사람을 두고 더 기뻐하시는 분이다(눅 15:7). 의롭다고 자부하는 바리새파 사람과 죄인이라고 손가락질받는 세리가 성전에 기도하러 갔다. 바리새파 사람은 자신의 의로움과 공적을 내세우며 기도했다. 반면에 세리는 멀찍이 서서 하늘을 우러러볼 엄두도 못 내고 가슴을 치며 "아 하나님, 이 죄인에게 자비를 베풀어 주십시오"라고 기도했다. 그런데 의롭다고 인정받은 사람은 바리새파 사람이 아니라 세리였다(눅 18:9-14). 회개하는 사람은 하나님의 자비에 자신을 온전히 맡긴다. 하나님은 그런 사람을 용서하고 구원하신다.

하나님 나라의 백성이 되려면 어린이처럼 되어야 한다(마 18:1-5). 어린이처럼 되어야 한다는 것이 무슨 말인가? 어린이의 마음처럼 순진한 마음을 지녀야 한다고도 생각할 수 있다. 하지만 예수는 "어린이와 같이 자기를 낮추는 사람이 하늘나라에서는 가장 큰 사람이다"라고 한다. 사실 어린이는 스스로 자기를 낮추지는 않는다. 겸손이라는 단어는 어린이에게 어울리는 말이 아니다. 어린이와 같이 낮추라는 말은 사회적으로 인정받지 못하고, 부모나 어른에게 절대적으로 의존해야 하는 곤궁한 처지에 있는 어린이처럼 자신을 낮추라는 말이다. 그리고 어린이가 아버지를 신뢰하고 따르듯이 하나님에게 전적으로 의지하라는 말이다.

물과 성령으로 거듭나야만 하나님 나라에 들어갈 수 있다(요 3:5). 물로 거듭난다는 말은 죄를 씻어내고 정결하게 된다는 것이고, 성령으로 거듭난다는 말은 새로운 마음으로 거듭나서 하나님의 뜻에 따라 산다는 것이다(겔 36:25-27). 물로 세례를 받는 사람은 죄의 용서를 받을 뿐만 아니라 그리스도와 연합하여 그의 죽음과 부활에 동참한다(롬 6:3-5). 성령으로 거듭난 사람은 예수를 주님이라고 고백하고(고전 12:3), 진리를 깨달으며(요 14:26; 16:13), 생명을 얻는다(요 6:63).

하나님의 뜻을 실천해야 하나님 나라의 백성이 될 수 있다. 믿음에 행함이 따르지 않으면 아무 소용이 없다. 그것은 죽은 믿음이다. 행함으로 믿음이 완전하게 된다(약 2:14-22). 바울도 믿음은 사랑을 통해 일한다고 말한다(갈 5:6). 그러므로 사랑의 행함은 믿음의 열매이며, 믿음을 완성하는 것이다. 주님을 믿는다고만 할 것이 아니라 하나님의 뜻을 실천해야 한다. "나더러 '주님, 주님' 하는 사람이라고 해서 다 하늘나라에 들어가는 것이 아니다. 하늘에 계신 내 아버지의 뜻을 행하는 사람이라야 들어간다"(마 7:21).

4. 천당과 지옥

하나님 나라(하늘나라, 천국)가 역동적인 하나님의 통치를 의미한다면 하늘(천당)은 공간적인 하나님의 거처를 가리킨다. 예수가 말하는 "내 아버지의 집"(요 14:2), "낙원"(눅 23:43), "아버지의 나라"(마 13:43)는 '하늘'(천당)과 같은 의미를 지닌다. 하늘은 하나님이 계신 곳이요(마 5:16; 6:1, 10, 7:21; 10:32-33), 천사들이 있는 곳이다(막 12:25; 13:32; 마 18:10; 28:2; 눅 2:15; 요 1:51). 하늘은 하나님을 지칭하는 완곡한 표현이기도 하다. 예수가 "요한의 세례가 하늘에서 온 것이냐, 사람에게서 온 것이냐"(막 11:30)라고 질문할 때 하늘은 하나님을 가리킨다. 돌아온 탕자가 "내가 하늘과 아버지 앞에 죄를 지었습니다"(눅 15:18, 21)라고 말할 때 역시 하늘은 하나님을 말한다.

천당에는 누가 가는가? 의인(마 13:43), 하나님과 예수를 믿는 사람(요 14:1-3), 예수로 인해 모욕과 박해와 비난을 받은 사람(마 5:11-12), 가난한 사람(눅 6:20; 16:19-31), 불쌍한 사람을 돌본 사람(마 25:31-46)이 간다. 하늘로 들어 올려진 사람은 큰 상을 받고(마 5:12), 잔치에 참여하며(마 8:11; 22:1-14), 영원한 생명을 누린다(마 25:46; 막 10:30; 요 11:25-26).

영생은 하나님의 생명에 동참하는 삶이다(요 1:4; 5:26; 6:57; 10:10). 영생은 미래성과 현재성을 함께 지니고 있다. 선한 일을 한 사람들은 부활하여 생명을 얻으며(요 5:29, 미래성), 예수의 말을 듣고 또 그를 보내신 분을 믿는 사람은 영원한 생명을 가지고 있고 심판을 받지 않는다. "그는 죽음에서 생명으로 옮겨갔다"(요 5:24, 현재성). 영생은 죽지 않는 삶이며 또한 죽음을 두려워하지 않는 삶이다. "죽음을 삼키고서 승리를 얻었다. 죽음아, 너의 승리가 어디에 있느냐? 죽음아, 너의 독침이 어디에 있느냐?"(고전 15:54-55). 영생의 적은 죽음이 아니라 미움에서 비롯된 죄이다. 그러나 사랑하는 사람은 이미 죽음에서 생명으로 옮겨갔다(요일 3:14-15). "하나님이 세상을 이처럼 사랑하셔서 외아들을 주셨으니, 이는 그를 믿는 사람마다 멸망하지 않고 영생을 얻게 하려는 것이다"(요 3:16. 참고, 롬 5:21).

반면에 지옥은 어떤 곳이며 누가 가는가? '지옥'(geenna, hell)은 '음부'(hades, darkness) 또는 '무저갱'(심연, abyssos, abyss, bottomless tunnel, 바닥없는 갱도)이라고도 불린다. 복음서에서 지옥은 11회(막 9:43, 45, 47; 마 5:22, 29-30; 10:28; 18:9; 23:15, 33; 눅 12:5), 음부는 4회(마 16:18; 11:23; 눅 10:15; 16:23), 무저갱은 1회(눅 8:31) 쓰인다. 지옥은 마귀와 귀신들이 있는 곳이다(마 25:41; 눅 8:31). 지옥에 가는 사람은 악한 자(마 13:50), 죄짓는 자(마 18:8-9), 회개하지 않는 자(마 11:20-24), 위선자(마

23:15, 33), 형제자매를 미워하는 자(마 5:22), 호화롭게 산 부자(눅 16:19-31), 불쌍한 사람을 돌보지 않은 자(마 25:31-46)이다.

지옥에 간 사람들은 심판을 받고 영원한 형벌을 받게 되며(마 25:46), 벌레에 파먹히고 불에 태워지는 고통을 받는다(막 9:48-49; 마 13:42; 25:41). 지옥의 형벌은 너무 고통스러워서 죄를 짓고 지옥에 가느니 차라리 죄를 짓는 신체의 일부분을 잘라내는 것이 더 낫다(막 9:42-49). 심판은 언제 받는가? 심판은 죽은 후(눅 16:19-31; 23:43), 인자가 재림할 때(마 13:36-43; 16:27-28; 24:29-31, 24:36-37; 25:31-46), 세상 끝날(마 13:40, 49)에 받는다.

제 1 4 장

하나님 나라 백성의 삶

하나님 나라는 예수의 활동과 함께 시작되었고, 장차 종말과 함께 완성될 것이다. 하나님 나라의 백성은 시작과 종말 사이에서 과도기적 삶을 살게 된다. 그들의 삶은 구속에서 벗어난 자유의 삶이요, 메시아와 함께 하는 기쁨의 삶이요, 장차 있을 구원을 기대하는 희망의 삶이다. 예수가 원하는 것은 도덕적 삶에 그치지 않고 더 나아가 제자의 삶을 사는 것이다. 제자로서 예수가 하는 일을 따라 하고, 그가 걷는 길을 같이 걷는 것이다. 제자들은 예수를 따르며 그를 본받고, 그를 닮아가며, 궁극적으로 예수와 하나가 된다. 제자의 삶은 어떤 삶인가?

1. 종말론적 삶

'종말론적 삶'은 '종말적 삶'과 다르다. 전자가 '종말을 기대하며 현실을 포기하는 삶'이라면, 후자는 '종말을 기대하며 현실에 충실한 삶'이다. 종말론적 삶을 살기 위해서 무엇보다도 먼저 해야 할 일은 회개하는 것이다. 예수가 "하나님 나라가 가까이 왔다"고 외치면서 가장 먼저 촉구한 바가 "회개하라"는 것이었다. 회개는 잘못한 일을 뉘우치는 데 그치지 않는다. 뉘우치고 만다면 그것은 후회이지 회개가

아니다. 회개는 죄를 자백하고, 죄를 용서하는 세례를 받고, 회개에
알맞은 열매를 맺는 것이다(마 3:6-8). 가진 사람은 없는 사람에게 나누어
주고, 부당하게 이익을 취하지 말고, 남이 가진 것을 억지로 빼앗지
않아야 한다(눅 3:10-14). 악한 삶을 산 사람은 그 대가를 치르고, 삶을
돌이켜 선한 삶을 살아야 한다. "하늘에서는 회개할 필요가 없는 의인
아흔아홉보다 회개하는 죄인 한 사람을 두고 더 기뻐할 것이다"(눅
15:7).

예수는 도덕 교사가 아니라 하나님 나라의 도래를 선포한 종말론적
예언자이다. 예수가 제시한 것은 다가온 하나님 나라 앞에서 사는
삶이다. 그 삶은 도덕적 삶이라기보다는 종말론적 신앙의 삶이며, 그리
스도의 제자로 사는 삶이다. 그것은 회개의 삶이며, 율법을 뛰어넘는
사랑과 용서의 삶이다. 용서할 줄 모르는 사람은 진정으로 회개한
사람이 아니요, 자신의 잘못을 하나님께 용서받지 못한다(마 18:21-35).
예수가 말한다. "너희가 심판을 받지 않으려거든 남을 심판하지 말아라.
너희가 남을 심판하는 그 심판으로 하나님께서 너희를 심판하실 것이요,
너희가 되질하여 주는 그 되로 너희에게 되질하여 주실 것이다. 어찌하
여 너는 남의 눈 속에 있는 티는 보면서, 네 눈 속에 있는 들보는
깨닫지 못하느냐"(마 7:1-3). 우리가 서로 사랑한다면 '사랑의 공동체'를
이룰 것이요, 우리가 서로 용서한다면 '용서의 공동체'가 될 것이다.

종말론적 삶은 '깨어 있는 삶'이다. 종말이 언제 닥칠지라도 맞을
수 있도록 준비해야 한다. "그러므로 깨어 있어라. 너희는 그날과 그
시각을 알지 못하기 때문이다"(마 25:13), "너희는 스스로 조심해서,
방탕과 술 취함과 세상살이의 걱정으로 너희의 마음이 짓눌리지 않게
하고, 또한 그날이 덫과 같이 너희에게 닥치지 않게 하여라. … 그러니

너희는 앞으로 일어날 이 모든 일을 능히 피하고, 또 인자 앞에 설 수 있도록, 기도하면서 늘 깨어 있어라"(눅 21:34, 36). 깨어 있는 삶은 곧 기도하는 삶이다. 기도는 하나님과의 대화요, 하나님과의 영적 교통이다. 기도하는 동안 우리의 영이 생기를 띠고 하나님의 영과 소통한다. 사실 우리의 삶 전체가 하나님께 드리는 기도가 되고, 예배가 된다. 사도 바울이 권한다: "여러분의 몸을 하나님께서 기뻐하실 거룩한 산 제물로 드리십시오 이것이 여러분이 드릴 합당한 예배입니다"(롬 12:1).

기도는 하나님에게 자신을 과시하거나 바라는 것을 달라고 요구하는 것이 아니라(약 4:2-3), 하나님의 뜻을 묻고 그 뜻에 순종하는 것이다. 예수가 겟세마네 동산에서 드린 기도의 궁극적인 목적은 자신의 삶이 하나님의 뜻에 일치하도록 맞추는 것이다. "항상 기뻐하십시오 끊임없이 기도하십시오 모든 일에 감사하십시오 이것이 그리스도 예수 안에서 여러분에게 바라시는 하나님의 뜻입니다. 성령을 소멸하지 마십시오. 예언을 멸시하지 마십시오. 모든 것을 분간하고, 좋은 것을 굳게 잡으십시오. 갖가지 모양의 악을 멀리 하십시오"(살전 5:16-22).

예수의 삶은 기도의 삶이었다. 그는 한적한 곳에서, 홀로, 밤을 새우며, 이른 새벽에 기도했다(막 1:35; 마 14:23; 눅 5:16; 6:12). 예수는 어려운 일, 큰일이 있을 때 기도했다. 전도 여행 시작 전(막 1:35), 오천 명을 먹일 때(마 14:19), 십자가의 고통을 앞두고(막 14:36), 십자가 위에서 고통당할 때(막 15:34. 참고, 시 22편) 기도했다. 예수는 기도를 통해 하나님의 뜻을 묻고 그 뜻에 순종했다: "나의 아버지, 하실 수만 있으시면, 이 잔을 내게서 지나가게 해주십시오 그러나 내 뜻대로 하지 마시고 아버지의 뜻대로 해주십시오"(마 26:39). 예수의 삶은 끊임없는 기도를 통해 하나님께 순종하는 삶이었다. 예수를 믿고 따르는 사람은 그리스도 예수 안에서 하나님의 자녀가 되고(참고, 갈 3:26), 예수를 따라 하나님을 아빠, 아버지라고 부른다(갈 4:6; 롬 8:15).

2. 예수를 본받는 삶

예수를 따른다는 것은 예수를 본받고 그의 사역에 동참하는 것이다: "나를 따라오너라. 내가 너희를 사람을 낚는 어부가 되게 하겠다"(막 1:17). 이스라엘 백성이 하나님을 따라갔듯이 예수도 하나님이 예비하신 길을 걸었다. 예수는 그의 삶을 통해 이스라엘 역사를 반복했을 뿐만 아니라 이스라엘의 사명을 성취했다. 그에게는 하나님을 알고, 그 뜻에 순종하는 아들 의식이 있었다. 예수는 '애정의 아버지'(the compassionate Father)이신 하나님을 본받았다. 하나님은 사랑하고 용서하시는 분이다(눅 15:20). 예수는 제자들에게 자신을 본받음으로써 애정의 하나님을 본받게 했다. 예수와 제자의 관계는 아버지인 하나님과 아들인 예수의 관계를 바탕으로 이루어진다. 예수의 모든 사역은 하나님 나라, 곧 애정의 하나님이 다스리심에 초점을 맞추고 있다.

예수의 제자들은 그를 따라 하나님 나라 프로그램을 펼치면서 예수의 삶과 운명에 동참한다. 예수는 제자들에게 단호한 결단을 촉구한다: "나를 따라오려고 하는 사람은 자기를 부인하고, 자기 십자가를 지고 나를 따라오너라"(막 8:34). 제자들은 그들의 스승이 했던 그대로 하늘나라의 복음을 선포하고, 온갖 질병과 아픔을 고쳐 주었다(마 9:35). '그리스도를 본받음'(Christomimesis, imitatio Christi)은 예수를 그리스도로 믿고 따르는 신앙의 핵심 내용이다. 그리스도를 본받는 것은 그리스도에게서 배운 것을 자신의 삶을 통해 행동으로 옮기는 것이다. 배움은 실천을 통해서 완성에 이른다. 예수 그리스도의 숭고한 삶을 찬양만 하고 자신의 삶에서 구현하지 않는다면 그 믿음과 삶은 결실 없는 공허한 것이다.

예수를 본받는 삶은 성령의 인도로 이루어진다. 성령은 하나님의 영이며 동시에 그리스도의 영이다. 성령은 우리에게 예수를 주님이라고 고백하게 한다. "성령을 힘입지 않고서는 아무도 '예수는 주님이시다' 하고 말할 수 없습니다"(고전 12:3), "모두 한 성령으로 세례를 받아 한 몸이 되었고, 또 모두 한 성령을 마시게 되었습니다"(고전 12:13). 사도 바울은 이렇게 말한다. "여러분은 성령이 인도하시는 대로 따라 행하십시오. 성령의 열매는 사랑과 기쁨과 화평과 인내와 친절과 선함과 신실과 온유와 절제입니다. … 우리가 성령으로 삶을 얻었으니, 우리는 성령이 인도해 주심을 따라 살아갑시다"(갈 5:22-23, 25). 성령 충만이란 성령이 온전히 나의 마음과 삶을 사로잡고 역사하시는 상태를 말한다. 성령이 나를 사로잡을 때 내 안에 그리스도가 자리 잡는다. "이제 살고 있는 것은 내가 아닙니다. 그리스도께서 내 안에서 살고 계십니다"(갈 2:20).

성령은 보혜사(保惠師, Comforter, Counselor)라고 불린다. 성령은 우리와 함께하면서 도와주고 보호하신다. 성령은 진리의 영이다. 그리스도를 통해 나타내신 하나님의 구원의 진리를 깨닫게 하신다. 그리고 그 진리를 따라 살게 하신다. "너희는 진리를 알게 될 것이며, 진리가 너희를 자유롭게 할 것이다"(요 8:32). 성령은 생명의 기운이다. 예수가 큰 소리로 외친다. "목마른 사람은 다 내게로 와서 마셔라. 나를 믿는 사람은… 그의 배에서 생수가 강물처럼 흘러나올 것이다"(요 7:38). 예수를 믿는 사람은 성령을 받을 것이다. "누구든지 물과 성령으로

나지 아니하면 하나님 나라에 들어갈 수 없다"(요 3:5). 부활하신 예수는
제자들에게 성령을 불어넣어 주었다. "'아버지께서 나를 보내신 것같이
나도 너희를 보낸다.' 이렇게 말씀하신 다음에, 예수가 그들에게 숨을
불어넣으시고 말씀하셨다. '성령을 받아라'"(요 20:21-22).

3. 산상수훈

　　예수는 하나님 나라의 백성으로서 어떻게 살아야 하는지에 대한
가르침을 주었는데, 흔히 산상수훈(Sermon on the Mount, 마 5:3-7:27)
또는 평지수훈(Sermon on the Plain, 눅 6:20-49)이라고 부른다. 산상수훈
은 구체적인 상황에서 준 구체적인 가르침으로서 보편화하거나 추상화
할 수 없다. 산상수훈의 청중은 예수를 따르는 무리, 특히 가난하고
병든 사람들이다. 예수는 그들이 하나님 나라의 백성임을 선포하면서
미래에 대한 희망을 주고 삶의 용기를 북돋워 주었다. 산상수훈의
내용은 팔복, 소금과 빛, 율법, 분노, 간음, 이혼, 맹세, 보복, 원수
사랑, 구제, 기도, 금식, 재물, 근심, 심판, 간구, 좁은 문, 나무와 열매,
믿음의 실천이며, 그것은 세상의 윤리가 아니라 세상에서 살아가는
하나님 나라 백성의 윤리이다. 산상수훈의 내용을 요약하면 다음과
같다:
　　너희는 복이 있는 사람들이다. 하나님 나라의 백성이다(마 5:3-12).
너희는 세상의 소금이요 빛이다(마 5:13-16). 너희는 율법을 잘 지키고
행하여 의로운 사람이 되어야 한다(마 5:17-20). 너희는 형제자매를
미워하지 말고, 자기를 미워하는 사람이 있다면 화해해야 한다(마
5:21-26). 간음하지 말고, 음욕을 품지 말아라. 아내를 함부로 버리지

말아라(마 5:27-30). 함부로 맹세하지 말고, '예', '아니오'라는 말만 하여라(마 5:31-32). 악한 사람에게 보복하지 말고 너그러움으로 대하여라(마 33-37). 원수를 사랑하여라(마 5:43-48).

자선을 베풀 때 오른손이 하는 일을 왼손이 모르게 하라(마 6:1-4). 너희는 기도할 때 남에게 보이려 하지 말고, 빈말을 되풀이하지 말고, 내가 가르쳐준 대로 기도하여라(마 6:5-15). 금식할 때 기색을 보이지 말고 은밀하게 하여라(마 6:16-18). 보물을 땅에 쌓아두지 말아라. 너희는 하나님과 재물을 아울러 섬길 수 없다(마 6:19-24). 목숨을 부지하려고 걱정하지 말아라. 먼저 하나님 나라와 하나님의 의를 구하라(마 6:25-34).

남을 심판하지 말아라(마 7:1-6). 구하라, 얻을 것이요, 찾아라, 찾을 것이요, 문을 두드려라, 열어주실 것이다. 남에게 대접을 받고자 하는 대로 너희도 남을 대접하여라(마 7:7-12). 좁은 문으로 들어가거라. 그것이 생명으로 이끄는 문이다(마 7:13-14). 좋은 나무가 좋은 열매를 맺는다. 선한 사람이 선한 행실을 한다(마 7:15-20). 말로만 주님, 주님 하지 말고 하나님의 뜻을 행하여라(마 7:21-27).

산상수훈은 예수의 윤리적 가르침의 축소판이요 정수(精髓)이다. 그것은 사람들 간에 지켜야 할 도리인 윤리를 넘어서서 그리스도를 본받고 종말론적 삶을 사는 하나님 나라 백성의 윤리이다. 우리는 예수의 가르침에 어떻게 반응해야 할까? 대답은 "예수께서 가르치시니, 우리는 그 말씀에 순종하여 행한다"이다.

4. 팔복

예수는 산상수훈의 앞부분에서 여덟 가지의 축복을 말한다. 흔히 팔복(Beatitudes)이라고 불리는 이 말씀은 윤리적 명령이 아니라 축복의 선언이다. 팔복은 하나님의 복을 받기 위한 조건이나 자격을 제시하는 것이 아니라 어떤 사람이 복을 받는 사람인지 선언하는 것이다. '복이 있다'는 말은 '행복하다'(happy)는 말이라기보다는 '복을 받는다'(blessed) 는 말이다. 하나님이 주시는 복은 인간이 노력해서 획득하는 것이 아니라 하나님이 선물로 주시는 것이다. 하나님의 복을 받는 사람은 하나님 나라의 백성이 된다.

팔복은 마태복음과 누가복음에 나오는데, 둘은 차이가 있다. 누가복음의 팔복은 마태복음의 팔복보다 짧고, 이인칭을 사용하며, '가난한 사람', '굶주리는 사람', '슬피 우는 사람', '미움받고 배척받는 사람' 등 물질적, 육체적인 측면을 말한다. 다른 한편 마태복음은 삼인칭을 사용하며, '마음이 가난한 사람', '슬퍼하는 사람', '온유한 사람', '의에 주리고 목마른 사람', '자비한 사람', '마음이 깨끗한 사람', 평화를 이루는 사람, '의를 위하여 박해를 받는 사람' 등 정신적, 영적 측면을 말한다. 당시 예수의 청중과 그들에게 주는 예수의 메시지를 고려할 때 좀 더 현실적이고 구체적으로 서술하는 누가복음의 팔복이 예수의 '실제적 말씀'(ip-sissima verba, the actual words)에 가깝다고 보인다. 팔복의 내용은 시편을 반영하고 있다.

> 주님만 의지하고, 선을 행하여라. 이 땅에서 사는 동안 성실히 살아라.
> 기쁨은 오직 주님에게서 찾아라. 주님께서 네 마음의 소원을 들어 주신다.
> 네 갈 길을 주님께 맡기고, 주님만 의지하여라. 주님께서 이루어 주실 것이다.
> 너의 의를 빛과 같이, 너의 공의를 한낮의 햇살처럼 빛나게 하실 것이다.
> 잠잠히 주님을 바라고, 주님만을 애타게 찾아라.

노여움을 버려라. 격분을 가라앉혀라. 불평하지 말아라.

주님을 기다리는 사람들은 반드시 땅을 물려받을 것이다.

겸손한 사람들이 오히려 땅을 차지할 것이며, 그들이 크게 기뻐하면서 평화를 누릴 것이다(시 37:3-11에서 발췌).

마음이 가난한 사람은 복이 있다. 하늘나라가 그들의 것이다.

슬퍼하는 사람은 복이 있다. 하나님이 그들을 위로하실 것이다.

온유한 사람은 복이 있다. 그들이 땅을 차지할 것이다.

의에 주리고 목마른 사람은 복이 있다. 그들이 배부를 것이다.

자비한 사람은 복이 있다. 하나님이 그들을 자비롭게 대하실 것이다.

마음이 깨끗한 사람은 복이 있다. 그들이 하나님을 볼 것이다.

평화를 이루는 사람은 복이 있다. 하나님이 그들을 자기의 자녀라고 부르실 것이다.

의를 위하여 박해를 받은 사람은 복이 있다. 하늘나라가 그들의 것이다(마 5:3-10).

첫째, 복을 받는 사람은 '마음이 가난한 사람'이다. 누가복음에는 '가난한 사람'이라고 나오는데, 원래 예수의 말씀은 '가난한 사람'이었을 것이다(참고, 눅 4:18; 마 11:5; 사 61:1). 마태의 '마음이 가난한 사람'이라는 말도 본래의 뜻에 어긋나지 않는다. 가난한 사람이나 마음(심령)이 가난한 사람이나 모두 하나님을 절대적으로 신뢰하고 그분에게 의존하는 사람을 가리키기 때문이다. (마음이) 가난한 사람은 하나님의 백성이 되기 때문에 복이 있다.

둘째, 복이 있는 사람은 '슬퍼하는 사람'이다. 가난, 질병, 죄의식, 박해로 고통당하는 사람은 하나님이 친히 그의 눈물을 닦아주시고

위로하시며 기쁜 소식을 들려주실 것이다. 예수가 복음 전파를 시작하면
서 사람들 앞에서 처음으로 읽은 성서 구절이다. "주님께서 나를 보내셔
서, 가난한 사람들에게 기쁜 소식을 전하고, 상한 마음을 싸매어주고,
포로에게 자유를 선포하고, 갇힌 사람에게 석방을 선언하고, 주님의
은혜의 해와 우리 하나님의 보복의 날을 선언하고, 모든 슬퍼하는
사람들을 위로하게 하셨다"(사 61:1-2).

셋째는 '온유한 사람'이다. 예수가 말하는 온유한 사람은 마음이
순하고 겸손한 사람이라기보다는 사회적으로 낮고 천한 사람을 가리킨
다. 그들은 땅이나 재물을 가지지 못한 가난하고 힘없는 사람들이다.
그러나 다가오는 하나님의 통치 아래에서는 이런 온유한 사람들이
오히려 땅을 차지할 것이며, 그들이 크게 기뻐하면서 평화를 누릴
것이다(시 37:11). 그들은 새 하늘과 새 땅을 볼 것이며, "하나님이
그들과 함께 계실 것이요, 그들은 하나님의 백성이 될 것이다. 하나님이
친히 그들과 함께 계시고, 그들의 눈에서 모든 눈물을 닦아주실 것이니,
다시는 죽음이 없고, 슬픔도 울부짖음도 고통도 없을 것이다"(계 21:1,
3-4). 그들은 복된 하나님 나라의 백성이다.

넷째, 복이 있는 사람은 '의에 주리고 목마른 사람'이다. 먹을 것이
없어서 배고픈 사람, 불의가 횡행하는 속에서 정의를 갈구하는 사람,
모두 하나님의 손길을 간절하게 바라는 사람이다. 그들은 세상의 음식이
아니라 하늘나라의 음식으로 배부르고 만족할 것이다. 예수가 말한다.
"내가 생명의 빵이다. 내게로 오는 사람은 결코 주리지 않을 것이요, 나를
믿는 사람은 다시는 목마르지 않을 것이다. … 나는 하늘에서 내려온 살아
있는 빵이다. 이 빵을 먹는 사람은 누구나 영원히 살 것이다"(요 6:35, 51).

다섯째로 '자비한 사람은 누구인가? 자비는 윗사람이 아랫사람에게

베푸는 것이다. 팔복에서 자비한 사람은 자선을 베푸는 사람이라기보다는 자기에게 잘못을 저지른 사람을 용서하는 사람을 말한다(마 6:12). 우리가 남의 잘못을 용서해 주면 하나님도 우리를 용서해 주실 것이다(마 6:14). 그러나 우리가 남을 용서해 주지 않으면 하나님도 우리에게 그렇게 하실 것이다(마 18:35).

여섯째, '마음이 깨끗한 사람'은 죄를 회개하는 사람, 욕심이 없는 사람, 헛된 것에 마음이 팔리지 않는 사람이다. 시편 기자가 말한다: "누가 주님의 산에 오를 수 있으며, 누가 그 거룩한 곳에 들어설 수 있느냐? 깨끗한 손과 해맑은 마음을 가진 사람, 헛된 우상에게 마음이 팔리지 않고, 거짓 맹세를 하지 않는 사람이다. 그런 사람은 주님께서 주시는 복을 받고, 그를 구원하시는 하나님께로부터 의롭다고 인정받을 사람이다. 그런 사람은 주님을 찾는 사람이요, 야곱의 하나님의 얼굴을 사모하는 사람이다"(시 24:3-6).

하나님을 본다는 말은 하나님과 친밀해진다는 말이다. 하나님 가까이에서 그분이 어떤 분인지 뚜렷이 알게 될 것이다. 사도 바울은 말한다. "지금은 우리가 거울 속에서 영상을 보듯이 희미하게 보지만, 그때는 우리가 얼굴과 얼굴을 마주 볼 것입니다. 지금은 내가 부분밖에 알지 못하지만, 그때는 하나님께서 나를 아신 것과 같이 내가 온전히 알게 될 것입니다"(고전 13:12). 마음이 깨끗한 사람은 하나님을 보는 영광을 누리게 된다.

일곱째, '평화를 이루는 사람'은 싸움이나 갈등을 없애기 위해 노력하는 사람을 가리키는 것이 아니라 남을 평안하게 하는 사람을 말한다. '평화'(shalom, eirene)라는 말은 '조화로움'(harmony), '온전함'(wholeness), '편안함'(well-being)이라는 의미가 있다. 평화는 '구원', '치유'와 연결된다. 구원받고 치유 받는 사람은 평화를 얻는다. 예수가 오랫동안 혈루증을 앓아온 여자를 고치고 말한다. "안심하고 가거라(Go in peace). 그리고 이 병에서 벗어나서 건강하여라"(막 5:34). 가난과 무지와 질병과 억압에서 벗어나게 해 주는 일을 하는 사람들은 평화를 이루는 사람들이다. 그는 하나님의 일을 하는 사람이다. 하나님이 그들을 당신의 자녀라고 부르실 것이다.

여덟째로 '의를 위하여 박해를 받는 사람'은 권력자, 부자로부터 억누름과 시달림을 받는 사람이다. 그는 의롭게 살려고 애쓰지만 역부족이다. 하나님은 이렇게 박해받는 사람들을 도우실 것이다. 그들은 억압에서 풀려나고 하나님의 은혜를 누릴 것이다. 예수를 믿는 사람도 박해를 받을 것이다. "너희는 내 이름 때문에 모든 사람에게서 미움을 받을 것이다. 그러나 끝까지 견디는 사람은 구원을 얻을 것이다"(마 10:22. 참고, 고후 4:8-10).

예수의 가르침은 역설적 진리라고 할 수 있다. 그는 인간의 기준으로 평가하지 않고, 하나님의 시선과 하나님 나라의 관점으로 본다. 그래서 가난한 사람은 복이 있다. 자신을 낮추는 사람은 올려질 것이다. 섬기는 사람이 으뜸이 될 것이다. 예수의 가르침에 따르면 우리가 가지고 있는 고정관념이 깨진다. 진정한 부자는 누구인가? 많이 가지고 있는 사람이 부자가 아니라, 많이 나누어주는 사람이 진정한 부자이다. 어떤 사람이 지혜로운 사람인가? 혼자만 많이 알고 있는 사람이 지혜로운 사람이라기보다는 자기가 알고 있는 것으로 다른 사람을 깨우쳐 주는 사람이 진정으로 지혜로운 사람이다. 세상에서 제일 행복한 사람은 누구일까? 다른 사람을 행복하게 해 주는 사람이다. 하나님이 그에게 복을 주실 것이다. 반대로 이 세상에서 가장 불행한 사람은 자기의

행복만을 추구하는 사람일 것이다. 하나님께서 가장 으뜸으로 생각하는
사람은 누구일까? 자신을 낮추어 섬기는 사람이다. 그는 하나님 나라의
백성이라 불릴 것이다.

5. 주기도

예수는 제자들에게 기도의 모범을 가르쳐 주었다. '주기도'('주님이
가르쳐주신 기도', 마 6:9-13; 눅 11:1-4)에는 예수의 활동과 가르침의 핵심
내용이 담겨 있다. 주기도는 하나님 나라 백성이 드리는 기도이다.

> 하늘에 계신 우리 아버지, 그 이름을 거룩하게 하여 주시며,
> 그 나라를 오게 하여 주시며, 그 뜻을 하늘에서 이루심 같이 땅에서도 이루
> 어 주십시오.
> 오늘 우리에게 필요한 양식을 내려주시고,
> 우리가 우리에게 죄지은 사람을 용서하여 준 것 같이 우리의 죄를 용서하여
> 주시고,
> 우리를 시험에 들지 않게 하시고, 악에서 구하여 주십시오(마 6:9-13).

'하늘에 계신'은 하나님이 멀리 저 높은 데 계신다는 뜻이 아니라
하나님이 하늘의 보좌(마 5:34)에서 만물을 다스리시는 지고한 분임을
의미한다. '우리'라는 말은 언약 공동체의 일원으로서 기도드리는 것임
을 나타낸다. 하나님을 '아버지'라고 부르는 것은 친밀한 사이임을
나타내며, 또한 하나님이 창조주요 왕이요 구원자임을 인식하는 것이다.
첫째 간구인 '그 이름을 거룩하게 하여 주시며'는 하나님의 거룩함을

만천하에 선포하는 말이다(레 22:32; 사 29:23; 겔 36:23). 하나님은 당신의 거룩함을 밝히시는 분이다(겔 36:21-23; 38:16, 23; 39:7, 25-27). 예수의 활동을 통해 하나님 나라가 시작됨으로써 하나님의 영광을 온 세상에 알렸다(요 12:28).

둘째 간구인 '그 나라를 오게 하여 주시며'는 오래 기다리던 하나님의 통치가 이 땅 위에 임한다는 것을 말한다(대상 16:33; 시 96:13; 98:9; 사 26:21; 35:4; 40:9-10).

셋째 간구, '그 뜻을 하늘에서 이루심 같이 땅에서도 이루어 주십시오'는 우리의 뜻이 아니라 하나님의 뜻을 펼치고, 하나님의 백성은 그 뜻에 순종함을 나타낸다(마 26:42).

넷째 간구, '오늘 우리에게 필요한 양식을 내려주시고'는 우리의 욕심을 채우기 위해서가 아니라 하나님 나라 백성의 삶에 필요한 것만을 요청해야 함을 말한다. 하나님은 우리가 필요로 하는 것을 채워 주시는 분이다.

다섯째 간구, '우리의 죄를 용서하여 주시고'는 아람어로는 '우리의 빚을 없애 주시고'인데, 빚은 비유적으로 죄를 의미한다. 용서는 예수 사역의 특징이다. 용서는 죄를 용서받을 자격이 없는 사람에 대한 하나님의 선물이다. 예수는 우리도 서로 용서하기를 원한다.

여섯째 간구인 '우리를 시험에 들지 않게 하시고, 악에서 구하여 주십시오'는 세상에서 온갖 시련을 받아도 결국에는 하나님이 구원해 주신다는 믿음으로 드리는 기도이다. 하나님은 인간이 감당할 수 없는 시련을 주시지 않는다(고전 10:13). 우리는 시험을 당하지 않게 해 달라고 기도할 것이 아니라, 시험을 당해도 그것을 극복할 수 있게 해 달라고 기도해야 할 것이다. "너희는 세상에서 환난을 당할 것이다. 그러나 용기를 내어라. 내가 세상을 이겼다"(요 16:33).

하나님의 아들인 예수는 우리가 기도를 통해 아빠 하나님과 가까워지도록 초청하고 안내한다. 우리는 주님이 가르쳐 준 기도를 통해 하나님과 소통하며 교제한다. 초대 기독교인은 하루에 세 번씩 주기도문을 암송함으로써 유대교의 기도문인 쉐마(Shema)나 테필라(Tefillah)를 대체했다.

제 15 장
율법 논쟁

1. 랍비 예수와 율법

　　예수는 랍비(rabbi, didaskalos), 즉 선생님으로 불렸다(막 9:17; 10:17; 10:35; 마 19:16; 22:36; 눅 7:40; 12:13; 19:39; 20:28; 요 1:38, 49; 3:2). 당시 랍비라는 말은 문자적으로는 '나의 위대하신 분'(my great one) 또는 '나의 주인님'(my master)으로서 종이 주인을 또는 제자가 스승을 부르는 호칭이었다. 예루살렘 파괴 이후 형성된 랍비 유대교에서는 랍비가 전문 교육을 받고 공식적인 임명을 받는 율법사(목사나 신부처럼)를 지칭하는 말이 되었다. 그러나 예수는 어느 학파에 속하지도 않았고, 어느 특정한 스승에게 학문을 배우지도 않았다. 그 당시는 구술문화의 시대였기 때문에 아마 회당이나 성전에서 성서 해석이나 강론을 듣고, 당시 활발하게 논의되던 구전 율법에 대해서 들었을 것이다. 하지만 예수의 가르침에는 통찰력과 권위가 있었다. 예수는 어려운 질문에 손쉬운 대답을 주는 대신 또 다른 질문을 던지거나 아니면 이야기를 들려줌으로써 상대방이 도덕적 상상력을 갖게 하고, 스스로 고민하고 결단하도록 이끌었다. 예수를 시험하거나 곤란에 빠뜨리려고 하는 질문에 대해서는 그 의도가 잘못되었음을 지적하고 새로운 각도에서 대답을 도출했다. 예수는 가르침을 줄 때 어떤 법칙이나 이론을 일러주기보다는 우리 생활에서 일어나는 구체적인 이야기를 들려주면서 쉽게 이해할 수 있도록 유도했다. 예수는 자신의 가르침을 그대로 행동으로 옮기는 삶의 본을 보여줌으로써 사람들의 마음을 움직이고 그들의 삶을 변화시켰다.

예수 시대는 구술문화의 시대였고, 가르침을 전할 방송이나 언론 등의 매체가 없었기 때문에 주로 걸어 다니면서 성서를 해석하고 가르침을 들려주었다. 예수는 장소를 가리지 않고 집, 회당, 성전뿐만 아니라 산과 들의 외딴곳에서, 때로는 배 위에서도 가르쳤다. 당시에 유대 땅에는 수백 명의 유랑 현자들(wandering, itinerant sages)이 랍비라고 불리며 활동했다. 다른 랍비들은 대체로 자기에게 오는 사람을 제자로 받아들였으나 예수는 제자로 삼을 사람을 자신이 직접 선택했다. 예수의 제자들은 핵심층인 열두 제자 외에도 많은 수의 제자들이 있었다(눅 19:37 "제자의 온 무리"). 예수 사건 이후 처음으로 모여 베드로의 말을 들은 무리는 백이십 명쯤 되었다(행 1:15). 바울의 스승인 가말리엘의 제자는 천 명이나 되었다고 알려졌다.

현자들이 기록 율법(토라)을 해설한 수많은 구술 가르침을 주면서 구전 율법(oral law)이 형성되었고, 서기 200년경 랍비 예후다 하나시(Rabbi Yehudah ha-Nasi)가 수백 년 동안 이루어진 현자들의 말씀들을 모아 히브리어 미쉬나(Mishnah)를 편찬했다. 63권으로 이루어진 미쉬나에서 가장 잘 알려진 것은 '선조의 말씀'(Sayings of the Fathers)이라는 '아봇'(Avot)으로서 60명이 넘는 현자들의 말씀을 담고 있다. 유대교 랍비들은 모세가 시내산에서 하나님으로부터 기록 율법을 받을 때 구전 율법을 함께 받았다고 믿었다. 아봇의 첫 장에는 모세로부터 예언자들과 대성회를 거쳐 기원전 1세기 힐렐과 샤마이에 이르기까지 구전 율법이 전해졌음을 밝히고 있다. 미쉬나는 대체로 종교 의식과 일상생활에 대한 규정(halakhah, the Way)으로 이루어져 있으나 아봇에는 경건한 신앙을 위한 영적 가르침이 담겨 있다. 아봇에는 예수의 가르침과 유사한 내용이 있다. 경건한 유대인은 성서, 기도문, 유월절 말씀(Passover Haggadah), 아봇을 잘 알고 있었다. 예수 당시 유대인들은 구전 율법을 '장로들의 전통'(막 7:3-5)이라고 불렀고, 바리새파 사람들은 예수와 그의 제자들이 장로들의 전통을 지키지 않는다고 비판했다.

2. 율법 논쟁

예수와 율법 논쟁을 벌인 사람들 중심에는 바리새파가 있다. 그들은 율법을 준수해야 구원과 보상을 받을 수 있다는 공로 사상을 갖고 있었다. 바리새파는 율법을 위반하거나 율법의 범주 밖으로 벗어나지 않고 경건한 신앙생활을 할 수 있도록 율법에 울타리를 치려고 했다. 그들은 모세오경을 종교 의식과 일상생활에 적용하기 위해서 율법 해석과 논의를 거쳐 수많은 율법 규정(할라카)을 만들어냈다. 예를 들면 안식을 거룩하게 지키기 위해서 일하면 안 되는 수많은 경우를 생각해내고, 어디까지가 일하는 경우인지, 어떤 일을 하면 안 되는지, 어느 만큼 걸을 수 있는지에 대한 세밀한 규정을 만들었다. 정결해지기 위해서는 어떤 음식을 먹으면 안 되는지, 어떤 사람이 부정한 사람이고, 그와 어떻게 어울리면 안 되는지도 따져서 정했다.

바리새파는 대중과 가장 많이 접촉하는 사람들이었으며, 사람들로부터 경건한 사람이라고 존경받았다. 그러나 예수가 볼 때 그들은 율법의 본뜻을 왜곡하고, 지키기 힘든 규정을 만들어 오히려 사람들에게 힘든 짐을 얹어 주고, 정작 자기들은 말만 하고 지키지는 않는 위선자들이었다. 율법을 준수하는 경건한 유대교인인 예수는 근본적으로는 바리새파가 정한 율법 규정을 반대하지 않았다. 그러나 그것이 율법의 본뜻에 어긋나거나 사람에게 짐이 되고 멍에가 되는 경우 지키기를 거부했다. 예수는 바리새파를 이렇게 비판한다. "율법 학자들과 바리새파 사람들은 모세의 자리에 앉은 사람들이다. 그러므로 그들이 너희에게 말하는 것은 무엇이든지 다 행하고 지켜라. 그러나 그들의 행실은 따르지 말아라. 그들은 말만 하고 행하지는 않는다"(마 23:2-3).

안식일

유대인이 지켜야 할 으뜸가는 율법은 안식일법으로 목숨을 걸고 지켜야 하는 법이다. 유대 전쟁 때 로마 군인들은 안식일에 마사다 성채로 쳐들어갔고, 유대인들은 안식일법을 위반하지 않기 위해서 미리 자결했다. 오늘날에도 이스라엘에 있는 건물 엘리베이터는 안식일에 자동으로 층마다 선다. 안식일에 버튼을 손가락으로 누르는 일을 해서는 안 되기 때문이다. 안식일에는 노동과 여행이 금지되고, 재단사는 바늘을, 서기관은 펜을 사용할 수 없다. 예외적인 경우가 있기는 하다. 생명이 위급한 환자를 치료하거나, 생명의 위협을 받을 때 자신을 방어하거나, 위험에 빠진 사람을 구하거나, 해산과 할례는 안식일에도 허용이 된다. 안식일을 거룩하게 지키기 위해서 안식일에 해서는 안 되는 일에 대한 수많은 규정이 생겼다. 예를 들면 "안식일에 동물이 새끼를 낳을 때 아무도 도와주어서는 안 된다. 만일 안식일에 동물이 물웅덩이나 구덩이에 빠졌다면 아무도 그것을 건져낼 수 없다. 만일 안식일에 사람이 물이나 저수지에 빠진다면 구하기는 하되 사다리나 밧줄이나 어떤 도구를 사용해서 꺼낼 수 없다"는 등 세밀한 안식일 규정을 만들었다.

안식일에 예수가 밀밭 사이로 지나가게 되어서 제자들이 길을 내며 밀 이삭을 잘랐다. 그러자 이를 본 바리새파 사람이 예수에게 말했다. "보십시오, 어찌하여 이 사람들은 안식일에 해서는 안 되는 일을 합니까?" 예수는 다윗이 굶주렸을 때 율법을 어기고 성전에 들어가서 제단 빵을 먹은 예를 들면서 "안식일이 사람을 위하여 생긴 것이지, 사람이 안식일을 위하여 생긴 것이 아니다"라고 반박했다(막 2:23-27). 또 예수가 안식일에 회당에서 손이 오그라든 사람을 보았다. 사람들은 예수가 안식일에 병을 고쳐 주면 고발하려고 지켜보고 있었다. 그러자 예수가 묻는다. "안식일에 선한 일을 하는 것이 옳으냐, 악한 일을 하는 것이 옳으냐? 목숨을 구하는 것이 옳으냐? 죽이는 것이 옳으냐?" 그리고 병자의 손을 고쳐 주었다. 그러자 바리새파 사람들은 바깥으로 나가서 곧바로 헤롯 당원들과 함께 예수를 없앨 모의를 했다(막 3:1-6).

예수는 바리새파 사람들에게 반박한다. 안식일에 양이 구덩이에 빠지면 꺼내지 않을 사람이 어디 있겠느냐? 사람이 양보다 얼마나 더 귀하냐? 그러므로 안식일에 좋은 일을 하는 것은 괜찮다(마 12:11-12). 안식일은 하나님이 주신 선물이다. "안식일은 사람을 위하여 생긴 것이다"(막 2:27). 예수가 안식일을 소홀하게 여기거나 안식일 법을 없애려 한다는 의도는 전혀 보이지 않는다. 예수는 사람을 위해 생긴 안식일의 의미가 안식일 규정으로 흐려지거나 훼손된다면, 안식일 규정을 그대로 지키기보다는 안식일의 본뜻을 살리는 것이 더 중요하다고 생각했다. 율법에서 파생된 규정이 본래의 율법을 왜곡하거나 훼손할 우려가 있는 것이다. 안식일에 좋은 일, 생명을 구하는 일을 하는 것은 율법의 본뜻을 살리는 것이다.

정결

정결법은 "하나님께서 거룩하신 것처럼 너희도 거룩하라"(레 19:2)는 말씀에서 비롯되었다. 유대인들은 거룩해지기 위해서 부정한 것을 멀리해야 한다고 생각했고, 거룩해지는 것은 곧 정결해지는 것을 의미하게 되었다. 음식, 동물, 시간, 장소가 구별되었고, 심지어는 사람도 정결한 사람과 부정한 사람으로 나뉘었다. 음식 중에서 돼지고기는 가장 부정한 음식으로 금기시했으며, 식사 전에는 반드시 손을 씻어야 했다. 율법을 모르거나 지키지 못하는 사람은 죄인이요 부정한 사람으로 여겨서 차별했고, 이방인과도 어울리지 않았다.

예수의 제자들이 씻지 않은 부정한 손으로 빵을 먹었다. 바리새파 사람들과 율법 학자들이 이를 보고, 장로들이 전해 준 전통을 따르지 않고 부정한 손으로 음식을 먹었다고 지적했다. 그러자 예수는 이사야의 말씀을 인용한다. "이 백성은 입술로는 나를 공경해도, 마음은 내게서 멀리 떠나 있다. 그들은 사람의 훈계를 교리로 가르치며, 나를 헛되이 예배한다"(막 7:6-7; 사 29:13). 여기서 '장로들의 전통'이란 구전 율법의 '정결 규정'(purity halakah)을 말한다. 예수는 사람들이 만든 율법 규정이 하나님의 계명을 대체하거나 모호하게 하는 것에 대한 우려를 표명하고 있다. 중요한 것은 진정으로 하나님께 예배를 드리는 것인데, 정결 규정을 앞세워서 헛된 예배를 드리게 한다는 것이다.

이어서 예수는 사람 밖에서 안으로 들어가는 것이 사람을 더럽히는 것이 아니라, 사람 안에서 나오는 것이 사람을 더럽힌다고 말한다. 음식은 깨끗한 것이며, 사람의 마음에서 나오는 나쁜 생각이 문제라는 것이다. 예수는 제의적 정결보다 내적 정결, 즉 마음의 정결이 중요하다고 본다. 가장 중요한 점은 하나님과의 관계이며, 그 관계는 하나님만을 바라보고 경배드리는 정결한 마음으로 맺어지는 것이다. 예수가 죄인이라고 손가락질당하는 부정한 사람들과 함께 어울려 식사하고, 병자의 몸에 손을 대는 것이 정결법에는 어긋나지만, 그들을 용서하고 죄와 병에서 벗어나게 함으로써 다시 하나님과 관계를 맺게 하는 것이 중요하고 시급한 일이기 때문이다.

금식

사람들이 예수에게 묻는다. "요한의 제자들과 바리새파 사람의 제자들은 금식하는데, 왜 선생님의 제자들은 금식하지 않습니까?" 예수가 대답한다. "혼인 잔치에 온 손님들이 신랑과 함께 있는 동안에 금식할 수 있느냐? 신랑을 자기들 곁에 두고 있는 동안에는 금식할 수 없다"(막 2:18-19). 하나님 나라는 잔치 자리와 같다. 잔치 자리는 기쁘고 즐거운 자리이며, 화해와 용서의 장이다. 그런 자리에서 금식한다는 것은 합당한 행동이 아니다. 요한이나 바리새파에게 하나님 나라는 분노와 심판의 장이지만, 예수에게는 기쁨과 구원의 장이다. 예수가 말한다. "새 포도주는 새 가죽 부대에 담아야 한다"(막 2:22. 참고, 사 25:6; 렘 31:12-14; 호 14:7; 욜 3:18; 암 9:13-14). 다가오는 새 시대에는 하나님께서 직접 통치하신다. 새 시대는 새것으로 채워야 한다. 인간이 만든 규정이 아닌 하나님 말씀으로, 얽매는 율법이 아닌 자유롭게 하는 복음으로 가득 차서 흘러넘쳐야 한다. 그것이 새 가죽 부대에 담기는 새 포도주이다.

십일조

십일조는 유대교의 중요한 요소이다(레 27:30-33; 민 18:24-32; 신 14:22-29; 26:12-15). 당시 어떤 수확에 대해서 어떻게 십일조를 바쳐야 하는지 확정되지 않아서 박하, 회향, 근채과 같은 향초는 십일조를 어떻게 드리는지에 대한 논의가 있었다. 예수는 십일조를 무시하거나 없애려고 하지는 않았다. 다만 더 중요한 것을 소홀히 해서는 안 된다고 강조했다: "너희는 박하와 회향과 근채의 십일조는 드리면서, 정의와 자비와 신의와 같은 율법의 더 중요한 요소들은 버렸다"(마 23:23. 참고 미 6:8). 하나님은 기도나 십일조 드리는 것으로 그 사람을 받아들이지는 않는다. 하나님이 보시는 것은 하나님에 대한 신뢰와 순종(눅 18:9-14) 그리고 이웃에 대한 정의와 자비와 신의이다.

이혼

당시 남자들은 사소한 이유로 트집을 잡아서 아내와 이혼할 수 있었다. 바리새파 사람이 예수를 시험한다: "남편이 아내를 버려도 됩니까?" "모세가 너희에게 어떻게 하라고 명령하였느냐" "이혼증서를 써주고 아내를 버리는 것을 모세는 허락하였습니다." 왜냐하면 모세는 이렇게 말했기 때문이다. "남편이 아내에게서 수치스러운 일을 발견하여 아내와 같이 살 마음이 없을 때에는, 아내에게 이혼증서를 써주고,

그 여자를 자기 집에서 내보낼 수 있습니다"(신 24:1). 예수는 창조 이야기를 꺼낸다. "하나님이 남자와 여자를 만들고 한 몸이 되게 하셨다. 그러므로 하나님이 짝지어 주신 것을 사람이 갈라놓아서는 안 된다"(막 10:2-9).

이혼의 사유에 대해서는 바리새파 사람들 사이에서도 의견이 분분했다. 그러나 남편은 아내의 '수치스러운 일'을 자의적으로 해석해서 음식을 잘못 만드는 것도 이혼 사유에 해당한다고 보고 아내를 쫓아냈다. 예수는 아내를 함부로 버리는 풍조에 대해서 남자와 여자가 모두 하나님의 형상대로 지음을 받은 귀한 존재이고, 하나님이 짝으로 맺어 주셨으니(창 1:27, 21-24) 함부로 헤어질 수 없음을 강변함으로써 아내를 보호하려 했다. 바울도 예수를 따라서 아내는 남편과 헤어지지 말고, 남편은 아내를 버리지 말아야 한다고 훈계했다(고전 7:10-11).

자식의 도리(효도)

십계명 중 제오 계명은 "너희 부모를 공경하여라"(출 20:12; 신 5:16)라고 명한다. 또 자기 부모를 때리거나 저주하는 자는 반드시 사형에 처해야 한다(출 21:15, 17; 레 20:9)는 법을 정해서 자식이 부모를 공경하고, 부양할 의무가 있음을 명시했다. 그런데 이를 회피하려고 규정을 만들어 부모에게 "내게서 받으실 것이 하나님께 드리는 예물[코르반, qorban]이 되었습니다"라고 말만 하면, 그 사람은 자기 부모를 공경하지 않아도 된다고 했다(마 15:5; 막 7:11). 하나님께 예물을 드려야 하니 부모에게 드릴 게 없다는 말이다. 예수는 이렇게 부모를 부양할 도리를 저버리는 행태를 비판했다.

그런데 자식의 도리를 다하지 못하게 하는듯한 말을 예수가 하는 장면이 있다. 제자 중 한 사람이 예수에게 청했다: "주님, 내가 먼저 가서 아버지의 장례를 치르도록 허락하여 주십시오." 그러자 예수는 "너는 나를 따라오너라. 죽은 사람의 장례는 죽은 사람들이 치르게 하여라"(마 8:21-22)라고 말한다. 예수는 아버지의 장례를 치러야 하는 자식의 의무를 무시했을까? 또 죽은 사람의 장례를 어떻게 죽은 사람이 치를까?

두 사람의 대화는 다음과 같이 해석할 수 있다. 제자: "주님, 제가 가서 늙으신 아버지를 모시다가 돌아가시면 장례를 치르고 오겠습니다." 예수: "육체적으로 죽은 사람의 장례는 영적으로 죽은 사람이 치르게 하라." 다시 말해서 돌아가신 아버지의 장례는 예수를 따르지 않는(하나님 나라의 복음을 받아들이지 않는) 남은 가족이 치르게 하라는 말이라고 이해할 수 있다. 또는 "마을[아람어 mata, village]이 죽은 사람[아람어 meeta, dead]의 장례를 치르게 하라"라는 말을 전승 과정에서 오해하거나 오기했다고 생각할 수 있다. 또 다른 해석은 "죽은 사람의 장례는 죽을(살아 있는) 사람들이 치르게 하여라"라고 이해하는 것이다. 즉, "아버지가 돌아가시면 죽은 사람의 장례는 살아 있는 남은 가족이 치르게 하여라"라는 말로 해석할 수 있다. 결론적으로 예수는 가족 간의 화합이나 부모에 대한 자식의 효도를 결코 소홀히 하지 않았다. 그러나 임박한 하나님 나라의 소식을 전하는 것이 무엇보다도 중요하고 우선적인 일이었다.

3. 율법에 대한 가르침

율법 학자와 바리새파 사람은 하나님 계명의 본뜻을 소홀히 하고 인간이 세운 전통에 집착했다(막 7:6-8). 예수는 그들의 공로 의식에서 자만과 위선을 보았다(마 23:1-36; 눅 18:9-14). 예수는 그들을 '모세의 자리에 앉은 사람', '위선자들', '눈먼 인도자들'이라고 부르고, 심지어는 "뱀들아! 독사의 새끼들아! 너희가 어떻게 지옥의 심판을 피하겠느냐?"(마 23:33)라고 험한 말을 했다. 바리새파가 형식과 외면적 행위를 중시하고 '하지 말라'는 부정적 금지에 치중했다면, 예수는 내용과 내면적 자세를 강조하고 '하라'는 긍정적 권면을 했다: "너는 자선을 베풀 때에는 오른손이 하는 일을 왼손이 모르게 하여 네 자선 행위를 숨겨두어라"(마 6:3), "좋은 나무는 좋은 열매를 맺고, 나쁜 나무는 나쁜 열매를 맺는다"(마 7:17). 즉, 선한 마음이 선한 행실을 한다. 먼저 마음이 선해지면 자연히 선한 행실을 하게 된다는 말이다.

예수는 율법의 본뜻을 드러냈다. 그는 율법을 없애려고 온 것이 아니라 완성하러 왔다(마 5:17-18). 예수가 밝힌 가장 큰 계명, 즉 율법의 본뜻은 하나님을 사랑하고 이웃을 사랑하는 것이다(막 12:28-34. 참고, 신 6:5; 레 19:18). 하나님 사랑과 이웃 사랑은 인간이 정한 규정으로 가리거나 바꿀 수 없는 고귀한 원리이다. 우리는 하나님을 사랑하고 또 다른 한편으로 이웃을 사랑하는 것이 아니라, 이웃을 사랑함으로써 하나님을 사랑한다. 예수는 후대에 황금률(Golden Rule)이라고 불리는 가르침을 남겼다: "너희는 무엇이든지, 남에게 대접을 받고자 하는 대로 너희도 남을 대접하여라. 이것이 율법과 예언서의 본뜻이다"(마 7:12). 우리는 예수에게서 새 계명을 받았다: "서로 사랑하여라. 내가 너희를 사랑한 것 같이 너희도 서로 사랑하여라. 너희가 서로 사랑하면, 그것으로써 너희가 내 제자인 줄을 알게 될 것이다"(요 13:34-35).

예루살렘 입성과 성전 정화

1. 수난 예고

갈릴리에서 선교 활동을 하던 예수는 예루살렘으로 갈 비장한 결심을 한다. 예루살렘은 헤롯 왕과 로마 총독을 비롯한 권력자들과 대제사장과 같은 종교 지도자들 그리고 무엇보다도 예루살렘 성전이 있는 곳이다. 예루살렘에 한 무리의 제자들을 이끌고 가서 하나님의 통치가 임박했음을 선포할 때 물의를 일으키고 험한 일을 겪으리라는 것은 불을 보는 것같이 뻔한 일이었다. 그러나 예수는 그 길이 하나님께서 예비하시고 자신이 걸어야 할 길이라고 생각했다. 그는 제자들에게 자신이 예루살렘으로 갈 것이며, 그곳에서 고난받고, 배척을 받고, 죽임을 당할 것이라고 예고했다(막 8:31). 그러자 베드로가 그런 말씀을 하지 말라고 예수에게 항의했다. 베드로를 위시한 제자들은 그동안 예수와 함께 다니면서 그의 놀라운 능력과 지혜를 익히 알고 있었고, 내심 장차 그들의 스승이 권좌에 오르면 자기들도 권세와 영광을 누리리라고 기대하고 있었다. 그래서 베드로는 수제자답게 "선생님은 그리스도이십니다"(막 8:29)라고 고백하기도 했다. 그런데 예수가 고난받고 죽을 것이라고 하니 어이가 없고 화도 났을 것이다. 그러나 예수는 베드로를 꾸짖어 말했다: "사탄아, 내 뒤로 물러가라. 너는 하나님의 일을 생각하지 않고 사람의 일만 생각하는구나"(막 8:33).

예수는 왜 자신이 고난받을 것이라고 말했을까? 예수의 사명은 하나님의 임박한 통치를 앞두고 "하나님 나라가 가까이 왔다. 회개하라"는 마지막 메시지를 전하는 것이었다. 그러나 그는 자신이 배척받아 고난받을 것을 예견했다. 그럼에도 불구하고 그 길을 가는 것은 자신이 당할 고난과 죽음이 하나님의 심판 앞에서 이스라엘 백성의 죄를 용서받는 길이라고 믿었기 때문이다. 유대교의 가르침에서 죄 사함을 받는 방법은 회개하거나 희생제물을 바치거나 아니면 고난과 죽음을 통해 죄의 대가를 치르는 것이었다. 예수는 이사야에 나오는 '고난받는 종'으로서 자신의 몸을 속건 제물로 드려야 한다고 믿었다:

> 그는 실로 우리가 받아야 할 고통을 대신 받고, 우리가 겪어야 할 슬픔을 대신 겪었다. 그러나 우리는 그가 징벌을 받아서 하나님에게 맞으며 고난을 받는다고 생각하였다. 그러나 그가 찔린 것은 우리의 허물 때문이고, 그가 상처를 받은 것은 우리의 악함 때문이다. 그가 징계를 받음으로써 우리가 평화를 누리고, 그가 매를 맞음으로써 우리의 병이 나았다. 우리는 모두 양처럼 길을 잃고 각기 제 갈 길로 흩어졌으나, 주님께서 우리 모두의 죄악을 그에게 지우셨다(사 53:4-6).

예수는 선교 활동을 시작하면서부터 환영과 칭송을 받았지만, 그와 함께 의심과 배척을 받았다. 중풍병 환자에게 "네 죄가 용서받았다" 하고 병을 고쳐 주자 율법 학자들이 "이 사람이 어찌하여 이런 말을 한단 말이냐? 하나님을 모독하는구나. 하나님 한 분 밖에 누가 죄를 용서할 수 있는가?"라고 비난했다(막 2:5-7). 안식일에 손이 오그라든 사람을 고쳐 주자 바리새파 사람들은 헤롯 당원들과 함께 예수를 없앨 모의를 했다(막 3:5-6). 예수는 세례 요한과 달리 먹고 마시기를 즐기는 자요, 세리와 죄인의 친구라는 말을 들었다(마 11:19). 헤롯 왕은 예수가 세례 요한의 화신이라고 생각하고 그를 죽이려 했다(눅 13:31). 바리새파 와 율법 학자들이 볼 때 예수는 여러 차례 율법을 위반했고 자신들을 위선자라고 비난했다. 그런데 사람들은 예수를 따랐으니 시기심과 적개심이 생길 만도 했다. 헤롯 왕 측에서 생각하면, 사람들이 예수를 따라서 몰려다니면 소요와 폭동이 일어날 우려가 있었다. 대제사장 등 종교 지도자들이 볼 때 예수는 성전에서 소란을 일으키고 성전이 무너지리라고 예언하는 등 성전과 하나님을 모독했다.

예수는 자신을 경계하고 배척하는 사람들이 있다는 것을 알고 있었 다. 그래서 예언자는 고향과 가족과 친척에게 인정을 받지 못한다고 말했다(막 6:4). 예수는 자신이 "먼저 많은 고난을 겪어야 하고, 이 세대에게 버림을 받아야 한다"(눅 17:25)고 생각했다. 그는 예루살렘을 보고 한탄하며 "오늘과 내일은 내가 귀신을 내쫓고 병을 고칠 것이요, 사흘째 되는 날에는 내 일을 끝낸다[개역: 완전하여지리라]"(눅 13:32)고 말한다. 이 말은 아람어 표현인데 "사흘째 되는 날에 완전해지리라"라는 말은 "머지않아 죽으리라"라는 말이다. 예수는 자신이 잔을 마셔야 한다고 말했는데, 그 잔은 하나님의 분노와 심판의 잔, 즉 죽음의 잔이다 (막 10:35-40; 14:36. 참고, 사 51:17-23; 렘 25:15-29). 제자들은 예수가 말한 '잔을 마신다', '세례를 받는다'고 말이 무엇을 의미하는지 이해하지 못했다(막 10:37-40; 눅 12:50).

예수는 자신이 죽어야 한다는 것과 그것이 무엇을 의미하는지 알고

있었다: "인자는 섬김을 받으러 온 것이 아니라 섬기러 왔으며, 많은 사람을 구원하기 위하여 치를 몸값으로 자기 목숨을 내주러 왔다"(막 10:45). 예수는 자신이 죽은 후에 다시 살아날 것을 알고 있었을까? "예수께서는, 인자가 반드시 많은 고난을 받고, 장로들과 대제사장들과 율법학자들에게 배척을 받아 죽임을 당하고 나서 사흘 후에 살아나야 한다는 것을 그들에게 가르치기 시작하셨다"(막 8:31. 참고. 막 12:1-12 악한 농부들의 비유; 막 14:8 예수에게 향유를 부음; 마 12:40 요나의 비유).

예수는 "예언자가 예루살렘이 아닌 다른 곳에서는 죽을 수 없다"(눅 13:33)고 말한다. 이전에 예언자 이사야가 예루살렘에서 몸이 두 동강 나서 죽었고(Ascension of Isaiah 5.2. 참고. 히 11:37), 예언자 스가랴는 예루살렘 성전에서 하나님의 명을 거역하고 아세라 우상을 섬기는 백성을 나무라다가 돌에 맞아 죽었다(대하 24:17-22). "예루살렘아, 예루살렘아, 네게 보낸 예언자들을 죽이고, 돌로 치는구나!"(마 23:37) 예수가 예루살렘으로 가는 것은 죽으러 가는 것이었다. 그는 제자들에게 비장한 마음으로 말한다:

보아라, 우리는 예루살렘으로 올라가고 있다. 인자가 대제사장들과 율법학자들에게 넘어갈 것이다. 그들은 인자에게 사형을 선고하고, 이방 사람들에게 넘겨줄 것이다. 그리고 이방 사람들은 우리를 조롱하고 침 뱉고 채찍질하고 죽일 것이다. 그러나 그는 사흘 후에 [머지 않아] 살아날 것이다(막 10:33-34).

2. 예수의 변모

예수는 자신의 고난, 죽음, 부활을 세 번에 걸쳐 예고했다. 그러면서 그 와중에 제자 베드로, 야고보, 요한을 데리고 높은 산으로 갔다. 그는 제자들이 보는 앞에서 모습이 변하여 새하얗게 빛났다. 그리고 엘리야와 모세가 나타나 예수와 말을 주고받았다. 그런데 구름이 일어나서 그들을 뒤덮었다. 그리고 구름 속에서 소리가 났다. "이는 내 사랑하는 아들이다. 너희는 그의 말을 들어라." 제자들이 문득 둘러보았으나 엘리야와 모세는 사라지고 예수만 그들과 함께 있었다. 그들이 산에서 내려올 때 예수는 제자들에게 자신이 죽은 사람들 가운데서 살아날 때까지는 본 것을 아무에게도 이야기하지 말라고 했다. 제자들은 죽은 사람들 가운데서 살아난다는 것이 무슨 뜻인가를 서로 물었다(막 9:2-10).

복음서에 나오는 이야기 중에서 합리적 또는 역사적으로 설명하기 어려운 것이 예수의 변모, 부활, 승천 이야기이다. '예수의 변모'(Transfiguration of Jesus) 또는 '변화산' 이야기는 '수난 예고' 중간에 등장한다. 그런데 그 내용으로 보아 부활에 관련된 이야기 같기도 하다. 그리고 예수의 변모는 실제로 일어난 사건이 아니라 예수의 환상적 체험(visionary experience) 속에 나타난 사건으로 보기도 한다. 특이한 것은 예수의 생애에서 하나님의 음성이 들린 사건이 두 번 있는데, 예수의 세례와 예수의 변모라는 것이다. 그리고 똑같이 "너는 내 사랑하는 아들이다"(참고, 사 42:1; 시 2:6-7)라고 말씀하신다. 예수의 세례가 사역의 전반부를 시작하는 시점이라면, 예수의 변모는 사역의 후반부를 시작하는 시점이다. 이 중요한 순간에 예수가 새하얗게 빛나는 모습으로 변하고(참고, 출 34:29, 35; 단 7:9; 10:6, 11; 마 13:43), 하나님의 음성이 들린 것은 하나님의 아들로서의 영광과 정체성을 드러낸 것이다. "'이는 내 사랑하는 아들이요, 내가 좋아하는 아들이다' 하실 때에, 그는 하나님 아버지께로부터 존귀와 영광을 받았습니다"(벧후 1:17).

'높은 산'은 하늘과 땅이 만나고, 하나님과 인간이 만나는 상징적 장소이다. 예수가 산에 올랐다는 것은 천상과 지상을, 하나님과 인간을 연결하는 중재자 역할을 한다는 것을 의미한다. 모세는 율법을 상징하며, 엘리야는 예언자를 대표한다. 예수가 모세, 엘리야와 만났다는 것은 예수가 율법을 완성하고 예언을 성취하는 분임을 나타낸다. '구름이 뒤덮었다'는 말은 하나님께서 임재하심을 나타낸다(출 16:10; 19:9; 24:15-16; 시 18:9; 104:3). 하나님은 예수를 통해 인간의 역사에 직접 개입하셨다. 하나님은 살아 있는 사람의 하나님(마 22:32), 즉 살리시는 하나님이다. 예수가 오래전에 죽었던 모세와 하늘로 들어 올려졌던 엘리야를 만났다는 것은 장차 예수가 생명을 살리시는 하나님의 권능으로 죽음에서 다시 살아나 제자들을 만날 것을 암시한다.

3. 예루살렘 입성

예수는 예루살렘에 입성하면서 새끼 나귀를 타고 왔다. 그 모습은 예언자 스가랴가 말하는 구원의 왕이 예루살렘에 들어오는 모습이다: "도성 시온아, 크게 기뻐하여라. 도성 예루살렘아, 환성을 올려라. 네 왕이 네게로 오신다. 그는 공의로우신 왕, 구원을 베푸시는 왕이시다. 그는 온순하셔서, 나귀 곧 나귀 새끼인 어린 나귀를 타고 오신다"(슥 9:9. 참고, 왕상 1:33). 예수의 태도는 이전에 자신이 메시아임이 알려지지 않기 위해서 조심하고 경계하던 것과는 확연하게 다르다. 지금 그는 자신이 왕이라고 온 백성 앞에 드러냄으로써 스스로 메시아의 비밀을 벗겨내었다.

예수에 대한 백성의 반응은 뜨거웠다. 이스라엘 백성은 하나님이 오셔서 그들을 속박에서 풀어 주고, 시온 곧 예루살렘에서 다스리실 것을 오랫동안 기다려왔다(사 52:7; 미 4:1-5; 슥 9:8). 더욱이 유월절에는 출애굽 사건을 기억하면서 새로운 모세가 나타나 이스라엘을 속박에서 벗어나게 해 주리라고 기대하는 마음이 고조되어 있었다. 예수가 스가랴의 말씀대로 어린 나귀를 타고 오자 그들은 겉옷과 나뭇가지를 길에 깔고 열렬히 환영하며 소리쳤다. "호산나! 복되시다! 주님의 이름으로 오시는 분! 복되다! 다가오는 우리 조상 다윗의 나라여!"(막 11:9-10; 시 118:25-26). '호산나'는 '구하여 주십시오'라는 히브리어다. 유월절에 예루살렘으로 몰려드는 사람들은 약 20~30만 명이 된다. 많은 사람의 흥분한 마음에 작은 불씨라도 떨어뜨리면 걷잡을 수 없는 일이 일어날 수 있었다.

예수가 예루살렘에 입성한 목적은 무엇일까? 유대인의 왕으로서 로마제국에 도전하려는 것일까? 타락한 종교 지도자들을 꾸짖으려는 것일까? 많은 사람이 모인 유대교의 심장부에서 하나님 나라의 복음을 선포하려는 것일까? 하나님이 계획한 대로 고난과 죽음으로 자신의 몸을 대속 제물로 바치려는 것일까? 예수 사역의 핵심은 하나님 나라의 도래, 즉 임박한 하나님의 왕권적 통치를 선포하는 것이다. 하나님은 이스라엘의 왕이시다(시 24:8; 44:4; 습 3:15). 오랫동안 이스라엘을 외면하시던 왕이 돌아오시는 것이다.

예수가 나귀를 탄 것은 왕이신 하나님이 예루살렘에 오시는 것을 상징적으로 표현한 것이다. 예수가 나귀를 "주님께서 쓰시려고 하십니다"라고 할 때 주님은 예수 자신이 아니라 하나님을 가리키는 것이다. 예수는 자신을 가리켜 주님이라고 한 적이 없다. 다윗이 하나님의 궤를 다윗성으로 옮길 때 새 수레에 싣고 왔다(삼하 6:3). 하나님께는 흠 없는 새것을 드려야 한다(민 19:2; 신 21:3; 삼상 6:7; 삼하 6:3). 다 큰 나귀는 이미 사람들이 탔던 나귀이다. 그래서 예수는 '아무도 탄 적이 없는' 새끼 나귀를 타고 온 것이다. 예루살렘 성전은 하나님의 거처이다. "이곳성전은 내 보좌가 있는 곳, 내가 발을 딛는 곳, 내가 여기 이스라엘 자손과 더불어 영원히 살 곳이다"(겔 43:7. 참고, 시 132편). 예수는 예루살렘에 들어오자마자 성전부터 갔다(막 11:11). 가까이 오신 하나님께서 거하실 곳을 둘러본 것이다.

4. 성전 정화

유대교의 핵심 요소는 '성서', '안식일', '성전'이다. 성서를 읽음으로써 하나님을 믿고, 안식일을 준수함으로써 하나님의 뜻을 행하고, 성전 제사를 지냄으로써 하나님의 용서를 받는다. 성전은 이스라엘의 삶의 구심점이며, 이스라엘과 공동 운명체이다. 이스라엘이 망하면 성전도 무너지고, 성전이 무너지면 이스라엘도 망한다. 성전의 흥망성쇠가 이스라엘의 운명을 좌우한다. 성전은 무엇보다도 하나님의 거처이다. 이스라엘 백성은 성전에 하나님이 계신다고 믿었다. 바빌로니아 포로 생활에서 돌아온 이스라엘 백성이 서둘러 성전을 지은 것도 어서 속히 하나님의 거처를 마련해서 모시기 위한 것이었다. 하나님이 성전에 계시는 한 이스라엘은 하나님의 은혜와 보호를 받을 수 있다.

성전은 하나님이 계시는 거룩하고 정결한 곳이다. 흠 있고 불결한 어떤 것도 성전에 들어갈 수 없으며, 특히 성소에는 특정한 날 대제사장만이 들어갈 수 있다. 성전을 모독하거나 해를 끼치는 행위는 용서받을 수 없고 죽음으로 대가를 치러야 한다. 그런데 예수가 거룩한 성전에서 소동을 일으켰다. 그는 성전 뜰에서 팔고 사는 사람들을 내쫓으면서, 돈을 바꾸어주는 사람들의 상과 비둘기를 파는 사람들의 의자를 둘러엎고, 성전 뜰을 가로질러 물건을 나르지 못하게 했다. 예수가 말한다. "'내 집은 만민이 기도하는 집이라고 불릴 것이다' 하지 않았느냐? 그런데 너희는 그곳을 '강도들의 소굴'로 만들어버렸다"(막 11:15-17. 참고, 사 56:7; 렘 7:11). 이렇게 혼잡하고 소란스러운 곳에서 어떻게 하나님께 기도를 드릴 수 있을까?

성전에 오는 사람은 성전세와 제물을 준비하는데 가난한 사람은 대체로 양이나 염소보다 값싼 비둘기를 준비했다. 그런데 성전 밖에서 가져온 비둘기는 검사관에게 보이고 승인을 받아야 했고, 흠이 있는 경우 희생제물로 바칠 수 없어서 할 수 없이 성전에서 비싼 비둘기를 사야만 했다. 당시 유대인은 어디에 살든지 1인당 반 세겔의 성전세를 내야 했는데(출 30:13), 유월절 참배를 하려고 오는 사람은 성전에서 납부할 수 있었다. 성전 당국은 페니키아 두로에서 주조한 그리스 은전인 디드라큼(didrachm. 두 드라큼으로 반 세겔의 무게에 해당)만 받았다. 드라큼 앞면에는 페니키아 수호신 멜카트(Melqart)의 머리, 뒷면에는 독수리가 새겨져 있어서 우상숭배의 문제가 있었으나 널리 유통되는 안정적 은화였기 때문에 성전세를 납부하는 통화로 결정되었다. 환전상은 각 나라의 화폐를 드라큼으로 바꿔주면서 환전 이익을 챙겼다. 사람들은 돈이나 음식 재료를 용기에 담아 성전 이곳저곳을 분주하게 다녔다. 예수는 이런 장사꾼들과 소란을 떠는 사람들을 제지하고 쫓아낸 것이다. 예수를 따르는 사람의 눈에는 '성전 정화'(the clearance of the temple)로 보였지만, 성전 관계자들이 볼 때는 계획적이고 불순한 '성전 소요'(the disturbance of the temple)였다.

이미 예수는 성전과 제사장을 거스르는 행동을 했었다. 성전 제사장의 고유권한인 죄의 용서를 세례 운동을 통해 임의로 행사했고, 유대 지도자들을 열매를 맺지 못하는 무화과나무에 빗대어 비판했으며(막 11:12-14), 악한 농부의 비유를 들어 권세 있는 자들이 하나님의 심판을 받을 것이라고 선포했다(막 12:1-12). 성전에서 대제사장들과 율법 학자들과 장로들이 예수에게 따졌다: "당신은 무슨 권한으로 이런 일을 합니까?"(막 11:27-28) "이런 일"이란 예수가 벌인 성전 소동을 일컫는 말이다. 예수는 성전 정화 이후 매일 성전을 드나들면서 사람들을 가르쳤고, 그것은 주로 성전 관계자들을 비판하는 것이었다. 종교 지도자들은 어떻게 예수를 없애버릴까 하고 방도를 찾았다(막 11:18).

예수는 왜 성전 소동을 일으켰을까? 어떤 의도가 있었을까? 단순하게 생각해서 가난한 사람들에게 바가지를 씌우고 성전을 난장판으로 만드는 사람들, 이방 수호신이 새겨진 동전을 거룩한 성전으로 들이는 사람들을 야단친 것이라고 할 수 있다. 예수가 보기에 성전은 이제 만민이 기도하는 집이 아니라 강도들의 소굴이 되었다. 이런 곳에서 하나님이 거하실 수는 없다. 그래서 성전을 다시 거룩하고 정결한 집으로 만들기 위해 숙정을 단행한 것이다.

예수의 성전 정화를 상징적 행동이라고 생각할 수도 있다. 일찍이 다니엘(단 7-12장)과 에스겔(겔 40-47장)은 종말 때 하나님이 새 성전을 세우시리라는 것을 환상으로 보았다. 하나님은 예루살렘을 회복시켜

주실 것이며(슥 1:16-17; 사 2:1-4), 시온은 하나님이 계시는 산이 될 것이다 (시 68:16; 사 40:9). 하나님은 그 산에 손수 성소를 세우실 것이다(출 15:17). 하나님이 세우시는 새 성전은 종말론적 성전이요, 사람의 손으로 만들지 않는 영적 성전이다. 예수는 임박한 하나님 나라 앞에서 더럽혀진 성전을 깨끗하게 한 것이다. "그날이 오면, 만군의 주님의 성전 안에 다시는 상인들이 없을 것이다"(슥 14:21).

다른 한편으로 예수의 성전 정화는 예언적 행동, 즉 장차 세워질 성전에서는 희생제물을 바치는 제사가 없어지고 새로운 예배를 드리게 될 것이라고 예언하는 행동이라고 이해할 수도 있다. 예수는 결국 고발당했고, 졸속 재판을 받은 후 처형되었다. 그러나 역설적으로 예수는 그의 목숨을 많은 사람을 구원하기 위해 치를 몸값으로 내어 주었다. 그는 사람들이 지은 죄를 용서받기 위한 희생제물이 되었다. 예수는 하나님의 죄 사함을 선언하는 제사장이요, 하나님이 함께하며 거하시는 성전이다.

5. 예루살렘 성전 파괴 예언

예수는 예루살렘을 보며 한탄한다. "예루살렘아, 예루살렘아, 네게 보낸 예언자들을 죽이고, 돌로 치는구나! … 보아라, 너희 집은 버림을 받아서 황폐하게 될 것이다"(마 23:37-38). 그리고 성전 건물을 보며, "여기에 돌 하나도 돌 위에 남아 있지 않고 다 무너질 것이다"(마 24:2)라고 예언 같은 말을 한다. 실제로 예루살렘 성전은 약 40년 후에 일어난 유대 전쟁 때 로마군에 의해 완전히 파괴되었다. 예수는 이 일이 일어날 줄 미리 알았을까? 혹시 성전 파괴 사실을 알고 있는 복음서 기자가 그것을 예수가 예언한 것으로 기록하지 않았을까?

예루살렘 성전은 이스라엘 백성이 하나님의 선민이라는 표상이며, 이스라엘 운명의 상징이다. 예언자들은 이스라엘 백성이 우상을 숭배하고 부패할 때마다 성전 파괴를 예언했다. 예언자 예레미야가 외친다: "너희가, 내가 너희에게 준 법에 따라서 순종하여 살지 않으면, 내가 거듭하여 보내고 너희에게 서둘러서 보낸 내 종 예언자들의 말을 너희가 듣지 않으면… 시온이 밭 갈 듯 뒤엎어질 것이며, 예루살렘이 폐허더미가 되고, 성전이 서 있는 이 산은 수풀만이 무성한 언덕이 되고 말 것이다"(렘 26:4-5, 18. 참고, 미 3:9-12). 예레미야의 예언대로 예루살렘 성전은 바빌로니아 군대에 의해 파괴되었고, 유다 백성은 포로가 되어 끌려갔다(왕하 25:8-11). 예레미야의 말을 잘 알고 있는 예수는 유대인들이 하나님이 보낸 사자의 말을 듣지 않고 계속해서 하나님의 뜻을 어기는 길을 갈 때 이전에 일어났던 일과 마찬가지로 예루살렘 성전이 무너지리라고 말한 것이다. 그리고 실제로 그 일이 일어났고, 복음서 기자는 그것을 기록했다.

제 1 7 장
체포와 재판

1. 마지막 만찬

예수는 무교절(출 12:15-20) 첫째 날 곧 유월절 양을 잡는 날(출 12:1-14)에 제자들과 '마지막 만찬'(The Last Supper. 기독교에서는 '주의 만찬', The Lord's Supper 또는 '성찬식', Eucharist이라고 부름)을 나눴다. 이 식사는 출애굽을 기념하는 '유월절 식사'(paschal, passover meal)로서 무교병(누룩 넣지 않은 빵)과 양고기를 먹는다(신 16:1-8).

그들이 먹고 있을 때에, 예수께서 빵을 들어서 축복하신 다음에, 떼어서 그들에게 주시고 말씀하셨다. "받아라. 이것은 내 몸이다." 또 잔을 들어서 감사를 드리신 다음에 그들에게 주시니, 그들은 모두 그 잔을 마셨다. 그리고 예수께서 말씀하셨다. "이것은 많은 사람을 위하여 흘리는 나의 피, 곧 언약의 피다"(막 14:22-24. 참고, 고전 11:23-26).

예수가 빵을 '들어서'(taking) '축복하고'(blessed) '떼어서'(broke) '주는'(gave) 행동은 오천 명을 먹이면서(막 6:41) 또 사천 명을 먹이면서 (막 8:6) 하던 행동과 같다. 마지막 만찬은 오병이어의 기적과 마찬가지로 예수가 메시아요, 그가 하는 일이 메시아의 사역이라는 것을 나타내는 '메시아의 잔치'(messianic feast)이다. 예수는 빵을 제자들에게 주면서 "이것은 내 몸이다"라고 말한다. 그는 메시아인 자신을 '유월절 양(고전 5:7)으로 내어 준 것이다. 제자들은 이것을 먹고 '새로운 출애굽 사건'에 참여하게 된다. 원래 유월절 식사에 참여하는 사람들은 각자의 잔을 사용하지만, 예수는 하나의 잔으로 모두 마시게 했다. 예수의 피를 나누어 마시는 것은 제자들이 예수와 연합하며, 공동 운명체의 일원이 된다는 것을 의미한다.

마지막 만찬은 구약성서와 관련하여 두 가지 의미를 지닌다.

첫째, 하나님과 '새 언약을 맺는 식사이다. 예언자 스가랴가 말한다: "너에게는 특별히, 너와 나 사이에 피로 맺은 언약이 있으니, 사로잡힌 네 백성을 내가 물 없는 구덩이에서 건져 낼 것이다"(슥 9:11). 예수는 예루살렘 입성 때 스가랴의 말씀(슥 9:9; 막 11:1-10)대로 행한 바가 있다. 예수는 자신의 피로 새로운 구원의 언약을 맺었다. 그러므로 마지막 만찬은 '언약의 식사'(covenantal meal)이다. 모세가 수송아지를 잡아 하나님에게 제물로 드리고, 피를 가져다가 백성에게 뿌리며 말했다: "이것은 주님께서 이 모든 말씀을 따라 당신들에게 세우신 언약의 피입니다"(출 24:8). 이 언약은 하나님이 모세를 통해 이스라엘 백성과 맺은 언약이다. 예수는 생애의 마지막이 다가오는 순간에 새 언약을 맺었고(참고, 렘 31:31-33), 앞으로 새로운 구원의 역사가 전개될 것을 선포했다.

둘째, 마지막 만찬은 예수의 고난과 죽음을 예고하는 식사이다. 많은 사람을 위하여 피를 흘리는 예수는 '하나님의 고난받는 종'이다: "나의 의로운 종이… 다른 사람들이 받아야 할 형벌을 자기가 짊어질 것이다. … 그는 많은 사람의 죄를 대신 짊어졌고, 죄지은 사람들을 살리려고 중재에 나선 것이다"(사 53:11-12. 참고, 히 9:28). 예수가 말한다. "인자는… 많은 사람을 구원하기 위하여 치를 몸값으로 자기 목숨을 내주러 왔다"(막 10:45). 하나님의 아들이요 메시아인 예수가 고난받는 종이 되어 많은 사람의 죗값을 자신의 목숨으로 대신 치름으로써 그들의 죄를 용서받게 하는 것이다. 예수는 마지막 만찬을 통해 자신이 고난과 죽음의 잔을 마실 것을 예고했다.

출애굽을 기념하는 유월절 식사가 예수를 통해서 죄의 용서, 새 계약의 시작 그리고 그리스도와의 연합이 이루어지는 '주님의 만찬'이 되었다. 예수는 새 언약의 중재자이다(히 9:15). 예수의 희생적이고 대속적인 죽음을 통해 모든 사람이 죄 사함을 받고 하나님과 새 언약을 맺게 되었다.

2. 겟세마네 동산의 기도

예수와 제자들은 올리브 산기슭에 있는 겟세마네(oil press/기름 짜는 곳)라는 곳에 갔다. 앞으로 자신이 겪어야 할 일을 두고 예수는 인간으로서 두렵고 괴로웠다. 그는 제자들에게 기도하고 있으라고 하고, 베드로와 야고보와 요한을 데리고 가서 깨어 있으라고 말하고, 조금 더 나아가서 땅에 엎드려 기도했다. "아빠, 아버지, 아버지께서는 모든 일을 하실 수 있으시니, 내게서 이 잔을 거두어 주십시오 그러나 내 뜻대로 하지 마시고 아버지의 뜻대로 하여 주십시오"(막 14:36). 얼마나 힘들었는지 누가복음에는 이렇게 기록되어 있다. "예수께서 고뇌에 차서 더욱 간절히 기도하시니, 땀이 핏방울같이 되어서 땅에 떨어졌다"(눅

22:44). 예수의 간절한 기도는 시편의 기도를 떠오르게 한다: "하나님, 내 기도에 귀를 기울여 주십시오 나의 간구를 외면하지 말아 주십시오 나를 굽어보시고 응답하여 주십시오. … 내 마음은 진통하듯 뒤틀려 찢기고, 죽음의 공포가 나를 엄습합니다. 두려움과 떨림이 나에게 밀려오고, 몸서리치는 전율이 나를 덮습니다"(시 55:1-2, 4-5). 예수가 마셔야 할 잔은 하나님이 내리시는 진노와 심판의 잔이다(시 75:8; 사 51:17; 렘 25:15; 겔 23:31-34).

겟세마네 동산에서 기도하는 예수의 모습은 너무 처절했다. 예수의 생애 중 인간으로서 가장 솔직하고 연약한 모습을 보이는 부분이다. 예수는 지혜와 능력을 지닌 메시아지만, 동시에 고통과 죽음을 두려워하는 인간이기도 하다. 그러나 예수가 더 두려웠던 것은 하나님의 침묵이었다. 하나님의 침묵은 하나님이 외면하신다는 것을 의미하며, 관계가 멀어졌다는 것을 말한다. 하나님이 아무런 말씀을 하지 않는다는 것은 예수를 버린다는 것이 아닐까? 하나님은 예수에게 아버지 같은 친밀한 분이었다. 하나님은 그를 아들이라고 불렀고, 지혜와 능력을 주셨다. 예수의 세례와 변모 시에 "너는 사랑하는 내 아들"이라는 음성을 들려주셨다. 그런데 땀을 핏방울처럼 흘리며 간절하게 기도하는데도 아무런 응답이 없었다. 그러나 예수는 하나님의 뜻에 순종했다.

예수께서 육신으로 세상에 계실 때에, 자기를 죽음에서 구원하실 수 있는 분께 큰 부르짖음과 많은 눈물로써 기도와 탄원을 올리셨습니다. 하나님께서는 예수의 경외심을 보시어서 그 간구를 들어주셨습니다. 그는 아드님이시지만 고난을 당하심으로써 순종을 배우셨습니다(히 5:7-8).

예수가 기도 도중에 와보니 제자들은 잠이 들어 있었다. 그들은 스승에게 다가오는 위기를 전혀 눈치채지 못하고 있었다. 예수가 제자들에게 말했다: "때가 왔다. 보아라. 인자는 죄인들의 손에 넘어간다. 일어나서 가자. 보아라. 나를 넘겨줄 자가 가까이 왔다"(막 14:41-42).

3. 가룟 유다의 배반

기독교인들에게서 가장 미움을 많이 받는 사람 중 하나가 가룟 유다이다. 그는 배신자의 대명사로 불린다. 스승 예수를 팔아넘긴 자이기 때문이다. 가룟 유다는 누구인가? 그는 예수의 열두 제자 중 한 사람으로 시몬의 아들이요 가룟 사람이다(요 6:71; 13:2, 26). 유다는 다른 제자들이 갈릴리 출신인 데 비해 유일하게 남쪽 유대 지역 출신이고, 회계 일을 맡았다(요 12:6). '가룟 사람'(iscariot)이라는 말은 모압 지역에 있는 '가룟 출신의 사람'(is + Kerioth, man of Kerioth. 참고. 렘 48:24; 암 2:2; 수 15:25에는 '그리욧'으로 표기됨)이라고 해석하지만, 다른 한편으로 '시카리의 일원'(is + sikarios, man of assassin, 자객)이라고 번역할 수도 있다. '시카리'(sicarii)는 로마제국에 대항하여 독립을 쟁취하려는 과격한 무장 단체로서(참고. 행 21:38 자객, dagger man), 복음서에 나오는 열심당(눅 6:15)과 관계가 있다. 예수의 제자 중에 열심당원 시몬이 있어서 예수가 열심당과 관계가 있다는 주장이 있으나 예수의 활동과 가르침의 성격을 고려할 때 열심당과의 공통점이나 연결점을 찾기는 어렵다.

가룟 유다는 왜 예수를 배반했을까? 여러 방향으로 생각할 수 있다: '사탄이 유다에게 들어가서 예수를 배반하게 했다'(눅 22:3; 요 13:2, 27), '유다는 돈에 욕심이 나서 은돈 서른 닢에 예수를 팔았다'(마 26:15.

참고, 슥 11:12-13) 또는 '공금 횡령을 하는 도둑이었다'(요 12:6), '유다가 예수를 배반하게 된 것은 갈릴리 출신인 다른 제자들로부터 소외되었기 때문이었다', '유다는 원래 시카리의 일원이었는데, 예수가 능력이 있음에도 로마와 맞서서 투쟁하지 않는 것에 실망하고 분노해서 예수를 배반했다, 유다는 체포라는 극한상황을 조성해서 예수가 능력을 발휘하도록 유도하려고 했다', '유다는 배신자가 아니라 오히려 하나님이 계획하신 구원 사역의 도구로 쓰인 희생자다' 등 여러 가지로 배반의 이유를 추정할 수 있다. 이유가 어쨌든 유다는 예수를 적대자들에게 넘겨주었다.

예수는 유다를 어떻게 대했을까? 유다의 음모를 다른 제자들은 몰랐으나 예수는 알고 있었다(요 13:21-28). 예수는 유다를 측은하게 여겼다. "인자를 넘겨주는 그 사람에게는 화가 있다. 그 사람은 차라리 태어나지 않았더라면 자기에게 좋았을 것이다"(막 14:21). 그러면서 유다에게 "네가 할 일을 어서 하여라"(요 13:27)라고 말했다. 예수는 십자가 위에서, 자기를 해치는 사람들을 위해 기도했다. "아버지, 저 사람들을 용서하여 주십시오 저 사람들은 자기네가 무슨 일을 하는지를 알지 못합니다"(눅 23:34).

사실 예수의 수제자인 베드로도 자기 스승을 모른다고 하룻밤에 세 번씩이나 부인했다. 그러나 그는 잘못을 회개하고 복음을 전하다가 순교했다. 유다의 종말은 어떻게 되었을까? 두 개의 이야기가 있다. 유다는 예수가 유죄 판결을 받은 것을 보고 뉘우쳐 은돈 서른 닢을 돌려주고 스스로 목을 매달아 죽었다는 이야기(마 27:3-5)와 불의한 삯으로 밭을 샀으나 거꾸러져서 배가 터지고 창자가 쏟아졌다는 이야기가 있다(행 1:16-18). 단테의 신곡에 보면 유다는 지옥의 가장 깊숙한 제9층 배신의 지옥에서 영원히 차가운 얼음 속에서 신음하고 있다.

4. 체포

가룟 유다는 천부장이 이끄는 로마 군대 병정들과 산헤드린에서 보낸 성전 경비대와 함께 겟세마네로 왔다(요 18:3, 12; 눅 22:52). 로마 군대가 함께 온 것으로 보아 빌라도 총독도 예수의 체포에 대해서 미리 알고 있었으리라 추정된다. 로마 군대는 체포가 아닌 감시의 목적으로 왔을 것이다. 평소에는 로마 군대가 예루살렘 성전 옆에 있는 안토니오 성채에서 유대인들의 동향을 감시하지만, 유월절 기간에는 흥분한 군중으로 인해 소요와 폭동이 일어날 우려가 있어서 로마 총독이 직접 예루살렘에 와서 머무르며 불의의 사태에 대비했다. 예수가 군중의 환호를 받으며 예루살렘에 입성한 일과 성전에서 일으킨 소동은 이미 빌라도 총독에게 보고되었을 것이다.

유다가 "랍비님"이라고 부르며 예수에게 입을 맞추자 병정들은 그것을 신호로 예수를 붙잡았다. 예수의 일행 중 한 사람이 칼을 들어 대제사장의 종을 내리쳐서 귀를 잘라버렸으나 예수는 그를 제지했다. 예수는 이 모든 것이 성서의 말씀을 이루려는 것임을 알고 있었다. 제자들은 모두 예수를 버리고 달아났다. 어떤 젊은이가 맨몸에 홑이불을 두르고 예수를 따라가다가 병정들이 잡으려고 하니 홑이불을 버리고 맨몸으로 달아났다(막 14:51-52. 참고, 암 2:16). "맨몸으로 달아났다"는 것은 어떤 의미가 있을까? 장차 있을 심판 날 경황없이 알몸으로 도망가리라는 것(참고, 암 2:16) 또는 예수가 수의를 벗어버리고 부활하리라는 것을 예시한 것이 아닐까? 예수는 폭동 선동이나 반란 모의와 같은

정치적 혐의가 아니라, 하나님을 모독했다는 종교적 혐의를 받아 산헤드
린에서 보낸 성전 경비대에 의해 체포되었다.

5. 산헤드린 재판

예수는 먼저 전 대제사장이었던 안나스의 집으로 끌려갔다. 안나스
는 예수를 신문하면서 사람들에게 무엇을 가르쳤는지 물었고, 예수는
회당과 성전에서 공개적으로 가르쳤고 잘못한 바가 없다고 답변했다.
안나스는 예수를 묶은 그대로 한밤중에 자기의 사위인 대제사장 가야바
에게 보냈다(요 18:19-24).

산헤드린 의원들은 가야바의 집에서 예수를 재판했다. 그들은 예수
를 사형에 처하려고 고소할 증거를 찾았으나 찾아내지 못했다. 여러
사람이 예수에게 불리한 증언을 했으나 그 증언들은 서로 들어맞지
않았다. 어떤 사람은 예수가 사람의 손으로 지은 성전을 허물고 손으로
짓지 않은 다른 성전을 사흘 만에 세우겠다고 말했다면서 거짓으로
증언했다(막 14:57-58. 참고, 요 2:19). 그리고 의원들이 예수에게 물었다.
"그대가 하나님의 아들이오?" 예수가 대답했다. "내가 그라고 여러분이
말하고 있소"(눅 22:70). 대제사장은 자기 옷을 찢으며, 이 사람이
하나님을 모독했다고 말했다. 산헤드린은 예수가 성전을 파괴하겠다
고 위협했고, 하나님의 아들 그리스도를 빙자했으므로 '신성모독'(blas-
phemy)의 죄를 범했다고 판결했다. 율법에 따르면 신성모독 죄는 사형
에 해당한다. 그러나 산헤드린은 사형판결권은 있으나 사형집행권은
없었다. 그것은 로마 총독의 권한 사항이었다(요 18:31).

예수에 대한 산헤드린의 재판은 여러 면에서 율법 규정을 어기는

졸속 재판이었다. 첫째, 산헤드린 재판은 공의회에서 열어야 하는데 대제사장 가야바의 집에서 열었다. 둘째, 재판은 날이 밝은 동안 해야 하는데 한밤중에 했다. 셋째, 안식일이나 절기 중에는 재판을 열 수 없는데 유월절 기간에 열었다. 넷째, 재판이 열린 같은 날에는 판결할 수 없는데 재판이 열린 날 판결도 이루어졌다(참고로, 유대인의 하루는 해질 때부터 다음 날 해질 때까지이다. 예를 들면, 안식일은 금요일 해질 때부터 토요일 해질 때까지이다). 다섯째, 예수가 성전이 무너질 것이라고 말했다는 것과 자신이 그리스도라고 주장했다는 것이 신성모독 죄에 해당하기는 미흡하다. 산헤드린에서 이렇게 빨리 사형 판결을 내린 것은 민심이 동요하기 전에 조속히 예수를 제거해야 한다는 조급함이 작용했을 것이다.

6. 빌라도 재판

산헤드린 의원들은 아침 일찍 예수를 빌라도 총독에게 데리고 갔다. 그들은 예수가 신성모독의 죄를 범했다고 종교적 죄인으로 판결했었으나 빌라도 앞에서는 고발 내용이 정치적 범죄로 바뀌었다. "이 사람은 우리 민족을 오도하고, 황제에게 세금 바치는 것을 반대하고, 자칭 그리스도 곧 왕이라고 하였습니다"(눅 23:2). 다시 말하면 백성을 선동하고, 세금 납부를 반대하고, 왕을 사칭했다는 것이다. 빌라도가 물었다. "당신이 유대인의 왕이요?" 예수에게 반란의 혐의가 있는지 물은 것이다. 예수가 대답했다. "당신이 그렇게 말하고 있소"(눅 23:3: su legeis You say so. 개역의 "네 말이 옳도다"는 바른 번역이 아니다). 빌라도는 예수에게서 범죄의 혐의를 찾을 수 없었으나 대제사장을 비롯한 무리는 예수가

온 유대 땅을 누비면서 백성을 선동했다고 주장했다. 빌라도는 예수가
갈릴리 사람인 것을 알고 그를 헤롯에게 보냈다. 그러나 헤롯은 예수를
모욕하고 화려한 옷을 입혀서 도로 빌라도에게 보냈다.

　빌라도는 대제사장과 무리에게 예수가 고발된 죄목을 찾지 못했으니
매질이나 하고 놓아 주겠다고 했다. 빌라도는 세 번이나 예수를 놓아
주자고 했으나 무리는 "그자를 십자가에 못박으시오! 십자가에 못박으
시오!" 하고 외쳤다. 마침내 빌라도는 그들의 요구대로 하기로 결정했다.
그는 폭동과 살인 때문에 갇힌 바라바를 무리가 요구하는 대로 놓아
주고, 예수에게는 그들이 원하는 대로 십자가형을 언도했다. 십자가형은
살인, 폭동, 반란 등 극악한 범죄를 저지른 자에게 내리는 극형이다.
예수는 반란 선동죄로 십자가형을 받은 것이다. 예수는 아무런 반발이나
저항 없이 고난과 죽음의 길을 묵묵히 걸어갔다. "그는 굴욕을 당하고
고문을 당하였으나 아무 말도 하지 않았다. 마치 도살장으로 끌려가는
어린 양처럼… 끌려가기만 할 뿐, 아무 말도 하지 않았다"(사 53:7).

제 18 장
십자가 죽음

1. 십자가 형벌

십자가 형벌은 고대 사회에서 널리 쓰인 사형제도로 살인, 폭동, 반란 등의 중죄를 범한 죄인에게 내려지는 잔인하고, 치욕스럽고, 고통스러운 형벌이다. 십자가형은 일부러 사람들에게 잘 보이는 길가나 언덕 위 또는 성문 앞에서 집행하고 시신을 전시해서 같은 범죄에 대한 예방 효과를 노렸다. 일찍이 알렉산드로스 대왕은 두로를 함락한 후 잡힌 포로 2천 명을 십자가형에 처했다. 셀류코스 왕국의 안티오쿠스 4세는 헬라 문화를 받아들이지 않는 많은 유대인들을 살아 숨 쉬는 채로 십자가형에 처했다. 기원전 73년에는 검투사 노예 출신의 스파르타쿠스가 주동이 되어 로마에 대항하는 반란을 일으켰으나 진압되고 6천 명의 포로가 아피아 가도에서 십자가형을 당했다. 헤롯 대왕이 죽었을 때 반란이 일어났었는데, 로마제국의 시리아 총독 바루스는 반란을 진압하고 2천 명의 유대인들을 십자가형에 처했다. 로마제국 치하에서 십자가형을 받은 사람은 적게 잡아도 3만 명이 넘었다. 로마 시민권자에게는 십자가형을 내리지 않았다. 네로 황제가 로마에서 기독교인을 박해할 때 사도 베드로는 십자가형을 받은 데 비해 로마

시민권자였던 사도 바울은 효수형을 받았다.

유대 사회에서는 십자가형을 주는 경우가 거의 없었다. 그러나 하스 왕조의 알렉산더 얀네우스는 그를 반대하는 8백 명의 바리새파 사람들을 십자가형에 처했다. 율법에 따르면 신성모독과 우상숭배를 범한 사람은 사형에 처했다. 그리고 그 사람의 주검은 나무에 매달아 두었다가 당일로 매장했다(신 21:22-23). 나무에 달린 사람은 하나님에게 저주를 받은 사람이다(신 21:23). 그래서 십자가에 달린다는 것은 유대 사람에게는 거리낌이고, 이방 사람에게는 어리석은 일이다(고전 1:23).

십자가 형틀의 모양은 주로 'T형' 또는 후에 기독교의 십자가 모양이 된 '十형'이었고, 그 외에 'X형'이나 'I형'도 있었다. 십자가형을 받을 사람은 자기가 매달릴 형틀을 도성 외곽의 형장까지 지고 가는 경우가 많았다. 십자가에 매달 때는 옷을 벗기고, 양팔을 벌려 손바닥에 못질을 해서 나무에 고정하거나 손목을 나무에 묶었다. 다리나 발목도 못질을 하거나 묶어서 수직으로 세운 나무 기둥에 매달았다. 나무 기둥에는 엉덩이를 걸치는 안장이나 발을 디디는 받침대를 설치해서 그것 위에 엉덩이를 걸치거나 발을 디뎌서 몸을 떠받치게 했다. 안장이나 받침대를 설치하는 이유는 몸이 무게로 인해 쳐져서 유발되는 질식사를 막고, 고통을 더 오래 느끼게 하려는 것이다. 십자가형을 당하는 사람은 고통 속에서 며칠 동안 목숨을 부지하다가 과다출혈이나 횡경막 압박으로 인한 심장마비나 질식으로 사망하게 된다. 빨리 사망을 유도하려면 다리를 꺾어 몸을 떠받치지 못하게 해서 몸이 늘어지면 횡격막이 압박을 받아 질식사하게 된다.

죄인의 이마나 십자가 윗부분에는 죄명을 새긴 명패(titulus, inscription)

를 부착했다. 빌라도는 명패를 써서 십자가에 붙이게 했는데, 그 명패에
는 많은 사람이 알아볼 수 있도록 히브리 말과 로마 말과 그리스 말로
"유대인의 왕 나사렛 사람 예수"라고 쓰여 있었다(요 19:19). 이 말을
표기(히브리어와 그리스어는 음역)하면 다음과 같다.

Yeshua ha-Notzri Melekh ha-Yehudim (Hebrew)

Iesus Nazarenus Rex Iudaeorum (Latin, INRI)

Iesous ho Nazoraeos ho basileus ton Iudaeon (Greek)

2. 예수의 죽음

본디오 빌라도에게 사형 판결을 받은 예수는 채찍질을 당한 후
자색 옷이 입혀지고, 머리에는 가시관이 씌워져서 병사들의 조롱과
멸시를 받고 나서, 다시 자색 옷이 벗겨지고 그가 본래 입었던 옷이
입혀졌다. 형장으로 가던 도중 병사들은 구레네(현 리비아) 사람 시몬에게
강제로 예수의 십자가를 지고 가게 했다. 그는 알렉산더와 루포(참고,
롬 16:13)의 아버지였다. 그들은 예루살렘 성벽 밖에 있는 골고다 언덕으
로 갔다. 골고다는 '해골의 곳'(Golgotha, Calvaria, 갈보리, the place of
the skull)이라는 말로 둥근 언덕의 모습이 해골을 엎어놓은 것 같고
또 이곳이 처형의 장소로 쓰였기 때문에 해골 언덕이라는 이름이 생겼다.

예수는 아침 아홉 시경 십자가에 못 박혔다. 그의 오른쪽과 왼쪽에는
강도 두 사람이 못 박혔다. 오가는 사람들은 십자가에 달린 예수를
보며 모욕적인 말로 조롱했다. 낮 열두 시가 되었을 때 어둠이 온
땅을 덮었다. 세 시에 예수가 큰소리로 부르짖었다: "엘로이 엘로이

레마 사박다니?" 그것은 번역하면 "나의 하나님, 나의 하나님, 어찌하여 나를 버리셨습니까?"라는 뜻이다(막 15:34. 참고, 시 22:1). 어떤 사람은 그 말을 듣고 예수가 엘리야를 부른다고 생각했다. 예수는 큰소리를 지르고 숨을 거두었다. 병사들이 예수의 다리를 꺾어 사망을 유도하려 했으나 이미 숨을 거둔 것을 보고 다리는 꺾지 않고 창으로 옆구리를 찔렀다(요 19:33-34). 예수를 따르던 여자들은 멀찍이서 예수의 죽음을 지켜보고 있었다.

예수가 십자가 위에서 부르짖은 "나의 하나님, 나의 하나님, 어찌하여 나를 버리셨습니까?"라는 말은 그야말로 고통 속에 흘러나온 신음이요, 절망 중에 터져 나온 절규였다. 이것은 하나님을 원망하는 말이었을까? 이 말은 시편 22편 1절의 말씀이다. 시편 22편은 이스라엘이 환란과 절망에 빠졌을 때 하나님에게 드리는 기도이다.

> 나의 하나님, 나의 하나님, 어찌하여 나를 버리십니까? 어찌하여 그리 멀리 계셔서, 살려달라고 울부짖는 나의 간구를 듣지 아니하십니까? … 그러나 나의 주님, 멀리하지 말아 주십시오. 나의 힘이신 주님, 어서 빨리 나를 도와주십시오. … 그는 고통받는 사람의 아픔을 가볍게 여기지 않으신다. 그들을 외면하지도 않으신다. 부르짖는 사람에게는 언제나 응답하여 주신다. … 주님을 찾는 사람은 누구나 주님을 찬양할 것이다. … '주님께서 그의 백성을 구원하셨다'고 선포할 것이다(시 22:1, 19, 24, 26, 31).

이 기도는 처음에는 원망하는 듯한 말로 시작하지만, 하나님의 도움을 간구하고, 하나님을 신뢰하고 찬양하면서 끝난다. 예수는 고통과 절망 속에서 저절로 시편의 기도가 떠올랐고 정신이 혼미한 상태에서

이 기도를 읊은 것이다. 예수는 숨을 거두기 직전 다시 큰소리로 외쳤는데(막 15:37; 마 27:50), 누가복음과 요한복음에 각기 다르게 기록되어 있다(눅 23:46; 요 19:30). 예수가 십자가 위에서 한 말을 네 복음서에서 찾아보면 일곱 개가 있고, 그것을 '십자가상의 칠언(七言)'이라고 한다.

아버지, 저 사람들을 용서하여 주십시오. 저 사람들은 자기네가 무슨 일을 하는지를 알지 못합니다(눅 23:34).

내가 진정으로 네게 말한다. 너는 오늘 나와 함께 낙원에 있을 것이다(눅 23:43).

어머니, 이 사람이 어머니의 아들입니다. … 자, 이분이 네 어머니이시다 (요 19:26-27).

목마르다(요 19:28. 참고, 시 69:21).

나의 하나님, 나의 하나님, 어찌하여 나를 버리셨습니까?(막 15:34; 마 27:46)

다 이루었다(요 19:30).

아버지, 내 영혼을 아버지 손에 맡깁니다(눅 23:46. 참고, 시 31:5).

예수의 십자가 죽음으로 하나님이 오래전 예언자 이사야를 통해서 하신 말씀이 성취되었다.

주님께서 그를 상하게 하고자 하셨다. 주님께서 그를 병들게 하셨다. 그가 그의 영혼을 속건제물로 여기면, 그는 자손을 볼 것이며, 오래오래 살 것이다. 주님께서 세우신 뜻을 그가 이루어 드릴 것이다. 고난을 당하고 난 뒤에, 그는 생명의 빛을 보고 만족할 것이다. 나의 의로운 종이 자기의 지식으로 많은 사람을 의롭게 할 것이다. 그는 다른 사람들이 받아야 할 형벌을 자기가 짊어질 것이다. … 그는 죽는 데까지 자기의 영혼을 서슴없이 내맡기고, 남들이 죄인처럼 여기는 것도 마다하지 않았다. 그는 많은 사람의 죄를 대신 짊어졌고, 죄 지은 사람들을 살리려고 중재에 나선 것이다(사 53:10-12).

3. 매장

고대의 장례는 대체로 화장과 매장이 있었는데 라틴어 사용 지역에서는 화장, 그리스어 지역에서는 매장을 했다. 유대 지역에서는 땅에 구덩이를 파서 묻고 그 위에 낮은 봉분을 세우거나, 묘실(墓室) 안에 여러 개의 벽감(壁龕, niche)을 만들어 가족의 시신을 차례로 안치하거나, 바위를 깎아서 무덤을 만들고 그 안의 평평한 자리에 가족의 시신을 안치했다. 시신을 목관에 모시기도 했으나 대체로 관을 사용하지는 않았다. 바위를 깎은 무덤은 무거운 둥근 돌이나 네모난 돌로 입구를 막았다. 시신은 씻기고, 천으로 된 수의로 감싸고, 향유나 향료를 발랐다. 향료를 시신에 바르는 목적은 시신의 부패를 막으려는 것이 아니라 시신이 부패할 때 나는 악취를 중화시키려는 것이다. 시신은 부정한 것으로 여겨졌고, 안식일에는 장례를 치를 수 없다. 매장 후 일 년 후에 시신이 부식하고 남은 유골을 모아 유골함에 담아 다시 무덤에 안치했다. 장례는 반드시 치러야 했고, 범죄로 인해 사형을 당한 경우에도 장례를 치렀다.

아리마대 사람 요셉은 빌라도의 허락을 받아 예수의 시신을 십자가에서 내렸다. 그는 산헤드린 의원으로 예수의 제자였다(눅 23:50-51). 또 다른 제자인 니고데모(요 3:1-11; 7:50-52; 19:39)는 몰약에 침향을 섞은 것을 백 근쯤(약 34kg) 가지고 왔다. 그들은 유대인의 장례 풍속대로 향료와 함께 삼베로 감았다. 그리고 예수의 시신을 바위를 깎아 만든 아리마대 요셉의 새 무덤 안에 모시고, 무덤 어귀에 돌을 굴려 막아 놓았다. 그날은 안식일 전날이었다. 대제사장들과 바리새파 사람들은 빌라도 총독에게 요구하여 경비병이 무덤을 단단히 지키게 했다. 막달라 마리아와 요셉의 어머니 마리아는 뒤따라가서 그 무덤을 보고 또 그의 시신이 어떻게 안장되었는지를 살펴보았다. 그리고 그녀들은 집에 돌아가서 향료와 향유를 마련했다.

4. 예수 죽음의 의미

예수 죽음의 의미에 대해서 여러 가지로 생각할 수 있다. 첫째, 예수는 하나님에게 순종했다. "그는 사람의 모양으로 나타나셔서, 자기를 낮추시고, 죽기까지 순종하셨으니, 곧 십자가에 죽기까지 하셨습니다"(빌 2:7-8). 둘째, 예수는 그를 따르는 사람들에게 본을 보였다. "그리스도께서는 여러분을 위하여 고난을 당하심으로써 여러분이 자기의 발자취를 따르게 하시려고 여러분에게 본을 남겨 놓으셨습니다"(벧전 2:21). 셋째, 예수는 속죄의 희생제물이 되었다. "하나님께서는 이 예수를 속죄제물로 내주셨습니다"(롬 3:25), "그리스도께서는 많은 사람의 죄를 짊어지시려고, 단 한 번 자기 몸을 제물로 바치셨습니다"(히 9:28. 참고, 사 53:4-6). 넷째, 예수의 죽음으로 용서와 화해의 새 시대가 시작되었다. 하나님께서는 그리스도의 "십자가의 피로 평화를 이루셔서, 그분으로 말미암아 만물을, 곧 땅에 있는 것들이나 하늘에 있는 것들이나 다, 자기와 기꺼이 화해시키셨습니다"(골 1:20. 참고, 롬 5:9-11).

예수가 숨을 거둘 때 성전 휘장이 위에서 아래까지 두 폭으로 찢어졌
다(막 15:38). 예루살렘 성전 중심부에는 성소가 있고, 성소에는 휘장이
있어서 지성소(the Holy of Holies)를 가리고 있다. 휘장은 하나님의
임재와 죄지은 인간을 갈라놓고 있는 상징물이다. 이제 예수의 죽음으로
더 이상 휘장이 필요하지 않게 되었다:

> 우리는 예수의 피를 힘입어서 담대하게 지성소에 들어가게 되었습니다. 예
> 수께서는 휘장을 뚫고 우리에게 새로운 살 길을 열어 주셨습니다. … 그러
> 니 우리는 확고한 믿음을 가지고, 참된 마음으로 하나님께 나아갑시다. 우
> 리는 마음에다 예수의 피를 뿌려서 죄책감에서 벗어나고, 맑은 물로 몸을
> 깨끗이 씻었습니다(히 10:19-20, 22).

예수를 믿는 사람은 제사장의 제사나 희생제물로 죄를 용서받을
필요가 없게 되었다. 예수가 우리의 대제사장이요(히 2:17; 4:14), 희생제
물이기 때문이다(고전 5:7; 엡 5:2; 히 10:12). 우리는 대제사장이신 하나님
의 아들 예수의 도움으로 담대하게 하나님께 나아갈 수 있다(히 4:14-16).

5. 예수 처형의 책임

예수의 죽음에 대해 이천 년 동안 이어져 온 질문이 있다. "누가
예수를 십자가에 못 박았는가?" 다시 말해서 "예수 처형의 책임은
누구에게 있는가?"이다. 콘스탄티누스 황제의 기독교 승인 이후 기독교
는 로마제국 전역에 뿌리를 내리게 되었고, 데오도시우스 황제에 이르러
서는 명실공히 로마제국의 국교가 되었다. 힘을 갖게 된 기독교는

유대교를 멀리하면서 배척했다. 기독교인들은 유대인들이 예수를 죽였다고 생각했고 반유대주의(anti-semitism)가 기독교인들의 마음속에 점점 크게 자리 잡게 되었다. 반유대주의가 표출된 대표적인 경우는 셰익스피어의 소설 『베니스의 상인』이다. 이 소설은 유대인의 배타적이고 탐욕스러운 마음을 부각해서 유대인에 대한 경멸감과 적대감을 키우는 데 일조했다. 반유대주의는 제2차 세계대전 중 히틀러의 나치 정권에 의해 행해진 유대인 대학살(holocaust)에서 절정을 이루었다. 과연 예수 죽음의 책임이 유대인에게 있을까?

복음서는 바리새파와 대제사장을 비롯한 유대교의 지도자들이 예수를 없앨 모의를 했고, 마침내 그를 고발해서 십자가 처형에까지 이르게 했다고 기록하고 있다. 성서 밖의 다른 문헌에서는 예수의 죽음을 어떻게 서술하고 있을까? 요세푸스는 다음과 같이 말한다. "그[예수]는 유대인과 많은 그리스 출신 사람 중에서 추종자를 얻었다. 빌라도가 우리[유대인] 지도자들의 고발로 그를 십자가형에 처했는데도, 이전에 그를 사랑하던 사람들은 그 일을 멈추지 않았다"(『유대 고대사』 18:62-63).

로마 역사가 타키투스는 다음과 같이 기록하고 있다. 로마에서 화재가 발생했을 때 네로 황제가 그리스도인들에게 누명을 씌워서 처벌했는데 "그들[그리스도인들]의 이름은 티베리우스 치하에서 총독 본디오 빌라도의 손에서 극형(extreme penalty)을 받았던 그리스도로부터 유래했다"(『연대기』 15.44). 바빌로니아 탈무드는 예수가 "마술을 행하고 이스라엘 백성을 배교하도록 유인해서 유월절 전날 교수형을 받았다"(산헤드린 43a)고 진술한다. 예수가 교수형을 받았다고 잘못 진술하고 있기는 하지만, 범죄로 인해 처형당했음을 기독교에 적대적인 유대교의 입장에서 말하고 있다.

복음서에는 예수와 바리새파 사람들이 논쟁하는 장면이 많이 있다. 그리고 그들을 잘난 척하는 위선자라고 비난한다. 그런데 그들은 바리새파 전체가 아니라 예수와 율법 규정에 대한 의견을 달리하는 율법 학파(아마도 샤마이 학파) 사람들이었다. 바리새파 사람 중에는 예수를 따르고, 대접하고, 그에게 위험이 다가왔을 때 피하라고 알려준 사람도 있었다. 예수를 죽음으로 몰아간 사람들은 대제사장 일파와 그들의 추종자들이었다. 그들은 예수를 죽이려고 치밀하게 모의하고, 제자 중 한 사람인 가룟 유다를 매수하고, 결국에는 로마 총독에게 정치범으로 고발하여 사형 판결을 받도록 유도했다.

예수를 비롯한 제자들은 모두 유대인이었다. 일부 유대인들, 즉 당시 유대교 지도자들에게 예수 죽음의 책임을 물을 수는 있으나 유대인 전체를 정죄할 수는 없다. 무엇보다도 예수를 십자가형에 처하는 최종 판결을 내리고 집행한 사람은 로마 총독 빌라도였다. 그래서 그리스도인의 신앙고백인 사도신경은 "본디오 빌라도에게 고난을 받으사"라고 분명하게 밝히고 있다. 예수 처형의 최종적인 책임은 로마 총독 빌라도에게 있다. 그러나 신앙의 눈으로 볼 때 예수를 십자가에 못 박은 사람은 그가 십자가를 질 수밖에 없도록 몰고 간, 죄에 빠진 우리 자신이다.

제 1 9 장

예수의 부활

1. 유대교의 부활 신앙

유대교의 부활 신앙은 하나님 신앙에 근거를 두고 있다. 하나님은 생명을 만드는 창조주이다. 하나님은 약속을 지키는 언약의 하나님이다. 언젠가는 하나님의 통치가 완성을 이룰 것이며, 하나님과의 언약을 잘 지킨 사람은 보상을 받을 것이다. 부활 신앙은 이스라엘의 회복이라는 민족적이고 종말론적 희망과 결부되어 있다. 호세아가 말한다. "이제 주님께로 돌아가자. 주님께서 우리를 찢으셨으나 다시 싸매어주시고, 우리에게 상처를 내셨으나 다시 아물게 하신다. 이틀 뒤에 우리를 다시 살려주시고, 사흘 만에 우리를 다시 일으켜 세우실 것이니, 우리가 주님 앞에서 살 것이다"(호 6:1-2). 호세아의 예언은 개인의 죽음과 부활이 아닌 이스라엘의 유배와 귀환, 징벌과 회복을 시사하는 것이다. 에스겔의 '마른 뼈들이 살아나는 환상'에서도 부활을 이스라엘의 회복에 견주어 말한다. "나 주 하나님이 이 뼈들에게 말한다. 내가 너희 속에 생기를 불어넣어, 너희가 다시 살아나게 하겠다. … 내 백성아, 내가 너희 무덤을 열고, 무덤 속에서 너희를 이끌어내고, 너희를 이스라엘 땅으로 들어가게 하겠다"(겔 37:5, 12). 하나님은 아담에게 생기를 불어넣어 살아나게 하신 것처럼 이스라엘을 새롭게 만드실 것이다. 그러므로 부활은 새로운 창조이다.

구약성서에서 개인의 부활은 이사야에서 처음 언급된다: "주님의 백성들 가운데서 죽은 사람들이 다시 살아날 것이며, 그들의 시체가 다시 일어날 것입니다. 무덤 속에서 잠자던 사람들이 깨어나서 즐겁게 소리칠 것입니다"(사 26:19). 다니엘도 다음과 같이 예언한다: "땅속 티끌 가운데서 잠자는 사람 가운데서도 많은 사람이 깨어날 것이다. 그들 가운데서, 어떤 사람은 영원한 생명을 얻을 것이며, 또 어떤 사람은 수치와 함께 영원히 모욕을 받을 것이다. 지혜 있는 사람은 하늘의 밝은 별처럼 빛날 것이요, 많은 사람을 옳은 길로 인도한 사람은 별처럼 영원히 빛날 것이다"(단 12:2-3).

예수 당시 사두개파를 제외한 유대인 대부분은 부활을 믿었고, 장차 메시아(유대인들은 예수를 메시아로 인정하지 않고 그들의 메시아를 기다리고 있다)가 올 때 다시 살아나서 그를 맞는 영광을 누리기를 소망했다. 그들은 메시아를 맞이하기 가장 좋은 장소라고 여겨지는 예루살렘 성 황금 문 앞에 있는 올리브산 묘지에 시신을 안장했고 그 경향은 오늘날까지 이어지고 있다. 바리새파 출신인 바울은 부활을 믿었고(행 23:6; 24:15), 부활에 관한 가장 상세한 가르침을 남겼다(고전 15장).

2. 부활에 대한 예수의 가르침

예수는 부활에 대해서 많이 언급하지는 않지만, 부활이 어떤 것이며, 부활 후의 모습은 어떤지에 대한 가르침을 주었다. 예수는 부활을 믿지 않는 사두개인과 논쟁하면서(막 12:18-27) 출애굽기 3장 6절을 인용한다: "하나님께서는 모세에게 말씀하시기를 '나는 아브라함의 하나님이요, 이삭의 하나님이요, 야곱의 하나님이다' 하시지 않으셨느냐? 하나님은 죽은 사람들의 하나님이 아니라, 살아 있는 사람들의 하나님이시다"(막 12:26-27). 이 말씀이 어떻게 부활이 있다는 근거가 될까? 아브라함이나 이삭이나 야곱은 이미 모세가 살기 훨씬 전에 죽었다. 그런데도 하나님이 그들의 하나님이라고 말하는 것은 그들이 죽은 상태에 있는 것이 아니라 다시 살아나서 하나님과 함께 있다는 것이다. 그러므로 죽은 자가 다시 살아나는 것, 즉 부활이 있다는 것이다.

전지전능하신 하나님을 믿는다면 어째서 하나님이 죽은 자를 살릴 수 있는 분이라는 것을 믿지 못하는가? 부활을 믿는다는 것은 곧 하나님의 전능하심을 믿는 것이다. 온 우주 만물과 인간을 창조하신 하나님께서 죽은 자도 살리시는 분이라는 것을 믿는 것이다. 그러므로 부활을 믿는 것은 하나님이 이 세상을 창조하셨다고 믿는 것과 같은 맥락에 있다. 믿음은 전능하신 하나님을 전적으로 신뢰하는 것이다. 예수는 또 말하기를 "하나님은 죽은 자의 하나님이 아니라 산 자의 하나님"이라고 한다. 이 말은 결코 하나님이 살아 있는 사람만 돌보고 죽은 사람은 상관치 않으신다는 말이 아니다. 산 자의 하나님이라는 말은 하나님은 살리시는 하나님이라는 말이다. 하나님은 생명을 주시는 분이며, 생명을 살리시는 분이다.

부활한 후에는 어떤 상태가 될까? 예수가 말한다: "사람이 죽은 사람들 가운데서 살아날 때에는, 장가도 가지 않고 시집도 가지 않고, 하늘에 있는 천사들과 같다"(막 12:25). 사도 바울도 우리가 부활할 때 영적으로 변화할 것이라고 말한다: "죽은 사람들의 부활도 이와

306 예수, 어느 갈릴리 랍비 이야기

같습니다. 썩을 것으로 심는데 썩지 않을 것으로 살아납니다. 비천한
것으로 심는데 영광스러운 것으로 살아납니다. 약한 것으로 심는데
강한 것으로 살아납니다. 자연적인 몸으로 심는데 신령한 몸으로 살아납
니다"(고전 15:42-44).

3. 부활 사건

예수의 부활에 관한 기록은 사복음서(막 16장; 마 28장; 눅 24장; 요
20-21장)와 사도행전(행 1:3-11), 고린도전서(고전 15:3-8)에 있다. 부활에
관한 최초의 진술은 50년대 초에 기록된 바울의 고린도전서에 나온다.
네 복음서에 나타난 예수의 부활 사건은 공통된 부분도 있으나 전승과
자료에 따라 각기 다르게 기록한 부분도 있다. 이런 점을 고려하여
예수의 부활을 시간의 흐름에 따라 열 단계로 재구성하면 다음과 같다.

첫째, 안식일 후 첫날, 즉 일요일 새벽에 막달라 마리아를 비롯한
여자들이 예수의 시신에 향료를 바르려고 그가 안장된 무덤에 갔다(마
28:1; 막 16:1-3; 눅 24:1; 요 20:1).

둘째, 여자들은 무덤 입구를 막았던 돌이 옮겨지고 예수의 시신이
없어진 사실을 알게 되었다(마 28:1-6; 막 16:4-6; 눅 24:2-3; 요 20:1-6).
막달라 마리아는 제자들에게 달려가서 예수의 시신이 없어졌다고 말했
다(요 20:2).

셋째, 베드로와 요한이 무덤에 달려와 보니 막달라 마리아의 말대로
무덤이 비어 있는 것을 보고 이상하게 여기며 자기들이 있던 곳으로
돌아갔다(요 20:3-10; 눅 24:12). 그들은 예수가 다시 살아나리라는 것을
생각하지 못했다.

넷째, 무덤으로 다시 돌아온 여자들은 청년을 만났는데 사실 그는 천사였다. 천사가 예수는 살아나셨고 갈릴리로 가셨다고 말했다(마 28:5-7; 막 16:4-7; 눅 24:2-7).

다섯째, 막달라 마리아를 비롯한 여자들은 부활하신 예수를 만났다 (마 28:9-10; 막 16:9; 요 20:11-17). 예수는 여자들에게 말하기를 제자들에게 가서 갈릴리에서 만나자고 전하라고 했다.

여섯째, 마리아를 비롯한 여자들은 남아 있는 열한 사도에게 예수의 부활 소식을 전했으나 그들은 믿으려 하지 않았다(막 16:10-11).

일곱째, 그날 오후 예수는 엠마오로 가던 제자 글로바에게 나타나 말을 건네고 성경을 가르쳐 주었다(눅 24:13-34). 부활하신 예수는 베드로에게도 나타났다(눅 24:35).

여덟째, 그날 저녁 예수는 예루살렘에 모여있던 열한 제자를 비롯한 여러 사람에게 나타나서 손과 발을 보여 주고, 구운 물고기로 식사를 했다(눅 24:33-43; 요 20:19-23). 이때 제자 중 도마는 자리에 없었다(요 20:24-25).

아홉째, 여드레 뒤에 예수는 제자들이 있는 곳에 나타나서 도마에게 손과 옆구리를 만져보라고 했다(요 20:26-29).

열째, 예수는 부활한 후 40일 동안 갈릴리에 나타나 제자들을 만났고 (요 21장; 행 1:3-5), 한 번에 오백 명이 넘는 사람들에게 나타났다(고전 15:6).

네 복음서의 부활 이야기는 공통된 내용도 있지만 서로 다른 내용도 있어서 하나의 줄거리로 엮기가 쉽지 않다. 여자들이 천사를 만나는 내용, 열한 제자들에게 부활 소식을 전하는 내용, 부활하신 예수를 만나는 내용 등을 다르게 진술하고 있다. 부활하신 예수를 처음 만난 사람은 누구였을까? 마가는 막달라 마리아라고 하고(막 16:9), 마태는 막달라 마리아와 다른 마리아라고 하고(마 28:1, 9), 누가는 특이하게도 베드로라고 하고(눅 24:34), 요한은 막달라 마리아라고 한다(20:14-16). 마가, 마태, 요한은 부활하신 예수를 처음 만난 사람이 막달라 마리아 또는 막달라 마리아를 비롯한 여인들이라고 하는데 왜 누가만 베드로라고 할까? 누가는 친 베드로 입장이 강하기 때문에 베드로를 두둔하거나 치켜세우는 경향이 있다. 그래서 여자들이 예수가 아닌 두 천사만을 만났다(눅 24:4)고 진술한 것으로 보인다. 마가는 여자들로부터 예수의 부활 소식을 들은 제자들이 믿으려고 하지 않았다고 진술하는데, 마가복음을 자료로 사용하고 있는 마태와 누가는 이 일을 언급하지 않는다. 아마도 베드로를 비롯한 남자 제자들이 처음에 예수의 부활을 믿지 않으려 했다는 사실을 덮으려고 한 것이 아닌지 하는 의구심이 생긴다.

여러 차이점에도 불구하고 부활 사건의 진술에는 서로 대치하지 않는 내용이 있다. 첫째, 네 복음서 모두 예수의 시신이 없어진 '빈 무덤'(empty tomb)을 언급한다. 둘째, 여자들은 천사를 만나서 예수의 부활 소식을 들었다. 셋째, 천사는 예수가 갈릴리로 가셨고 거기서 그를 만날 것이라고 말했다. 넷째, 예수의 부활을 처음 알고 제자들에게 그 소식을 전한 사람은 여자였다. 다섯째, 제자들은 예수가 살아났다는 말을 들었으나 믿으려 하지 않았다. 여섯째, 예수는 자신이 죽었다고 생각하고 있는 제자들에게 나타났다(appearance). 일곱째, 수백 명이나 되는 많은 사람이 부활하신 예수를 만났다.

4. 부활 사건에 대한 해석

예수의 부활 사건은 실제로 일어난 일인가 아니면 복음서 기자들이 꾸며낸 이야기인가? 어떻게 죽은 사람이 다시 살아난다는 말인가? 예수가 살아나는 장면을 본 사람도 없지 않은가? 이미 그 당시에 그런 의심을 하는 사람들이 있었다. 대제사장과 바리새파 사람들은 예수가 사흘 뒤에 살아날 것이라고 말한 것을 기억하고 있었다(마 27:62). 그들은 예수가 살아났다는 소문을 듣고 의논한 끝에 병사들을 매수해서 예수의 제자들이 밤중에 시체를 훔쳤다는 소문을 내라고 시켰다. 그래서 마태복음이 기록될 때 유대인들 사이에는 그런 소문이 퍼져있었다(마 28:11-15).

예수의 부활에 대한 해석은 기적에 대한 해석과 마찬가지로 여러 가지로 나타난다. 먼저 부활을 부정하는 견해가 있다. 죽은 사람이 다시 살아난다는 것은 자연의 법칙에 위배되므로 있을 수 없는 일이다. 예수의 부활 이야기는 복음서 기자들이 꾸며낸 것이다. 반대로 부활을 하나님이 일으키신 초자연적 사건으로 보는 것이다. 예수의 부활은 전능하신 하나님의 권능에 의해 일어난 사건이므로 과학적 또는 이성적으로 이해하기보다는 믿음으로 받아들여야 한다.

이와 다르게 합리적으로 해석하려는 시도도 있다. 몇 가지 예를 들자면 먼저 도난설(theft theory) 또는 기만설(deception theory)이 있다. 제자들이 예수의 시신을 몰래 훔쳐서 감추고 또는 예수의 시신이 없어졌음을 발견하고 예수가 부활했다고 소문을 퍼뜨린 것이다. 이 해석은 문제가 있다. 제자들은 무덤에서 시신이 없어졌고 예수가 살아났다는 말을 듣고도 믿지 않았다. 그런 그들이 예수가 살아났다고 거짓 소문을 퍼뜨렸다는 것은 납득하기 어렵다. 그리고 제자들이 거짓으로 지어낸 이야기에 목숨을 걸고 복음을 전파했다는 것이 가능하다고 여겨지지 않는다.

또 다른 해석으로 착각설(illusion theory) 또는 무덤 오인설(wrong tomb theory)이 있다. 막달라 마리아가 예수의 무덤이 아닌 다른 무덤으로 찾아가서 예수의 시신이 없으니까 부활했다고 믿게 되었다는 것이다. 이 설명도 설득력이 없다. 막달라 마리아를 비롯한 여자들은 예수의 십자가 사건부터 매장까지 지켜본 사람들이다. 그녀들이 새로 단장한 아리마대 요셉의 개인 무덤을 찾지 못하고 다른 무덤으로 갔다는 것은 있을 수 없는 일이다. 그리고 베드로와 요한은 예수의 시신이 없어졌다는 말을 듣고 곧바로 예수의 무덤으로 달려갔다. 또한 그들이 무덤을 잘못 찾아가서 그것이 비어 있는 것을 보고 예수가 부활했다고 외친다면, 예수 처형 관계자들이 예수의 시신이 있는 무덤을 보여 주고 반박할 수 있다.

합리적 해석 중 하나가 가사설(swoon theory)이다. 예수는 사실 죽었던 것이 아니라 기절했거나 혼수상태에 빠졌다가 소생(resuscitation)했다는 것이다. 이 해석도 문제가 많다. 우선 예수의 십자가 처형을 집행한 로마 병사들은 이런 일에 익숙한 전문가들이다. 예수의 옆구리를 창으로 찌르기까지 한 그들이 예수의 죽음을 확인하지 않았을 리가 없다. 만에 하나 예수가 극적으로 목숨을 부지하다가 무덤에서 소생했다고 하더라도 어떻게 채찍질과 못 박힘, 출혈, 십자가에 달림, 옆구리에 창 찔림과 같은 치명적인 상처를 입은 몸으로 바위를 밀어내고 나와서 그날로 제자들에게 갈 수 있었을까? 제자들은 만신창이가 되어 비틀거리는 스승을 보면서 살아도 산 것 같지 않은 처절한 모습에 슬픔과 아픔을 느꼈을지는 몰라도 기쁘고 감격스러운 마음이 갖지는 못했을 것이다. 또한 소생한 사람은 언젠가는 죽는다. 예수도 소생했다면 언젠가 죽음을 맞았을 텐데 그런 흔적은 어디에도 없다.

마지막으로 현대 학자들이 주장하는 환상설(hallucination, visionary theory)이다. 부활 사건은 실제로 일어난 역사적 사건(historical event)이 아니라 예수의 부활을 고대하던 제자들의 환상 속에 나타난 신앙의 사건(faith-event)이라는 것이다. 제자들이 환상 중에 본 예수의 부활이 이야기로 만들어지고, 시간이 흐르면서 줄거리가 생기고 살이 붙어서 복음서에 기록되기에 이르렀다. 복음서에서 예수 처형과 죽음까지는 역사성이 있지만, 부활 사건에 대해서는 역사성을 인정할 수 없다고 주장한다. 복음서의 기록에서 부활 부분을 전면적으로 부정하니 복음서 내용을 근거로 반박하기가 어렵다. 어떤 증거와 논리로 환상설을 반박할 수 있을까?

5. 부활 사건의 신빙성

예수의 부활은 역사적 신빙성이 있을까? 그것을 증명할 수 있을까? 예수의 부활을 증명할 수 있는 직접적인 증거는 없다. 그 당시 예수의 부활 장면을 사진으로 찍거나 영사기로 촬영한 것이 있을 리가 만무하고, 설령 있다고 해도 사람들은 믿으려 하지 않을 것이다. 왜냐하면 죽은 사람이 다시 살아난다는 것은 자연의 법칙에 어긋나기 때문이다. 확실한 증거가 없다면 합리적 추정은 할 수 있지 않을까? 정황 증거(circumstantial evidence)라는 것이 있다. 정황 증거란 사건의 진상을 간접적으로 추측하게 하는 근거를 말한다. 예수의 부활 사건에 대한 정황 증거를 찾아보자.

첫째, 예수는 십자가형을 받고 죽었다. 로마 병사들은 사형 집행 전문가답게 확실하게 예수를 사망에 이르게 했고 확인까지 했다. 예수가 분명히 죽었다면 가사설은 설득력을 잃게 된다. 소생이 가사 상태에 빠졌던 사람에게 일어나는 일이라면, 부활은 죽었던 사람에게 일어나는 일이기 때문이다.

둘째, 예수가 체포되었을 때 겁을 먹고 도망갔던 제자들이 돌변하여 예수의 부활을 담대하게 외쳤다. 그들은 이제 아무리 위협을 받아도, 눈앞에 죽음이 닥쳐도 겁을 먹지 않았다. 죽으면서까지도 신앙의 절개를 굽히지 않았다. 무엇이 그들을 그렇게까지 변하게 했을까? 답은 하나이다. 그들이 부활하신 예수를 만났기 때문이다(참고, 행 4:1-12).

셋째, 로마 총독과 유대 지도자들은 예수의 부활을 외치는 제자들 앞에서 왜 침묵할 수밖에 없었을까? 그들은 예수의 제자들 앞에 그의 시신을 내어놓고 입을 다물게 할 수 있었다. 그들이 그렇게 하지 못한 이유는 시신이 사라졌기 때문이다. 시신으로 무덤에 누웠던 예수가 살아나서 제자들에게 간 것이다.

넷째, 바울은 부활하신 예수를 만난 사람들이 아직도 생존하고 있음을 말하고 있다:

그리스도께서 성경대로 우리 죄를 위하여 죽으셨다는 것과, 무덤에 묻히셨다는 것과, 성경대로 사흘날에 살아나셨다는 것과, 게바에게 나타나시고 다음에 열두제자에게 나타났다고 하는 것입니다. 그 후에 그리스도께서는 한 번에 오백 명이 넘는 형제자매들에게 나타나셨는데, 그 가운데 더러는 세상을 떠났지만, 대다수는 지금도 살아 있습니다. 다음에 야고보에게 나타나시고, 그 다음에 모든 사도들에게 나타나셨습니다. 그런데 맨 나중에 달이 차지 못하여 난 자와 같은 나에게도 나타나셨습니다(고전 15:3-8).

고린도전서는 50년대 초반에 기록되었으니 예수 사건이 있은 지 20년 남짓 지났을 때이다. 십자가 사건을 기억하는 사람들이 아직 살아 있는 상황에서 예수의 부활을 증언한다는 것은 그것이 실제로 일어난 사건이라고 사람들이 인정하지 않고서는 할 수 없는 일이다. 사도 바울은 단호하게 말한다: "그리스도께서 살아나지 않으셨다면, 우리의 선포도 헛되고 여러분의 믿음도 헛될 것입니다"(고전 15:14).

다섯째, 부활 사건의 첫 목격자들은 유대 사회에서 증인으로 인정받을 수 없는 여자들이었다. 만일 복음서 기자들이 예수의 부활을 좀 더 신빙성 있는 사건으로 만들려면 믿을 수 있는 저명인사나 아니면 적어도 남자들에게 목격자의 역할을 주었어야 했다. 더욱이 베드로를 비롯한 남자 제자들이 여자들로부터 예수의 부활 소식을 들었다는 사실은 체면을 구기는 일이었다. 그러나 그것이 사실이기에 복음서 기자들은 그렇게 기록했다. 그러므로 복음서의 부활 사건 진술은 신빙성이 있다.

여섯째, 초대교회 선교 메시지의 핵심은 '예수의 부활'이었다(행 3:15; 5:30-31; 10:39-43; 롬 1:3-4). 다음은 예수와 줄곧 함께했던 베드로의 오순절 설교 내용이다:

여러분이 아시는 바와 같이, 나사렛 예수는 하나님께서 기적과 놀라운 일과 표징으로 여러분에게 증명해 보이신 분입니다. 하나님께서는 그를 통하여 여러분 가운데서 이 모든 일을 행하셨습니다. 이 예수께서 버림을 받으신 것은 하나님이 정하신 계획을 따라 미리 알고 계신 대로 된 일이지만, 여

러분은 그를 무법자들의 손을 빌어서 십자가에 못 박아 죽였습니다. 그러
나 하나님께서는 그를 죽음의 고통에서 풀어서 살리셨습니다(행 2:22-24).

예수의 메시지가 "하나님 나라가 가까웠으니 회개하라"였다면, 사도
들의 메시지는 "부활하신 예수 그리스도를 믿고 구원을 얻으라"였다.
사도들은 예수가 부활했다는 확신이 있었기에 복음 전파의 열정을 가질
수 있었고, 환란과 핍박을 이겨내는 용기와 희망을 얻을 수 있었다.

예수의 부활을 합리적으로 증명하거나 설명하기는 어렵다. 부활
사건은 하나님이 일으키신 경이로운 일이기 때문이다. 그것은 우리가
헤아리거나 미루어 짐작할 수 있는 사고의 능력과 범위를 넘어선다.
예수의 부활을 이해하는 바람직한 방법은 역사적 사실성을 규명하고
판단하는 것이 아니라, 하나님이 펼치시는 구원의 역사를 믿음으로
받아들이는 것이다. 히브리서 기자가 말한다. "믿음은 바라는 것들의
확신이요, 보이지 않는 것들의 증거입니다"(히 11:1).

6. 부활 신앙

예수의 십자가 죽음이 인간을 구원하시려는 하나님의 뜻의 관철이
라면, 예수의 부활은 인간을 구원하시려는 하나님의 뜻의 성취이다.
예수의 부활은 기독교의 가장 중요한 복음이다. "사도들은 큰 능력으로
주 예수의 부활을 증언하였고, 사람들은 모두 큰 은혜를 받았다"(행
4:33). 예수의 부활을 믿는 사람은 구원을 얻는다.

당신이 만일 예수는 주님이라고 입으로 고백하고, 하나님께서 그를 죽은 사

람들 가운데서 살리신 것을 마음으로 믿으면 구원을 얻을 것입니다(롬 10:9).

우리는 예수 그리스도를 주님이라고 고백하고, 세례를 통해 죄를 용서받고 그리스도와 연합한다. 그리스도와 연합한다는 것은 그리스도와 함께 죽고, 그리스도와 함께 산다는 것이다. 아담을 통해 죄와 죽음이 들어왔지만, 그리스도를 통해 은혜와 생명이 들어왔다. 예수의 부활은 장차 있을 우리의 부활을 보증하는 사건이다.

이제 그리스도께서는 죽은 사람들 가운데서 살아나셔서, 잠든 사람들의 첫 열매가 되셨습니다. 한 사람으로 말미암아 죽음이 들어왔으니, 또한 한 사람으로 말미암아 죽은 사람의 부활도 옵니다. 아담 안에서 모든 사람이 죽는 것과 같이, 그리스도 안에서 모든 사람이 살아나게 될 것입니다. 그러나 각각 제 차례대로 그렇게 될 것입니다. 첫째는 첫 열매이신 그리스도요, 그 다음은 그리스도께서 재림하실 때에 그리스도께 속한 사람들입니다(고전 15:20-23. 참고, 롬 6:8-9; 고전 15:51-53).

그리스도인은 예수 그리스도를 따라 죽음에서 생명으로 옮겨지는 삶을 산다. 지난날의 모든 허물과 죄를 그리스도의 십자가를 통해 씻어버리고, 하나님께서 주시는 새 생명과 은혜 안에서 장차 누릴 부활의 영광을 향해 나아간다. 부활의 소망을 가진 사람은 죽음을 두려워하지 않는다. 그 사람은 이미 죽음에서 생명으로 옮겨졌다. 우리는 그리스도의 부활에 힘입어 힘차게 외친다. "죽음을 삼키고서 승리를 얻었다. 죽음아, 너의 승리가 어디에 있느냐? 죽음아, 너의 독침이 어디에 있느냐?"(고전 15:54-55. 참고, 사 25:8; 호 13:14)

제 20 장

예수는 누구인가

1. 예수의 자기 이해

　예수가 제자들에게 물었다. "사람들이 인재(내)를 누구라고 하느냐?" 제자들이 대답했다. "세례자 요한이라고 하는 사람들도 있고, 엘리야라고 하는 사람들도 있고, 예레미야나 예언자들 가운데에 한 분이라고 하는 사람들도 있습니다." 예수가 다시 물었다. "그러면 너희는 나를 누구라고 하느냐?" 베드로가 대답했다. "선생님은 살아계신 하나님의 아들 그리스도십니다"(마 16:13-16). 예수는 당시 사람들로부터 랍비(선생님), 예언자, 다윗의 자손, 하나님의 아들, 그리스도(메시아)라고 불렸다. 예수는 자신이 누구이며, 자신의 사명이 무엇이라고 생각했을까?

　예수는 자신이 마지막 때에 하나님이 보내신 예언자라고 생각했다. 그래서 자신을 빗대어 예언자는 고향에서 존경을 받지 못하며(막 6:4), 예언자는 예루살렘에서 죽어야 한다고 말했다(눅 13:33). 그러나 그는 자신이 예언자 이상의 존재라고 생각했다. 그러면 예수는 자신이 메시아라고 생각했을까? 즉, 메시아 의식이 있었을까? 당시 유대인들은 하나님이 이스라엘의 독립을 위해 보낼 권능과 영광의 정치적 메시아를 기다렸다. 그러나 예수는 '고난받는 종'(사 53장)이라는 메시아 의식이 있었다.

그래서 자신이 메시아임을 공개적으로 주장하지 않았고, 자신을 메시아라고 부르는 것을 경계했다(막 8:29-30).

예수는 자신을 가리켜 '인자'(아람어 bar enash, 그리스어 ho huios tou anthropou, 사람의 아들)라는 호칭을 사용했다. 인자는 복음서에만 82회 나타나는데 예수의 말씀에만 나타나며, 예수의 유일한 자기 호칭이다. 구약성서에도 인자(히브리어 ben adam)라는 말이 쓰이는데 단순히 사람을 가리키는 말로 쓰이기도 하고(시 8:4; 144:3; 146:3), 하나님이 세우시는 예언자를 일컫기도 한다. 특히 에스겔은 자신에게 인자(사람)라는 호칭을 사용한다(겔 2:1; 36:1). 다니엘에는 인자가 권세와 영광을 지닌 묵시적 심판자로 나온다(단 7장).

예수가 자신에게 사용한 인자라는 호칭은 세 가지로 나누어 이해할 수 있다.

첫째, '권세의 인자'이다. 예수는 중풍 병자에게 "네 죄가 용서받았다"고 하면서 "인자가 땅에서 죄를 용서하는 권세를 가지고 있음을 너희에게 알려주겠다"(막 2:10)고 말한다. 예수는 "인자는 또한 안식일에도 주인이다"(막 2:28)라고 한다. 이 말은 모든 사람이 안식일의 주인이라는 말이 아니라, 권세를 지닌 예수 자신이 주인이라는 말이다.

둘째, '고난의 인자'이다. 예수는 인자가 반드시 고난을 받고, 배척을 받아, 죽임을 당하고 나서, 사흘 후에 살아나야 한다는 것을 제자들에게 가르쳤다(막 8:31; 9:31; 10:33). 이 말씀은 이사야 53장의 고난받는 종 이야기를 배경으로 한다. 예수는 자신이 세상에 온 목적을 인자의 운명으로 표현한다: "인자는 섬김을 받으러 온 것이 아니라 섬기러 왔으며, 많은 사람을 구원하기 위하여 치를 몸값으로 자기 목숨을 내주러 왔다"(막 10:45).

셋째, '심판의 인자'이다. "그때에 사람들이, 인자가 큰 권능과 영광에 싸여 구름을 타고 오는 것을 볼 것이다"(막 13:26; 14:62). 이 말씀은 다니엘 7장에 나오는 묵시적 통치자를 가리킨다. "내가 밤에 이러한 환상을 보고 있을 때 인자 같은 이가 오는데, 하늘 구름을 타고 와서 옛적부터 계신 분에게로 나아가 그 앞에 섰다. 예부터 계신 분이 그에게 권세와 영광과 나라를 주셔서, 민족과 언어가 다른 뭇 백성이 그를 경배하게 하셨다"(단 7:13-14). 예수는 자신을 인자라고 부름으로써 자신의 사명과 운명, 즉 하나님이 주신 권세로 병자를 고치고 하나님 나라의 복음을 전하는 사명, 사람들을 구하기 위해 고난받고 죽을 운명을 지니고 있음을 표명하고, 장차 심판자요 통치자로 다시 오겠다는 약속을 한 것이다.

예수는 자신이 하나님의 아들이라고 생각했을까? 고대 사회에서 왕이나 영웅이나 철학자는 하나님의 아들이라 불렸다. 구약성서에서는 천사(창 6:2, 4; 욥 1:6), 왕(시 2:7; 삼하 7:14), 이스라엘 백성(출 4:22; 호 11:1)이 하나님의 아들이라 불렸다. 예수는 자신과 하나님의 관계를 어떻게 생각했을까? 예수는 하나님과 자신이 특별히 가까운 관계라고 생각했다. 그는 하나님을 '아빠 아버지'라고 불렀으며, 기도를 통해 하나님의 뜻을 여쭈었고, "너는 내 사랑하는 아들이다"라는 하나님의 음성을 들었다. 예수는 이스라엘 백성 가운데 한 사람으로서의 아들이 아닌 하나님의 특별한 아들이라는 '고유의 아들 의식'(unique sonship)이 있었다. 예수는 자신이 하나님의 특별한 아들로 보냄을 받았다고 확신했다. 그래서 그의 말씀에 권위가 있었고, 행동에 권능이 있었다. 그러나 자신에게 있는 권위와 권능에도 불구하고 하나님의 뜻에 순종하여 묵묵히 고난의 길을 갔다.

예수는 포도원 농부의 비유(막 12:1-12)를 들려준다: 어떤 사람이 포도원을 만들어서 농부들에게 세를 주었다. 때가 이르러서 소출의 얼마를 받으려고 종을 보냈다. 그런데 농부들은 종을 때리고 빈손으로 돌려보냈다. 주인이 여러 차례 종들을 보냈으나 농부들은 계속해서 그들을 때리고 죽이기까지 했다. 주인이 내 사랑하는 아들은 존중하리라고 생각해서 아들을 보냈다. 그러자 농부들은 상속자를 없애고 포도원을 차지하려고 아들을 죽였다. 이에 진노한 포도원 주인이 직접 와서 농부들을 죽이고 포도원을 다른 사람들에게 줄 것이라는 이야기이다. 이 이야기에서 포도원 주인은 하나님, 포도원은 이스라엘 땅, 악한 농부들은 이스라엘 지도자들, 종들은 예언자들, 아들은 예수를 의미한다. 예수는 악한 포도원 농부의 비유를 통해 하나님의 사랑하는 아들인 자신이 고난과 죽임을 당할 것이며, 이스라엘의 지도자들에게 하나님의 무서운 징벌이 내려지리라는 것을 예고했다.

2. 예수는 누구인가?

예수는 이스라엘 백성과 불가분리의 관계에 있으며, 예수의 삶은 이스라엘 역사의 연속선상에서 이루어졌다. 이런 맥락에서 예수의 소명과 사명과 운명을 조명하면 다음과 같다.

창조주 하나님은 히브리 사람 아브라함을 택하여 그의 자손을 하나님의 백성으로 삼겠다고 언약을 맺으셨다. 그리고 그의 아들 야곱에게는 이스라엘이라는 이름을 주셨다. 하나님은 이집트에서 종살이하는 이스라엘 백성을 모세를 시켜 탈출하게 했고, 약속의 땅 가나안에 들어가서 살게 하셨다. 그러나 이스라엘은 스스로 강해지기 위해서 왕을 세웠고,

점차 하나님에 대한 절대적 신뢰와 의존에서 벗어났다. 그들은 불의를 행하고 하나님에게 불순종했다. 하나님은 예언자들을 보내 회개하라고 촉구했으나 이스라엘은 듣지 않았다. 실망한 하나님은 이스라엘을 외면하셨다. 하나님의 인도와 보호를 받지 못하는 이스라엘은 결국 파멸을 맞았고, 그 백성은 포로로 끌려가는 신세가 되었다. 하지만 이스라엘 백성이 겪는 고난을 보신 하나님은 그들을 포로 생활에서 벗어나게 하고 다시 유대 땅으로 불러들이셨다. 이스라엘 백성은 이제 유대인이라 불리게 되었다. 그러나 백성은 또다시 하나님을 등지고 불의와 불순종의 길을 걸었다.

하나님은 당신의 사랑하는 아들을 보내기로 계획하고, 하나님의 영 곧 성령으로 그에게 임하셨다. 성령은 하나님의 창조 사역에 참여했고, 이스라엘 백성이 방황하고 시련을 겪을 때마다 도와주고 인도했으며, 예언자들에게 임해서 말씀을 선포하게 한 하나님의 영이시다. 예수는 성령의 능력에 힘입어 병을 고치고 기적을 행했고, 진리를 깨닫는 통찰력과 지혜가 있었다. 예수는 곧 하나님이 역사에 직접 개입해서 통치하시리라는 기대에 찬 확신이 있었다. 그는 임박한 하나님 나라의 도래를 선포하며 회개하라고 촉구했으나 백성은 예수의 여망에 부응하지 않았다. 예수는 유대교의 심장부인 예루살렘 성전에 가서 숙정을 시도했다. 그는 자신이 죽음을 향해 가고 있으며, 그것이 하나님의 뜻이라는 것을 알고 있었다. 마침내 예수는 십자가의 죽음을 맞았으며, 하나님은 그의 죽음을 통해 백성의 죄를 용서하셨다. 그리고 하나님은 예수를 죽은 자 가운데서 다시 살아나게 하셨고, 그리스도를 믿는 모든 사람은 부활의 소망을 갖게 되었다.

예수의 사역은 대략 네 단계로 진행되었다. 세례-치유-선포-개혁.

이 단계에 따라 예수에게 칭호를 붙이자면, 세례자 예수(Jesus the Baptizer)-치유자 예수(Jesus the Healer)-선포자 예수(Jesus the Proclaimer) -개혁자 예수(Jesus the Reformer)라고 할 수 있다. 예수는 임박한 하나님 나라(통치) 앞에서 회개할 것을 선포했으며, 형식적인 율법주의를 타파하고 하나님 앞에서 바른 마음과 자세를 가지라고 촉구했다. 그는 가난하고 병든 사람들, 사회적으로 천대받고 소외된 사람들에게 각별한 관심과 애정이 있었다. 예수의 선교 활동은 '종말론적 회개 운동'이다. 언제 들이닥칠지 모르는 하나님의 통치 앞에서 깨어 준비하고 있어야 한다. 예수의 사역은 또한 '종말론적 공동체 운동'이라고 할 수 있다. 예수는 혈연과 지연, 계급과 인종의 울타리에서 벗어나 하나님의 가족, 즉 하나님의 뜻을 따르는 사람들로 이루어진 공동체를 이루려고 했다. 그것은 식탁 친교를 하는 밥상 공동체요, 사랑과 평등과 나눔의 공동체이다.

예수는 어떤 분인가? 예수를 누구라고 정의할 수 있을까? 이천 년에 걸쳐 수많은 사람이 자신의 경험 또는 탐구를 통해서 예수가 누구인지 정의하고 설명하려고 시도했다. 그중 대표적인 것을 뽑으면 다음과 같다:

계몽주의의 영향 아래에서 예수는 '도덕 교사'(moral teacher)로 이해되었다. 예수는 인간이 도덕적 삶을 살도록 깨우쳐 준 분이라는 것이다. 역사적 예수 연구에 큰 이정표를 세운 슈바이처는 예수를 임박한 종말을 믿고 선포한 '묵시적 예언자'(apocalyptic prophet)라고 정의했다. 그의 영향으로 많은 사람이 예수를 '종말론적 예언자'(eschatological prophet)로 보았다. 예수의 활동을 정치적으로 해석해서 그를 열심당과 노선을 같이 한 '정치적 혁명가'(political revolutionary)로 보기도 하고, 다른 한편으로 무기력하고 부패한 유대교의 혁신을 시도한 '종교적 개혁자'(religious reformer)라고도 한다. 해방의 신학자들은 예수가 사회적 약자들을 억압과 착취와 빈곤과 질병에서 벗어나게 한 '해방자'(liberator)로 조명한다. 예수를 치유와 기적의 능력을 지닌 '은사의 성자'(charismatic holy man)로 보기도 하고, 이와는 달리 예수를 '유랑의 현자'(wandering wise man, itinerant cynic)로 생각하기도 한다.

"예수는 누구인가?"라는 질문에 대한 수많은 답변은 나름대로 일리가 있고 수긍이 가는 점도 있다. 그러나 예수를 부분적으로 또는 편향적으로 보았지 전체적이고 균형 잡힌 그림을 그리지는 못한 것 같다. 마치 장님이 코끼리의 한 부분을 만져보고 전체적인 생김새를 묘사하는 것 같다는 생각이 든다. 헤아릴 수 없이 너무나 큰 분을 사람의 작은 생각에 담으려 한 것이 아닌지 하는 생각이 든다.

"예수는 그리스도다"라는 말이 가장 간결하면서도 정확하게 예수가 누구인지를 정의하는 말이다. 그리스도는 구세주를 의미한다. 그러므로 '예수 그리스도'라는 말은 예수가 세상의 구세주라는 신앙고백이 된다. 그리스도, 즉 메시아라는 말은 원래 '기름 부음을 받은 자'라는 뜻이다. 예수는 하나님으로부터 기름 부음을 받은 분이다. 성서에는 기름을 부어서 세우는 직분이 셋 있는데, 왕과 예언자와 제사장이다. 예수는 이 세 직분을 온전히 수행했다.

첫째, 예수는 '제왕적 메시아'(kingly Messiah)이다. 예수는 다윗 왕의 후손이며, 그의 말씀에는 권위가 있었고, 행함에는 능력이 있었다. 하지만 그는 높은 자리에서 군림하는 왕이 아니라 낮은 자리에서 섬기는 왕이다. 그는 전쟁의 왕이 아니라 평화의 왕이고, 억누르는 왕이 아니라 보살피는 왕이다. 예수는 예루살렘에 입성할 때 높은 말을 타고 위풍당

당하게 들어가지 않고 어린 나귀를 타고 낮은 자세로 들어갔다. 험난한 십자가의 길을 묵묵히 걸었다. 그러나 가장 강한 세력인 죽음을 이기고 부활했다.

둘째, 예수는 '예언자적 메시아'(prophetic Messiah)이다. 예언자는 그리스어로 '프로페테스'(prophetes)인데 미래의 일을 미리 말하는 사람을 일컫는다. 그런데 예언자라고 번역되는 히브리어 '나비'(nabi)는 원래 '대언자'(대변인)라는 말이다. 이스라엘의 예언자들은 하나님의 대언자로서 아무도 두려워하지 않고 담대하게 하나님의 말씀을 전했다. 예수는 예언자 전통을 이어받은 분이다. 성서의 예언서 중에서 특히 이사야, 엘리야, 에스겔, 스가랴는 예수가 사명감을 지니고 대망을 품는 데 지대한 역할을 했다. 예수는 앞서간 예언자들의 말과 행동을 본으로 삼아 자신이 해야 할 일을 결연히 실행했다.

셋째, 예수는 '제사장적 메시아'(priestly Messiah)이다. 예수는 세례를 주며 죄의 용서를 선언했고, 병을 고칠 때도 먼저 죄를 용서했다. 죄를 용서한다고 선언할 수 있는 사람은 제사장뿐이다. 예수는 하나님의 거처인 성전을 거룩하고 정결하게 지키기 위해 성전을 어지럽히는 장사꾼들을 몰아냈다. 예수는 제사장의 역할을 했을 뿐만 아니라 자신의 몸을 희생제물로 바쳐 사람들이 지은 죄를 용서받게 했다. 그가 마음 깊이 품었던 이사야의 '고난받는 종'의 희생적인 모습은 바로 제사장인 예수가 자신을 제물로 바치는 모습이었다.

무엇보다도 예수는 '하나님이 함께하시는 분', 곧 '임마누엘'이다(마 1:23). 다른 말로 표현하자면 예수는 '하나님이 나타나신 분', 곧 '하나님의 현현(顯現, epiphany)'이다. 요한복음에 다음과 같이 기록되어 있다. "일찍이, 하나님을 본 사람은 아무도 없다. 아버지의 품속에 계신 외아들이신 하나님께서 하나님을 알려주셨다"(요 1:18). 우리는 예수를 봄으로써 하나님을 본다. 왜냐하면 "그 아들은 보이지 않는 하나님의 [보이는] 형상"이시기 때문이다(골 1:15). 우리는 예수를 그리스도로 믿음으로써 그분을 보내주신 하나님을 믿는다. 예수는 살아계신 영으로 우리와 함께하신다. 우리는 예수를 만남으로써 하나님을 만난다.

신앙생활은 지금은 희미하게 보이는 예수상을 붙잡으려고 열심히 달려가는 경주라고도 할 수 있다(빌 3:12-14). 꾸준히 달리다 보면 언젠가 예수를 만나고 그 환하고 뚜렷한 모습을 보게 될 것이다. 사도 바울의 말씀대로 "지금은 우리가 거울 속에서 영상을 보듯이 희미하게 보지만, 그때는 우리가 얼굴과 얼굴을 마주 볼 것입니다. 지금은 내가 부분밖에 알지 못하지만, 그때는 하나님께서 나를 아신 것과 같이 내가 온전히 알게 될 것입니다"(고전 13:12).

3. 예수 그리스도와 구원

사도들이 감옥에 갇혀 있을 때 큰 지진이 일어나자 간수가 무서워 떨면서 바울과 실라에게 물었다. "두 분 사도님, 내가 어떻게 해야 구원을 얻을 수 있습니까?" 그들이 대답했다. "주 예수를 믿으시오. 그리하면 그대와 그대의 집안이 구원을 얻을 것입니다"(행 16:31). 예수 그리스도는 어떻게 우리를 구원하시는가? 우리는 이미 구원을 받았는가 아니면 장차 구원을 받을 것인가? 어떤 사람이 예수에게 물었다. "선생님, 내가 무엇을 해야 영생을 얻겠습니까?" 예수가 대답한다. "재물을 가진 사람이 하나님 나라에 들어가기는 참으로 어렵다." 그가 다시 묻는다. "그렇다면, 누가 구원을 얻을 수 있겠습니까?"(눅 18:18-30).

이 대화를 보면 '영생을 얻는 것'과 '하나님 나라에 들어가는 것'과 '구원을 얻는 것'이 같은 뜻으로 쓰이고 있다. 구원은 포괄적이고 추상적인 개념이고 그 안에 여러 개별적이고 구체적인 개념이 들어 있다. 구원은 현재의 구원과 미래의 구원으로 나눌 수 있다.

현재의 구원은 예수 그리스도의 삶과 십자가 사건을 통해 이미 이루어진 구원이다. 첫째, 구원은 '죄의 용서'(贖罪 또는 代贖)이다. 그리스도는 희생제물이 되어 우리를 대신해서 죽음으로써 우리의 죄를 용서받게 하셨다. "그는 자기를 희생제물로 드려서 죄를 없이하시기 위하여 시대의 종말에 단 한 번 나타나셨습니다"(히 9:26). 둘째, 구원은 '의롭다고 인정받는 것'(稱義 또는 義認)이다. 우리는 하나님의 은혜로 그리스도 안에서 믿음을 통해 의롭다고 인정받는다. "사람은, 그리스도 예수 안에서 얻는 구원으로 말미암아, 하나님의 은혜로 값없이 의롭다는 선고를 받았습니다"(롬 3:24). 셋째, 구원은 하나님과의 '화해'이다. 인간의 죄로 인해 하나님과의 사이가 멀어졌으나 중보자이신 그리스도를 통해 하나님과 인간이 화해하게 되었다. "우리가 하나님의 원수일 때에도 하나님의 아들의 죽으심으로 말미암아 하나님과 화해하게 되었다면, 화해한 우리가 하나님의 생명으로 구원을 얻으리라는 것은 더욱더 확실한 일입니다"(롬 5:10). 넷째, 구원은 '해방'이다. 그리스도는 억압과 가난과 질병으로 고통받는 사람들을 해방시키셨다. "주님께서 나를 보내셔서, 포로 된 사람들에게 해방을 선포하고, 눈먼 사람들에게 눈뜸을 선포하고, 억눌린 사람들을 풀어주고, 주님의 은혜의 해를 선포하게 하셨다"(눅 4:18-19).

미래의 구원은 예수 그리스도의 재림과 심판, 그리스도인의 부활과 영생으로 이어지는 장차 이루어질 구원이다. 첫째, 구원은 '영생을 얻는 것'이다. 그리스도를 믿는 사람은 멸망하지 않고 부활하여 영생을 얻는다. "그분[그리스도]은… 우리의 비천한 몸을 변화시키셔서, 자기의 영광스러운 몸과 같은 모습이 되게 하실 것입니다"(빌 3:21), "하나님께서 세상을 이처럼 사랑하셔서 외아들을 주셨으니, 이는 그를 믿는 사람마다 멸망하지 않고 영생을 얻게 하려는 것이다"(요 3:16). 둘째, 구원은 '하나님의 심판을 받지 않는 것'이다. "하나님께서 아들을 세상에 보내신 것은, 세상을 심판하시려는 것이 아니라, 아들을 통하여 세상을 구원하시려는 것이다"(요 3:17). 예수는 "장차 내릴 진노에서 우리를 건져 주실"(살전 1:10) 분이다. 셋째, 구원은 죄와 타락으로 인해 잃었던 '하나님의 형상을 회복하는 것'이다. 이것을 동방 기독교에서는 '신화'(神化, deification), 서방 기독교에서는 '성화'(聖化, sanctification) 또는 '영화'(榮化, glorification)라고 부른다. 신화 또는 성화의 목적은 그리스도를 닮아가고, 궁극적으로 그리스도와 연합하는 것이다. "우리는 모두 너울을 벗어버리고 주님의 영광을 바라봅니다. 이렇게 해서, 우리는 주님과 같은 모습으로 변화하여 점점 더 큰 영광에 이르게 됩니다"(고후 3:18).

누가 그리스도인에게 "당신은 **구원을 받았습니까?**"라고 물으면 "네, 나는 예수 그리스도를 통해서 구원을 받았습니다"라고 대답한다. 그리고 또 "당신은 **구원을 받을 것입니까?**"라고 물으면 "네, 나는 예수 그리스도를 힘입어 구원을 받을 것입니다"라고 대답한다. 예수 그리스도를 믿는 사람은 이미 구원을 받았고 또 장차 구원을 받을 것이다. 그리스도인은 '구원의 확신'과 '구원의 소망'을 지니고 이 세상을 살아가는 사람이다.

참고문헌

Allison, Dale C. *Jesus of Nazareth: Millenarian Prophet*. Minneapolis: Fortress, 1998.

_____. *The Historical Christ and the Theological Jesus*. Grand Rapids: Eerdmans, 2009.

_____. *Constructing Jesus: Memory, Imagination, and History*. Grand Rapids: Baker Academic, 2010.

Bailey, Kenneth E. *Jesus Through Middle Eastern Eyes: Cultural Studies in the Gospels*. Downers Grove: IVP Academic, 2008.

Banks, Robert. *Jesus and the Law in the Synoptic Tradition*. Cambridge: Cambridge University, 2005.

Bartholomew, Craig G. and Michael W. Goheen. *The Drama of Scripture: Finding Our Place in the Biblical Story*. Second Edition. Grand Rapids: Baker Academic, 2014.

Beale, G. K. and D. A. Carson, eds. *Commentary on the New Testament Use of the Old Testament*. Grand Rapids: Baker Academic, 2007.

Becker, Jürgen. *Jesus of Nazareth*. New York & Berlin: Walter de Gruyter, 1998.

Betz, Hans Dieter. *The Sermon on the Mount*. Minneapolis: Fortress, 1995.

Bilde, Per. *The Originality of Jesus: A Critical Discussion and a Comparative Attempt*. Göttingen & Bristol: Vandenhoeck & Ruprecht, 2013.

Black, C. Clifton. *The Lord's Prayer*. Louisville: Westminster John Knox, 2018.

Blomberg, Craig L. *Jesus and the Gospels: An Introduction and Survey*. Second Edition. Nashville: B&H Academic, 2009.

Bock, Darrell L. and Robert L. Webb. eds. *Key Events in the Life of the Historical Jesus: A Collaborative Exploration of Context and Coherence*. Grand Rapids & Cambridge: William B. Eerdmans, 2010.

Bockmuehl, Marcus. *This Jesus: Martyr, Lord*, Messiah. Downers Grove: InterVarsity, 1996.

_____, ed. *The Cambridge Companion to Jesus*. Cambridge & New York: Cambridge University, 2001.

Borg, Marcus J. *Jesus, A New Vision: Spirit, Culture, and the Life of Discipleship*. Cambridge & New York: Harper & Row, 1987.

_____. *Conflict, Holiness, and Politics in the Teachings of Jesus*. Harrisburg: Trinity

Press International, 1998.

Borg, Marcus J. & John Dominic Crossan. *The First Christmas: What he GospelReally Teach About Jesus's Birth*. New York: Harper One, 2007.

_____. *The Last Week: What the Gospels Really Teach about Jesus's Final Days in Jerusalem*. New York: HarperOne,2006.

Boyarin, Daniel. *The Jewish Gospels: The Story of the Jewish Christ*. New York: New Press, 2013.

Bryan, Christopher. *The Resurrection of the Messiah*. Oxford & New York: Oxford University, 2011.

Bryan, Steven M. *Jesus and Israel's Traditions of Judgement and Restoration*. New York: Cambridge University Press, 2002.

Burridge, Richard A. *Imitating Jesus: An Inclusive Approach to New Testament Ethics*. Grand Rapids & Cambridge: Eerdmans, 2007.

Casey, Maurice. *Jesus of Nazareth: An Independent Historian's Account of His Life and Teaching*. London & New York: T&T Clark International, 2010.

Charlesworth, James H., ed. *Jesus Research: New Methodologies and Perceptions*. Grand Rapids & Cambridge: Eerdmans, 2014.

Charlesworth, James H. and Petr Pokorný, eds. *Jesus Research: An International Perspective*. Grand Rapids & Cambridge: Eerdmans, 2009.

Chalmers, Aaron. *Exploring the Religion of Ancient Israel: Prophet, Priest, Sage & People*. Downers Grove: IVP Academic, 2012.

Chilton, Bruce. *Pure Kingdom: Jesus' Vision of God*. Grand Rapids: Eerdmans, 1996.

_____. *Rabbi Jesus: An Intimate Biography*. New York: Doubleday, 2000.

Chilton, Bruce and Craig A. Evans, eds. *Studying the Historical Jesus: Evaluations of the State of Current Research*. Leiden·New York·Köln: Brill, 1994.

Collins, John J. and Daniel C. Harlow, eds. *Early Judaism: A Comprehensive Overview*. Grand Rapids & Cambridge: Eerdmans, 2012.

Collins, John J. and Daniel C. Harlow, eds. *The Eerdmans Dictionary of Early Judaism*. Grand Rapids & Cambridge: Eerdmans, 2010.

Cooke, Bernard J. *God's Beloved: Jesus' Experience of the Transcendent*. Lima: Academic Renewal, 2003.

Crossan, John Dominic. *The Historical Jesus: The Life of Mediterranian Jewish Peasant*. New York: HarperSanFrancisco, 1991.

_____. *Jesus: A Revolutionary Biography*. New York: HarperSanFrancisco, 1994.

Dapaah, Daniel S. *The Relationship between John the Baptist and Jesus of Nazareth:*

A Critical Study. Lanham: University Press of America, 2005.

Donne, Anthony Le. *Historical Jesus: What Can We Know and How Can We Know It?* Grand Rapids & Cambridge: Eerdmans, 2011.

Dunn, James D. G. *Jesus Remembered.* Christianity in the Making, vol. 1. Grand Rapids & Cambridge: Eerdmans, 2003.

Dunn, James D. G. and Scot McKnight, eds. *The Historical Jesus in Recent Research.* Winona Lake: Eisenbrauns, 2005.

Ehrman, Bart D. *Jesus: Apocalyptic Prophet of the New Millennium.* New York: Oxford University, 1999.

_____, Craig A. Evans, and Robert B. Stewart. *Can We Trust the Bible on the Historical Jesus?* Louisville: Westminster John Knox, 2020.

Evans, Craig A. *Jesus and His Contemporaries: Comparative Studies.* Boston & Leiden: Brill Academic, 2001.

_____. *Jesus and His World: The Archaeological Evidence.* Louisville: Westminster John Knox, 2012.

_____, ed. *The Historical Jesus: Critical Concepts in Religious Studies.* 4 vols. London & New York: Routledge, 2004.

Evans, Craig A. and David Mishkin, eds. *A Handbook on the Jewish Roots of the Christian Faith.* Peabody: Hendrickson, 2019.

Evans, Craig A. and N. T. Wright. *Jesus, the Final Days: What Really Happened.* Louisville: Westminster John Knox, 2009.

Eve, Eric. *The Healer from Nazareth: Jesus' Miracles in Historical Context.* London: SPCK, 2009.

Falk, Harvey. *Jesus the Pharisee.* Eugene: Wipf & Stock, 2003.

Fiensy, David A. *The Archaeology of Daily Life: Ordinary Persons in Late Second Temple Israel.* Eugene: Cascade Books, 2020.

Fiensy, David A. and James R. Strange, eds. *Galilee in the Late Second temple and Mishnaic Periods.* 2 vols. Minneapolis: Fortress, 2014.

Flusser, David. *The Sage from Galilee: Rediscovering Jesus' Genius.* Grand Rapids & Cambridge: William B. Eerdmans, 2007.

France, R. T. *Jesus and the Old Testament: His Application of Old TestamentPassages to Himself and His Mission.* Vancouver: Regent College, 1998.

Fredriksen, Paula. *Jesus of Nazareth, King of the Jews: A Jewish Life and the Emergence of Christianity.* New York: Vintage Books, 1999.

Freed, Edwin D. *The Stories of Jesus' Birth: A Critical Introduction.* Sheffield: Sheffield

Academic, 2001.

Freyne, Sean. *Jesus, A Jewish Galilean: A New Reading of the Jesus-Story.* London & New York: T & T Clark International, 2004.

Friedman, Richard Elliott. *The Disappearance of God: A Divine Mystery.* Boston & New York: Little, Brown and Co., 1995.

Gleaves, G. Scott. *Did Jesus Speak Greek?: The Emerging Evidence of Greek Dominance in First-Century Palestine.* Eugene: Pickwick, 2015.

Gnilka, Joachim. *Jesus of Nazareth: Message and History.* Peabody: Hendrickson, 1997.

Grabbe, Lester L. *Judaic Religion in the Second Temple Period: Belief and Practice from the Exile to Yavneh.* London & New York: Routledge, 2000.

Green, Joel B., J. K. Brown and N. Perrin, eds. *Dictionary of Jesus and the Gospels.* Second Edition. Nottingham: Inter-Varsity, 2013.

Green, Joel B. and Lee Martin McDonald, eds. *The World of the New Testament: Cultural, Social, and Historical Context.* Grand Rapids: Baker Academic, 2013.

Hays, Richard B. Reading Backwards: *Figural Christology and the Fourfold Gospel Witness.* Waco: Baylor University, 2014.

Hengel, Martin and Anna Maria Schwemer. *Jesus and Judaism.* Waco: Baylor University, 2019.

Henze, Matthias. *Mind the Gap: How the Jewish Writings between the Old and New Testament Help Us Understand Jesus.* Minneapolis: Fortress, 2017.

Hezser, Catherine, ed. *The Oxford Handbook of Jewish Daily Life in Roman Palestine.* Oxford: Oxford University, 2010.

Horsley, Richard A. *The Prophet Jesus and the Renewal of Israel: Moving Beyond a Diversionary Debate.* Grand Rapids & Cambridge: Eerdmans, 2012.

_____. *Jesus and the Politics of Roman Palestine.* Columbia: University of South Carolina, 2014.

Hurtado, Larry W. and Paul L. Owen, eds. '*Who is This Son of Man?': The Latest Scholarship on a Puzzling Expression of the Historical Jesus.* London & New York: Bloomsbury, 2012.

Jeremias, Joachim. *The Eucharistic Words of Jesus.* London: SCM, 1966.

_____. *New Testament Theology: The Proclamation of Jesus.* New York: Charles Scribner's Sons, 1971.

Johnson, Luke T. *The Real Jesus: The Misguided Quest for the Historical Jesus and the Truth of the Traditional Gospels*. New York: HarperCollins, 1996.

Keith, Chris. *Jesus' Literacy: Scribal Culture and the Teacher from Galilee*. London & New York: Bloomsbury, 2011.

Keith, Chris and Anthony Le Donne, eds. *Jesus, Criteria, and the Demise of Authenticity*. London & New York: T&T Clark, 2012.

Keith, Chris and Larry W. Hurtado, eds. *Jesus among Friends and Enemies: A Historical and Literary Introduction to Jesus in the Gospels*. Grand Rapids: Baker Academic, 2011.

Kohn, Risa Levitt and Rebecca Moore. *A Portable God: The Origin of Judaism and Christianity*. Lanham: Rowman & Littlefield, 2007.

LaCocque, André. *Jesus the Central Jew: His Time and His People*. Atlanta: SBLPress, 2015.

Licona, Michael R. *The Resurrection of Jesus: A New Historiographical Approach*. Downers Grove & Nottingham: IVP Academic & Apollos, 2010.

Lohfink, Gerhard. *Jesus of Nazareth: What He Wanted, Who He Was*. Collegeville: Liturgical, 2012.

Luff, Rosemary Margaret. *The Impact of Jesus in First-Century Palestine: Textual and Archaeological Evidence for Long-Standing Discontent*. Cambridge & New York: Cambridge University, 2019.

Marcus, Joel. *John the Baptist in History and Theology*. Columbia: University of South Carolina, 2018.

McDonald, Lee Martin. *The Story of Jesus in History and Faith: An Introduction*. Grand Rapids: Baker Academic, 2013.

McKnight, Scot. *Jesus and His Death: Historiography, the Historical Jesus, and Atonement Theory*. Waco: Baylor University, 2005.

Meier, John P. *A Marginal Jew: Rethinking the Historical Jesus*. 5 vols. New York: Doubleday, 1991-2016.

Meyer, Ben F. *The Aims of Jesus*. Eugene: Pickwick, 2002.

Millard, Alan. *Reading and Writing in the Time of Jesus*. New York: New York University, 2000.

Moyise, Steve. *Was the Birth of Jesus according to Scripture?* Eugene: Cascade Books, 2013.

_____. *Jesus and Scripture: Studying the New Testament Use of the Old Testament*. Grand Rapids: Baker Academic, 2010.

Oakman, Douglas E. *Jesus and the Peasants*. Eugene: Cascade Books, 2008.

Pate, C. Marvin, et al. *The Story of Israel: A Biblical Theology*. Downers Grove: InterVarsity, 2004.

Pennington, Jonathan T. *Reading the Gospels Wisely: A Narrative and Theological Introduction*. Grand Rapids, Baker Academic, 2012.

Perrin, Nicholas. *Jesus the Temple*. Grand Rapids: Baker Academic, 2010.

_____. *Jesus the Priest*. Grand Rapids: Baker Academic, 2018.

Pitre, Brant. *Jesus and the Last Supper*. Grand Rapids: Eerdmans, 2015.

Powell, Mark A. *Jesus as a Figure in History: How Modern Historians View the Man from Galilee*. Louisville & London: Westminster John Knox, 1998.

Powery, Emerson B. *Jesus Reads Scripture: The Function of Jesus' Use of Scripture in the Synoptic Gospels*. Leiden & Boston: Brill, 2003.

Puig i Tàrrech, Armand. *Jesus: A Biography*. Waco: Baylor University Press, 2011.

Sanders, E. P. *Jesus and Judaism*. Philadelphia: Fortress, 1985.

_____. *The Historical Figure of Jesus*. London & New York: Penguin Books, 1993.

Schipper, Bernd U. *A Concise History of Ancient Israel: From the Beginnings Through the Hellenistic Era*. University Park: Eisenbrauns, 2019.

Schnabel, Eckhard J. *Early Christian Mission*. 2 vols. Downers Grove: InterVarsity, 2004.

_____. *Jesus in Jerusalem: The Last Days*. Grand Rapids: Eerdmans, 2018.

Schottroff, Luise and Wolfgang Stegemann. *Jesus and the Hope of the Poor*. Maryknoll: Orbis, 1986.

Schröter, Jens. *Jesus of Nazareth: Jew from Galilee, Savior of the World*. Waco: Baylor University, 2014.

Schweitzer, Albert. *The Quest of the Historical Jesus*. First Complete Edition, edited by John Bowden. Minneapolis: Fortress, 2001.

Shelton, W. Brian. *Quest for the Historical Apostles: Tracing Their Lives and Legacies*. Grand Rapids: Baker Academic, 2018.

Silva, Moisés. *The Essential Companion to Life in Bible Times: Key Insights for Reading God's Word*. Grand Rapids: Zondervan, 2011.

Soulen, Richard N. *Defining Jesus: The Earthly, the Biblical, the Historical, and the Real Jesus, and How Not to Confuse Them*. Eugene: Cascade Books, 2015.

Stanton, Graham. *The Gospels and Jesus*. Second Edition. Oxford: Oxford University, 2002.

Strauss, Mark L. *Four Portraits, One Jesus: A Survey of Jesus and the Gospels*. Grand Rapids: Zondervan, 2007.

Swartley, Willard M. *Israel's Scripture Traditions and the Synoptic Gospels: Story Shaping Story*. Peabody: Hendrickson, 1994.

Talbert, Charles H. *Reading the Sermon on the Mount: Character Formation and Decision Making in Matthew* 5-7. Grand Rapids: Baker Academic, 2004.

Tan, Kim H. *The Zion Traditions and the Aims of Jesus.* New York: Cambridge University, 1997.

Tom, Holmen and Stanley E. Porter, eds. *Handbook for the Study of the Historical Jesus.* 4 vols. Leiden & Boston: Brill, 2011.

Twelftree, Graham H. *Jesus the Miracle Worker: A Historical & Theological Study.* Downers Grove: InterVarsity, 1999.

_____. *Jesus the Exorcist: A Contribution to the Study of the Historical Jesus.* Eugene: Wipf & Stock, 2010.

VanderKam, James C. *An Introduction to Early Judaism.* Grand Rapids: Eerdmans, 2001.

Vermes, Geza. *Jesus the Jew: A Historian's Reading of the Gospels.* Philadelphia: Fortress, 1973.

_____. *The Religion of Jesus the Jew.* Minneapolis: Fortress, 1993.

_____. *The Authentic Gospel of Jesus.* London & New York: Penguin Books, 2003.

_____. *Christian Beginnings: From Nazareth to Nicaea.* New Haven & London: Yale University, 2013.

Warrington, Keith. *The Miracles in the Gospels: What do they teach us about Jesus?* Peabody: Hendrickson, 2015.

Wenham, John. *Easter Enigma: Are the Resurrection Accounts in Conflict?* Eugene: Wipf & Stock, 2005.

Wilkins, Michael J. and J. P. Moreland, eds. *Jesus Under Fire: Modern Scholarship Reinvents the Historical Jesus.* Grand Rapids: Zondervan, 1995.

Witherington III, Ben. *The Christology of Jesus.* Minneapolis: Fortress, 1990.

_____. *The Jesus Quest: The Third Search for the Jew of Nazareth.* Second Edition. Downers Grove: InterVarsity, 1997.

_____. *Jesus the Seer: The Progress of Prophecy.* Peabody: Hendrickson, 1999.

_____. *Jesus the Sage: The Pilgrimage of Wisdom.* Minneapolis: Fortress, 2000.

Wright, N. T. *Christian Origins and the Question of God.* 3 vols. Minneapolis: Fortress, 1992-2003.

_____. *Who was Jesus?* Grand Rapids & Cambridge: Eerdmans, 1992.

_____. *The Challenge of Jesus: Rediscovering who Jesus was and is.* Downers Grove: InterVarsity, 1999.

Yamauchi, Edwin M. and Marvin R. Wilson, eds. *Dictionary of Daily Life in Biblical and Post-Biblical Antiquity.* 4 Vols. Peabody: Hendrickson, 2016.

가울러, 데이비드/김병모 옮김.『최근 역사적 예수 연구 동향』. 서울: 기독교문서선
　　교회, 2009.

그래비, 레스터 L./이유미 옮김.『제2성전기 유대교: 느헤미야, 마카비, 힐렐과 예수
　　시대의 유대 역사와 종교』. 서울: 컨콜디아사, 2017.

김진호 편.『예수 르네상스: 역사의 예수 연구의 새로운 지평』. 천안: 한국신학연구
　　소, 1996.

던, 제임스 D. G./신현우 옮김.『예수님에 관한 새 관점』. 서울: 기독교문서선교회, 2010.

던, 제임스/차정식 옮김.『예수와 기독교의 기원: 역사적 예수, 복음서의 예수 그리
　　고 하나님 나라』. 상·하권. 서울: 새물결플러스, 2010, 2012.

라이트, N.T.『하나님의 아들의 부활』. 서울: 크리스천다이제스트, 2005.

_____.『예수와 하나님의 승리』. 서울: 크리스천다이제스트, 2004.

_____/박문재 역.『신약성서와 하나님의 백성』. 서울: 크리스천다이제스트, 2003.

로빈슨, 제임스 M./소기천 역.『역사적 예수에 대한 새로운 탐구』. 서울: 살림, 2008.

마쉬, 클리브·스티브 모이스/이승호 옮김.『복음서의 예수 연구 입문』. 서울: 기독교
　　문서선교회, 2017.

베일비, 제임스 K.·폴 로즈 에디 편/손혜숙 옮김.『역사적 예수 논쟁: 예수의 역사성
　　에 대한 다섯 가지 신학적 관점』. 서울: 새물결플러스, 2014.

보그, 마커스 & N. 톰 라이트/김준우 역.『예수의 의미: 역사적 예수에 대한 두 신학
　　자의 논쟁』. 서울: 한국기독교연구소, 2001.

보그, 마커스 엮음/남정우 옮김.『예수·2000년』. 서울: 대한기독교서회, 2003.

본드, 헬렌/이승호 옮김.『역사적 예수 입문』. 서울: 기독교문서선교회, 2017.

브라이트, 존/박문재 역.『이스라엘 역사』. 제3증보판. 파주: 크리스천다이제스트, 2016.

샌크스, 허셜/김유기 역.『고대 이스라엘: 아브라함부터 로마인의 성전 파괴까지』.
　　개정증보판. 서울: 한국신학연구소, 2005.

차정식.『신약의 뒷골목 풍경』. 서울: 예책, 2020.

최재덕.『나사렛 예수: 역사적 예수의 생애와 비전』. 서울: 한국성서학연구소, 2019.

코헨, 샤이/황승일 역.『고대 유대교 역사: 마카비 시대부터 미쉬나까지』. 서울: 은성, 1994.

크로산, 존 도미니크/김기철 옮김.『예수: 사회적 혁명가의 전기』. 서울: 한국기독교
　　연구소, 2001.

크로산, 존 도미니크/김준우 역.『역사적 예수: 지중해 지역의 한 유대 농부의 생애』.
　　서울: 한국기독교연구소, 2000.

타이쎈, 게르트·아네테 메르츠/손성현 옮김.『역사적 예수: 예수의 역사적 삶에 대한
　　총체적 연구』. 서울: 다산글방, 2002.